JN409820

조직 민주주의

참여와 노동자협동조합

박노근 지음

Organizational Democracy

Employee Participation

Worker Cooperative

차 례

Ⅰ 서문

이 책의 화두는 "직장에서의 민주주의"이다. 정치 민주주의는 당연시되고 그것이 이루어지지 않을 경우 분개하고 저항하는데, 왜 직장에서는 민주주의가 달성되지 않아도 순응하고 포기하는 것일까? 직장인들은 주인이 아니기 때문일까? 회사는 주주가 주인이고 직원들은 급여를 받고 노동을 제공하는 존재이기 때문일 수 있다. 그래서 하급 직원들은 주주를 위해 일하는 상사들의 욕설과 모욕, 때로는 폭력을 견뎌야 하고, 견디지 못하면 퇴사를 해야 하는 처지에 내몰리게 된다. 그렇게까지 살벌한 분위기는 아니라 하더라도 단지 하급 직원이라는 이유로 의견을 내지 못하거나 의견을 내더라도 묵살되는 경험은 누구나 갖고 있을 것이다.

그렇다면 직원들이 회사를 소유하게 되면 어떨까? 우리사주제도를 통해서 일반 노동자들도 자기 회사 주식의 20%까지는 소유할 수 있다. 그러나 그렇다고 해도 일반 직원들이 자기 회사의 실질적인 주인은 될 수 없다. 개인별로는 매우 적은 지분을 갖고 있을 뿐이고 우리사주조합은 대체로 주식의 시세차익에만 관심이 있기 때문에, 직원 주주들은 회사의 중요한 의사결정에 참여할 수 없다. 1990년대 말 소액주주 운동을 통해서 의사결정에 참여할 수 있는 가능성을 시험해 보았으나 그 열기가 식으면서 이제는 과거의 일이 되어 버렸다. 1997년 외환위기로 많은 기업들이 부도가 난 상황에서, 일반 직원들이나 노동조합을 중심으로 회사를 인수하여 운영했지만 지금까지 자주관리회사로 남아 있는 기업은 손에 꼽을 정도이다.

그렇다면 직장에서의 민주주의는 불가능한 것일까? 물론 불가능한 것은 아니다. 노동자협동조합이라는 대안이 있다. 민주주의는 구성원들이 조직의 주요한 의사결정에 실질적으로 참여할 수 있을 때 달성된다. 노동자협동조합에서는 기업을 일반 노동자들이 소유하기 때문에 소유 참여, 소유자들로서 의사결정에 참여하기 때문에 의사결정 참여, 이윤에 대한 처분권을 갖고 있기 때문에 재무 참여가 가능하다. 노동자협동조합을 설립하거나 기존에 설립된 노동자협동조합에 입사하게 되면 이러한 세 가지 유형의 참여가 가능해진다. 직장에서 민주주의를 실현할 수 있는 기반이 형성되는 셈이다.

그러나 노동자협동조합을 설립하는 데에는 많은 장애물들이 존재하고 있다. 우선 대부분의 사람들에게 협동조합에 대한 정보와 지식이 부족하다. 협동조합에는 노동자협동조합만이 아니라 소비자협동조합, 사업자협동조합, 사회적협동조합 등 그 종류가 다양한데, 그러한 협동조합들이 어떻게 다른지에 대해서 대부분 잘 모르고 있다. 또한 노동자협동조합이 실제로 민주적인 조직인지, 실현 가능한지, 어떻게 설립하거나 참여할 수 있는지에 대한 지식과 정보가 부족하기 때문에 노동자협동조합을 설립하거나 참여하기를 주저하게 된다. 설령 이러한 지식과 정보를 갖고 있으면서 노동자협동조합을 설립하거나 입사하려고 해도 가입비용이 상당할 수 있다. 물론 많은 자본이 필요치 않은 노동집약적인, 또는 지식집약적인 산업에서는 가입비용이 크지 않겠지만 자본집약적인 산업에서는 설립이나 가입에 많은 비용이 초래될 것이다.

현실적으로 보더라도 많은 사람들이 노동자협동조합의 가능성에 대해 회의적으로 보는 것 같다. 협동조합이 최초로 설립된 지 200여 년이 지난 오늘날에도 노동자협동조합 숫자는 극히 소수에 불과하며, 대규모로 확산될 조짐이 별로 보이지 않는 상황에서 노동자협동조합에 확신을 갖고 시작하기란 쉬운 일이 아니다. 더구나 일부 경제학자들은 노동자협동조합이 장기적으로 생존할 수 없다는 결론을 내놓기도 했다. 그러나 그 소수에 불과한 노동자협동조합을 대상으로 연구한 결과들은 다른 이야기를 하고 있다. 자본주의 기업에 비해서 생산성이나 효율성, 생존율 측면에서 우월할 수 있다는 실증연구들이 존재한다.

이 책은 노동자협동조합과 자본주의 기업을 좀 더 다른 각도에서 비교하고자 한다. 기업은 가정과 더불어 직장인들이 일상생활을 하는 공간이기 때문에, 생산성이나 효율성만으로 그 존재 가치를 평가해서는 안 된다. 그들이 직장생활에 만족하고 있는지, 어떠한 태도를 갖고 어떻게 행동하고 있는지 개별 노동자들에 초점을 맞출 필요도 있다. 물론 그들의 태도와 행동은 조직의 생산성이나 효율성에도 연결될 수 있다.

저자가 실시한 설문조사 결과는 보다 희망적인 메시지를 전하고 있다. 즉, 노동자협동조합의 조합원들이 주식회사의 노동자들보다 자신들의 일과 직장에 더욱 만족하고 있으며 조직발전에 더욱 기여하는 행동을 하고 있다. 2016년 32개의 노동자협동조합과 36개의 주식회사를 대상으로 설문조사를 실시하였고 그 결과를 이 책을 통하여 보여주려고 한다. 더불어 노동자협동조합을 통하여 직장 민주주의를 실현시키기 위해서 노동자협동조합연합회와 정부가 어떠한 역할을 해야 하는지를 제안한다.

이 책이 세상에 나올 수 있도록 흔쾌히 허락해 주신 도서출판 시대가치 김광범 사장님과 편집실 여러분께 감사드린다. 그리고 항상 옆에서 따뜻한 격려와 조언을 아끼지 않는 아내와 행복 에너지를 불어넣어 주는 딸에게도 감사의 마음을 전한다.

제 1 장

Organizational Democracy

민주주의와 협동조합

1. 정치 민주주의와 조직 민주주의

> 조직 민주주의의 기본 원칙 : 조직에 대한 직접적인 통제권은 조직에 의해 통제되는 사람들(노동자들 - 저자 삽입)에게 주어져야 하며 그래야 그들이 자치를 할 수 있다.
>
> — Ellerman[1)]

노동자협동조합(또는 직원협동조합, worker cooperative)에 대한 관심은 '조직 민주주의'라는 개념을 기반으로 한다. 노동자협동조합에 많은 관심을 갖고 있는 사람들은 직장에서 민주주의를 실현할 수 있는 조직 유형이 노동자협동조합이라는 데 이의를 제기하지 않을 것이다. 그동안 민주주의는 정치영역의 전유물로 여겨져 왔고, 사유재산권을 기본으로 하는 자본주의 사회에서 조직 민주주의(organizational democracy), 또는 경제 민주주의(economic democracy), 작업장 민주주의(workplace democracy), 산업 민주주의(industrial democracy, 이하 '조직 민주주의'로 통일[2)])는 상대적으로 외면을 받아왔다.

일반 구성원들이 민주주의를 실천할 수 있는 가장 본질적인 방법은

---

1) David Ellerman은 경제학과 수학, 회계, 컴퓨터 분야에서 강의를 했으며, 1980년대 산업협동조합연합을 설립하였다. 1992년부터 2003년까지는 월드뱅크(World Bank)에서 경제분야 고문(advisor)으로 활동했다. 그는 사업장 민주주의와 노동자소유기업, 노동자협동조합과 관련된 연구와 활동에 많은 노력을 기울이고 있다.

2) 네 가지 용어 모두 동일한 의미로 사용될 수도 있으나 사용하는 사람에 따라 약간씩 다른 의미를 내포할 수 있다. 경제 민주주의는 정치 민주주의와 대조하여 단순히 경제영역에서의 민주주의로 사용될 수 있으며, 본서에서의 의미와는 달리 대기업과 중소기업의 상생으로 사용되기도 하였다. 작업장(또는 사업장) 민주주의는 제조업이나 소규모 작업장 단위에 한정되는 것으로 이해될 우려가 있다. 산업 민주주의 또한 좁은 의미의 산업으로 해석할 경우 제조업 위주의 의미로 해석될 수 있다. 이러한 이유들로 인해서 본서에서는 조직 민주주의라는 용어를 사용한다.

'참여(participation)'일 것이다. 민주주의(民主主義)는 국민이 주인이라는 신념이나 원칙을 뜻하며, democracy 또한 사람들(demo)이 지배한다(cracy)는 의미를 갖고 있다. 그러나 모든 국민들이 직접 통치행위를 할 수도 없고 지배자가 될 수도 없는 법이다. 따라서 민주주의 체제라고 해도 주도하는 자들과 따라가는 자들이 있게 마련이다. 하지만 민주주의가 비민주주의와 구별되는 것은 따라가는 자들도 발언을 할 수 있고, 참여할 수 있고, 영향력을 행사할 수 있다는 점이다.

정치영역에서 민주주의를 실현하는 방법은 국가 구성원들인 국민들의 정치 참여이다. 즉, 정치 민주주의는 모든 국민들에 의해 통치되는 시스템이라고 할 수 있다. 가장 기본적으로는 투표의 형태로 나타날 것이고, 여론을 형성하거나 정치적 집회에 참여하여 자신들의 목소리를 내는 것이다. 마찬가지로 조직 민주주의를 실현하는 방법도 참여에 있다. 조직 민주주의는 모든 조직 구성원들(즉, 직급에 상관없이 모든 직원들)이 통치하는 시스템이라고 할 수 있다. 조직 구성원들이 조직의 의사결정에 직·간접적으로 참여하고, 노력의 결과물을 공유하는 것이 직장에서 민주주의를 실현할 수 있는 방법들이다.

1) 직접 민주주의와 간접 민주주의

민주주의를 좀 더 자세히 이해하기 위해서는 다양한 종류의 민주주의를 살펴볼 필요가 있다. 먼저, 참여를 통해 민주주의를 달성할 수 있는 방법은 구성원들이 직접 참여하는 방식과 대표를 통해서 간접적으로 참여하는 방식이 있다. 대통령을 국민들이 직접 선출한다면 직접 민주주의 방식이고, 국민들이 선거인단을 선출하고 그 선거인단이 대통령을 선출한다면 간접 민주주의 방식이다. 한국을 비롯한 많은 국가들이 직접 민주주의 방식을 채택하고 있지만, 간접 민주주의를 채택하고 있는 국가들도 상당히 많다. 대통령제를 실시하고 있는 국가들 중에서는 미국이 대표적이며, 내각책임제를 도입하고 있는 국가들에서 간접 민주주의를 실시하고 있으며 구 사회주의 국가들에서도 간접 민주주의 방식을 채택하였다.

기업의 경우는 어떨까? 물론 모든 기업들이 민주주의 제도라고 할 수 있는 정책들을 도입하고 있는 것은 아니지만, 권력을 분산시키기 위해서나 조직성과를 향상시키기 위해서 제한적이나마 민주주의 제도들을 도입한 기업들도 상당하다. 실제로, 권력분산을 위해서 국가 정책적으로 노동자들이 의사결정에 참여할 수 있는 제도들을 마련한 국가들이 있다. 독일과 북유럽 국가들이 대표적이며 간접 민주주의 방식을 도입하고 있다. 예로서, 일정 규모 이상의 기업들은 공동결정(co-determination) 제도를 채택해야 하며, 이 제도하에서는 노동 측 이사들이 조직 이사회에 참여하여 노동자들의 이해를 대변하고 있다.

이러한 국가 수준의 제도들이 없다 하더라도 조직성과를 향상시키기 위한 방법으로서 노동자들이 자신의 일과 관련된 사안에 대해서 스스로 결정할 수 있도록 자율성을 부여하는 기업들도 많다. 자율관리팀이나 품질분임조 등이 대표적이다. 이러한 기업 정책들은 직접참여 방식이다.

전통적인 자본주의적 기업들과 다르게, 노동자소유기업(employee-owned company)들에서는 상당히 진전된 민주주의 제도들이 도입된다. 한국의 노동자소유기업들은 대부분 소규모이기 때문에 조직 수준의 의사결정에도 직접 민주주의 방식을 채택하고 있다. 그러나 이러한 기업들이 성장하게 되면 지역별로, 또는 사업부별로 간접 민주주의 방식을 채택할 수도 있다. 미국의 대형 노동자소유기업이었던 유나이티드 에어라인

(United Airlines)의 경우 간접 민주주의 방식을 채택하였다.

2) 형식 민주주의와 실질 민주주의

민주주의 국가로 불린다 하더라도 그 민주성의 정도는 국가마다 다를 것이다. 국민들이 직·간접적으로 대통령이나 수상을 선출하기는 하지만 권력집단의 영향력이 막강하게 유지되고 국민들의 의견은 국가정책에 거의 반영되지 않는다면 형식적으로만 민주주의를 도입한 것이라고 할 수 있다. 반면에, 일반 대중들이 국가 정책에 많은 영향력을 행사할 수 있는 경우 실질적으로 민주주의가 실현되고 있다고 할 수 있다. 선출직에 대한 국민소환제나 행정가들과의 간담회, 자유로운 언로 보장 등을 통해 국민들이 자신들의 의견을 충분히 개진할 수 있고 정확하고 투명한 정보가 제공될수록 실질적인 민주주의로 나아가는 것이다.

봉건사회가 무너지고 자본주의 사회가 보편화되면서 하위 계급 대중이 신분적 구속으로부터 해방됨으로써 자유로운 존재가 되었다. 그로 인해 하위 계층이거나 상위 계층이거나 관계없이 모두 1인 1표로 대통령이나 선거인단, 국회의원 등을 선출할 수 있게 되었다. 신분이나 계층, 성별 등에 관계없이 동등한 투표권을 가지게 되었다는 점에서 민주주의 체제라고 할 수 있다. 그러나 실질적으로는 상위 계층 사람들의 영향력이 막강하게 유지된다면 형식적인 수준의 민주주의에 머물러 있는 것이다. 선거 시기에만 대중들에게 관심을 가지는 정치 엘리트들과 부유한 주주들의 이익만을 좇는 경영진, 이들과 결탁하여 여론을 주도해가는 언론 등이 형식적인 민주주의를 지탱해가는 주춧돌이다. 예로서, 정치 엘리트들이나 자금력을 가진 사람들만이 국회의원 후보로 나올 수 있으며, 부나 주류 정당의 공천 없이 출마하게 되면 당선되기는 매우 어렵다. 이러한 측면에서 본다면, 대부분의 국가들은 여전히 형식 민주주의 수준에서 벗어나고 있지 못하다.

이러한 프레이밍(framing)을 직장에 적용해 보면 어떠한가? 정부조직이 됐든, 영리조직이 됐든 대부분의 직장에서는 형식적인 민주주의조차 이루어지지 않고 있다. 모든 직장인들이 그 조직의 구성원들임에도 불구하고 경영진이 아닌 사람들은 대표를 뽑거나 조직의 정책 수립에 관여할 수 없다. 그 조직의 주인은 따로 있기 때문이다. 주주들이 주요 경영진을 선출하고 주요 정책을 결정하고, 주주들에 의해 선출되거나 지명된 경영자들이 일상적인 조직관리를 수행한다. 그 조직의 대다수를 차지하는 일반 직원들은 노동만 제공할 뿐 조직 수준의 정책에 형식적으로라도 참여할 수 없다. 그들은 주주가 아니기 때문이다.

그러나 일반 직원들이 조직 운영에 전혀 참여할 수 없는 것은 아니다. 주요하게는 주주의 이익을 위한 것이고 제한적이긴 하지만 참여할 수 있는 길은 열려 있다. 일반 직원들이 조직에 참여하는 방법은 크게 의사결정 참여(또는 경영 참여, decision-making participation)와 재무 참여(financial participation), 그리고 소유 참여(ownership participation)로 구분해볼 수 있다. 의사결정 참여는 조직 구성원들이 조직 경영이나 자신의 일과 관련된 사안의 결정에 참여하는 것을 의미한다. 이것이 조직 민주주의를 달성하기 위한 핵심적인 요소라고 할 수 있다. 재무 참여는 조직 구성원들이 성과급 등을 통해서 조직의 재무적 성과를 공유하는 것을 말한다. 소유 참여는 조직 구성원들이 주식 등을 통해서 자사 지분의 일부를 소유하는 것을 의미한다. 소유 참여는 조직 민주주의를 달성하기 위해서 반드시 전제되어야 하는 것은 아니지만, 의사결정 참여와 재무 참여를 뒷받침할 수 있는 중요한 수단이 될 수 있다. 즉, 소유자이기 때문에 의사결정에 참여할 수 있고 수익을 처분할 수 있는 권리를 갖는 것이 당연해진다.

이러한 참여방식들은 세계적으로도 많은 조직에서 도입하고 있으며, 직무만족과 동기부여를 통해서 생산성을 향상시키고 궁극적으로는 주주의 이익을 극대화하기 위한 것이다. 그러나 이러한 제도들이 도입된다고 하더라도 대부분의 조직에서 그 참여 정도는 제한적이며, 1인 1표로 대표되는 형식적인 민주주의조차 달성되고 있지는 않다.

하지만 노동자소유기업, 노동자자주관리기업, 또는 노동자협동조합에서는 비조합원을 제외한 모든 직원들이 1인 1표로 경영진을 선출하고 주요한 정책 사항들을 결정한다. 최소한 형식 민주주의는 달성하고 있는 셈이다. 물론 이러한 유형의 조직들 중에서도 모든 직원들이 경영진에 영향력을 행사할 수 있고 의견을 충분히 개진할 수 있으며, 주요한 정보에 접근가능하고, 원활한 의사소통이 이루어지는 등 실질적인 민주주의를 달성하는 정도는 업체마다 다를 것이다. 이러한 기업들에서 형식 민주주의가 달성되었다고 하더라도 실질 민주주의를 달성하기 위해서는 정치영역에서처럼 지속적인 혁신과 발전이 이루어져야 한다.

2. 사회적 경제와 협동조합

사회적 경제(social economy)는 사회적 목적과 가치를 우위에 두는 경제활동을 의미하며, 이러한 목적을 그 경제적 활동의 핵심으로 하는 기업을 사회적 기업(social enterprise)이라고 한다. 사회적 경제에서 추구하는 목적 중의 하나가 조직 민주주의임은 그 원칙에 잘 나타나 있다. 사회적 경제에서 채택하고 있는 주요 원칙 중의 하나인 "구성원에 의한 민주적 통제"는 조직 민주주의를 정확히 반영하고 있다.

사회적 경제가 출현한 것은 자본주의가 급성장한 19세기였으며, 자본주의 사회에서 나타나기 시작한 문제점들을 해소하기 위한 목적을 갖고 있었다. 부의 재분배를 통해서 불평등을 완화하고, 취약계층의 고용을 촉진하며, 환경을 보존하면서 지속가능한 발전을 촉진한다는 목적을 갖고 있다.

사회적 경제는 사회적 기업과 협동조합, 단체 등 다양한 형태를 띨 수 있으나, 한국에서는 사회적 기업과 자활기업, 마을기업, 협동조합 등으로 구분하고 있다. 사회적 기업은 이윤극대화보다는 특정 사회·경제적 목표를 달성하기 위한 기업으로, 취약계층과 실업의 문제를 혁신적으로 해결하기 위한 조직이다(OECD, 1999). 자활기업은 2인 이상의 기초생활수급자나 저소득층이 상호 협력하여 조합이나 공동사업자 형태로 탈빈곤을 위한 자활사업을 운영하는 기업형태로, 취약계층의 일자리 창출과 사회서비스 제공에 그 목적이 있다. 마을기업은 지역 마을 주민들이 주체가 되어 지역 문제를 해결하고 마을 경제의 자립과 사회적 가치를 실현하고자 하는 기업을 의미한다(기획재정부, 2012).

협동조합은 자신들의 공통된 경제적, 사회적, 문화적 욕구를 충족시키기 위해서 공동으로 소유하고 민주적으로 운영하는 자치적인 조직을 의미한다(International Cooperative Alliance, ICA). 「협동조합기본법」에서는 협동조합을 "재화나 서비스의 구매나 생산, 판매 등을 협동으로 영위함으로써 조합원의 권익을 향상하고 지역 사회에 공헌하고자 하는 사업조직"이라고 정의하고 있다.

협동조합에는 여러 유형이 존재하는데, 조직 민주주의를 가장 잘 실천할 수 있는 유형이 노동자협동조합이다. 노동자협동조합은 직원들에 의해 소유되고 민주적으로 운영되는 협동조합이다(CICOPA). 노동자협동조합이 조직 민주주의를 실천하기에 가장 적합하다고 할 수 있는 것은 노동자협동조합에서 세 가지 형태의 참여가 모두 실질적으로 가능하기 때문이다. 모든 조합원들은 노동자협동조합을 설립하거나 가입할 때 출자금을 분담해야 하며, 그럼으로써 그 조직을 실질적으로 소유하게 된다. 외부 주주는 제한적으로만 허용된다. 또한 조합원총회에서 지분에 상관없이 1인 1표를 행사하여 중요한 의사결정과 임원 선출, 조합의 중요한 전략적 의사결정에 대부분 참여하게 된다. 이러한 소유와 의사결정을 통하여 모든 조합원은 조합 수익에 대한 처분방식을 결정함으로써 재무 참여가 이루어지기 때문에 세 가지 유형의 참여가 모두 가능한 형태이다.

이 책은 다음과 같이 구성되어 있다. 2장에서는 의사결정 참여 제도 및 관련된 이론들, 그리고 실증연구 결과들을 소개하고, 3장에서는 재무 참여 제도 및 관련된 이론들, 그리고 실증연구 결과들을 제시한다. 4장에서는 소유 참여 제도들과, 이와 관련된 이론들, 그리고 실증연구 결과들을 제시한다. 5장은 사회적 경제에 대해 논의하고, 6장에서는 협동조합 일반에 대해서 다룬다.

7장은 노동자협동조합에서 조직 민주주의를 어떻게 실현가능한지, 노동자협동조합의 배경 및 현황, 그리고 우리가 왜 노동자협동조합에 초점을 맞추어야 하는지 등을 살펴본다. 8장에서는 노동자인수의 의의 및 분류, 노동자인수 및 협동조합 전환의 세계적 현황 및 주요 국가들의 정책을 살펴본다.

9장에서는 저자가 실시했던 설문조사 결과를 다양한 측면에서 분석한다. 먼저 노동자협동조합 조합원들과 주식회사 노동자들을 태도와 행동, 웰빙(well-being) 수준 등의 측면에서 비교한 다음, 노동자협동조합에 근무하고 있는 조합원들과 비조합원들을 비교 · 분석한다.

10장은 이론적 측면과 기존의 실증연구들에 기초하여 노동자협동조합의 조직적 성과 측면에서 정리한다. 11장은 노동자협동조합의 기업 사례들, 12장은 국가 사례들을 정리하였다. 마지막으로 13장은 노동자협동조합과 관련된 장애물들과 노동자협동조합을 활성화하기 위한 노동자협동조합연합회와 정부의 역할을 제시하면서 마무리한다.

토론해 봅시다

1. 정치 분야에서 실질 민주주의를 달성할 수 있는 방법들에 대해서 토론해 봅시다.

2. 직장에서 실질 민주주의를 달성할 수 있는 방법들에 대해서 토론해 봅시다.

3. 대학교에서 조직 민주주의는 어떻게 실현할 수 있을까요? 총장 선출에 교수, 직원, 학생 등 모든 구성원들이 1인 1표를 행사하는 것과 각 구성원의 반영 비율에 차등을 두는 것 중에서 어느 것이 보다 민주적인 방법일까요?

제 2 장

Organizational Democracy

의사결정 참여

1. 의사결정 참여의 의의와 종류

의사결정 참여는 조직 수준, 집단 수준, 그리고 개인 수준에서의 의사결정에 조직 구성원들이 참여하는 정책이나 제도, 관행을 의미한다. 노동조합이 강력한 힘을 갖고 있고 사회민주당이 장기간 집권해온 독일과 북유럽 국가들에서는 노동자들이 기업 경영에 참여할 수 있는 제도들이 확립되어 있다. 대표적으로, 노동자 대표들이 이사로서 조직 수준의 전략적 의사결정에 참여할 수 있는 공동결정제도가 있다. 노동자 이사들은 기업의 이사회에 참석하여 노동자들의 이해를 대변할 수 있다. 이러한 제도들은 조직 수준의 의사결정 참여에 해당하며 모든 노동자들이 직접 참여하지 않는다는 점에서 간접적 참여제도이다. 그러나 공동결정이라는 명칭에도 불구하고 이 제도를 통해서 실질적인 공동결정이 실현되기는 어렵다. 노동과정의 변화나 신기술 도입, 재정문제 등은 공동결정이 아니라 협의권만을 인정함으로써 사용자들의 경영전권이 유지되고 있기 때문이다. 이들 국가들에는 공동결정제도 외에도 직장협의회(works council)가 일반적으로 설치되어 있는데, 여기에서는 노동자들의 이해와 직접 관련된 의사결정시에 협의하도록 하고 있다. 예로서, 노동절약적인 새로운 기계를 도입하면 노동자들의 고용이 불안정해질 수 있기 때문에 이러한 문제는 사전에 직장협의회와 협의를 해야 한다. 그러나 직장협의회는 협의권만 가지고 있기 때문에 합의까지 해야 할 필요는 없다.

이러한 법적 제도들을 가지고 있지 않은 국가들에서도 작업장이나 팀 수준에서 자신들의 업무와 관련된 의사결정에 참여할 수 있는 제도들을 채택하고 있는 기업들이 많다. 그동안 직무만족과 성과향상을 목적으로 자율관리팀(self-managing team)이나 품질분임조(quality circle)가 도입되어 왔다. 이러한 제도들은 노동자 개인들이 직접 참여한다는 점에서 직접 참여에 해당된다. 독일과 북유럽에서 채택하고 있는 간접 참여의 주요 목적이 권력 분산과 평등에 있는 반면, 직접 참여제도는 노동자들의 동기부여와 직무만족, 조직성과 향상이 주요한 목적이다.

자율관리팀은 10명 내외로 구성되며, 과거에 관리자들이 하던 역할의 일부를 팀원들이 수행하게 된다. 팀원들이 일의 계획과 순서를 정하고, 각 팀원들에게 일을 할당하고, 문제를 공동으로 해결하는 등 팀 수준의 의사결정에 모든 팀원들이 참여하는 것이다. 제한적이고 형식적인 도입에 그치는 기업들도 있지만, 좀 더 많은 권리가 주어지는 실질적인 자율관리팀에서는 팀원을 선발하기도 하며, 서로의 인사고과(성과평가)를 실시하기도 한다(Robbins & Judge, 2015).

품질분임조는 근무시간 외에 정기적으로 모임을 갖고 일과 관련된 문제들을 분석하고 해결하기 위한 팀이다. 주로 작업안전이나 생산과정의 효율화를 통해 비용절감이나 생산성과 품질 향상 등을 논의한다. 하지만 자율관리팀이나 품질분임조 하에서는 노동자들이 기업 수준의 전략적 의사결정에는 참여할 수 없다.

의사결정 참여를 제도적 측면보다는 개인적인 수준에서 접근하면 인적자원 관행(human resource practice)으로서 직무자율성(job autonomy)이 있다. 국가적으로나 조직적으로 제도화되어 있지는 않더라도, 개별 노동자들은 자신의 업무와 관련하여 재량권을 행사할 수 있는 자율성이 주어질 수 있다. 이러한 자율성은 조직문화나 분위기에 의해서 주어질 수도 있고, 상사나 경영진의 철학이나 성향에 의해서 주어질 수도 있다. 자율성 관점에서 보면, 자율관리팀은 개별 팀에 보다 많은 자율성(team autonomy)이 주어지는 것이며(Langfred, 2007), 해당 팀 외부의 경영진으로부터 독립하여 팀 내에서 주요한 의사결정을 해나가는 것을 의미한다.

지금까지 의사결정 참여와 동일하거나 유사한 개념들도 많이 제시되어 왔다. 직무자율성보다 포괄적인 개념으로는 권한위임(employee empowerment)이 있다. 이는 노동자들에게 일과 관련된 재량권만이 아니라 자신의 역량에 대해 확신을 가지게 하고, 자신 업무의 의미성과 중요성 등을 인식하게끔 하는 것을 의미한다(Mathieu, Gilson & Ruddy, 2006). 또한 사회학이나 노사관계학에서는 의사결정 참여와 함께 노동자 참여(employee involvement)라는 개념을 사용하기도 한다.

리더십 분야에서도 의사결정 참여와 유사한 개념이 존재하는데 공유리더십(shared leadership)과 권한위임 리더십(empowering leadership)이 점차 많은 관심을 받고 있다. 공유리더십은 리더십 책임이 팀이나 조직의 구성원들에게 널리 주어져서 서로를 이끌어가는 리더십 스타일을 의미한다. 이는 위계적이고 수직적인 리더십과 대비되는 리더십 유형이다(Zhu, Liao, Yam & Johnson, 2018). 유사하게, 권한위임 리더들은 부하직원들에게 더 많은 권한과 책임, 자율성을 부여하며, 일의 의미성을 향상시키고 높은 성과에 대한 확신을 심어주며 의사결정에 대한 참여를 독려한다(Ahearne, Mathieu & Rapp, 2005; Chen et al., 2007).

2. 관련 이론

일반 직원들의 의사결정 참여가 그들의 태도와 행동에 긍정적인 영향을 미치고, 결국에는 개인성과와 조직성과에 기여한다는 결과들이 보고되어 왔다. 이러한 결과들을 뒷받침하는 이론들 또한 오래 전부터 제시되어 왔다. 이 절에서는 노동자들의 의사결정 참여와 관련된 이론과 모형들을 살펴본다.

1) 직무특성 모형(job characteristics model)

직무특성 모형은 Hackman과 동료들(1971; 1976)에 의해 제시되었다. [그림 2-1]은 그들이 제시한 모형이다. 전반적인 내용은 핵심적 직무특성이 노동자들에게 주어지면 심리상태의 변화를 가져오고 결국 직무만족과 동기부여, 직무성과 등으로 이어진다는 것이다.

이 모형에서 출발점은 핵심적 직무특성(core job characteristics)인데, 5가지의 직무특성으로 구성되어 있다. 핵심적 직무특성들은 개인 수준에 한정되어 있고 그 중의 하나가 자율성이다. 따라서 자율성 또한 팀 자율성이나 조직 수준의 자율성보다는 개인 수준의 재량권에 한정되어 있다. 먼저, 기능다양성은 자신의 작업에서 단순·반복적인 업무수행보다는 다양한 기술과 재능을 사용할 수 있는 정도이며, 직무정체성은 자신의 직무가 전체적인 생산·서비스 과정에서 차지하는 위치를 알

[그림 2-1] 직무특성 모형

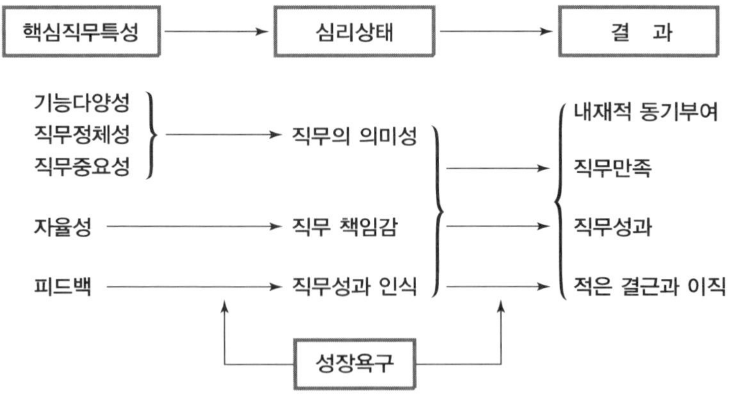

핵심직무특성 → 심리상태 → 결 과

기능다양성
직무정체성
직무중요성
→ 직무의 의미성

자율성 → 직무 책임감

피드백 → 직무성과 인식

→ 내재적 동기부여
직무만족
직무성과
적은 결근과 이직

성장욕구

수 있는 정도이며, 직무중요성은 자신의 업무가 동료나 최종 소비자 등 다른 사람들에게 중요한 정도이다. 자율성은 개별 직원들에게 주어진 자유와 독립성, 재량권의 정도를 나타내며, 피드백은 자신의 성과에 대한 정보를 제공받는 정도라고 할 수 있다.

이러한 핵심적 직무특성 중에서 기능다양성과 직무정체성, 직무중요성이 주어지면 노동자들은 자신의 직무가 의미있다고 여기며, 자율성이 주어지면 자신의 직무 결과에 대한 책임감을 느끼며, 피드백이 주어지면 자신이 이룬 결과를 알게 된다. 이러한 의미성과 책임감, 자신의 성과에 대한 자각과 같은 심리상태의 변화는 동기부여의 기제로서 작용한다. 결국 이러한 심리상태의 변화는 태도와 행동, 성과로 연결된다. 즉, 자신의 직무가 의미있다고 여기고, 책임감을 느끼고 자신이 성취한 정도를 알게 되면 자신의 직무에 만족하고 동기가 부여되며, 이직과 결근이 줄어들고 작업성과가 향상된다.

그러나 모든 사람들이 핵심적 직무특성이 주어졌을 때 직무에 만족하고 동기가 부여되는 것은 아니다. Hackman과 동료들은 이러한 측면을 반영하기 위해서 성장욕구의 강도를 조절변수[1](또는 상황변수)로 제시하였다. 즉, 대부분의 사람들은 핵심적 직무특성이 주어지면 동기가 부여되지만 성장욕구가 약한 사람들은 핵심적 직무특성이 주어진다 하더라도 동기가 부여되지 않을 수 있다는 것이다. 예로서, 성장욕구가 약한 노동자들은 어떻게 작업할 것인가를 스스로 정하기(자율성)보다는 상사의 지시대로 따라서 하는 것을 선호할 수도 있다. 이러한 사람들에게 자율성을 부여하는 것은 그들의 태도와 행동, 성과에 별 효과가 없거나 오히려 부정적인 결과를 낳을 수 있다는 것이다.

---

1) 조절변수는 독립변수와 종속변수 사이의 관계의 정도를 변화시키는 제3의 변수를 말한다.

이 모형이 의사결정 참여와 관련되는 것은 다섯 가지 핵심적 직무특성 중의 하나인 자율성과, 좀 더 포괄적인 개념인 권한위임 요소들, 즉 자율성과 직무의 의미성, 중요성 등이 포함되어 있기 때문이다. 결국, 이 모형은 노동자들이 자신의 일과 관련해서 의사결정에 참여할 수 있다면 또는 자율성이 주어진다면 동기가 부여되고 성과(최소한 개인성과)가 향상되리라는 것을 주장하고 있다.

2) 자기결정이론(self-determination theory)

자기결정이론은 인간은 선천적으로 세 가지 주요한 욕구를 갖고 있으며 이러한 욕구가 충족되었을 때 내재적으로 동기가 부여(intrinsic motivation)[2)]된다고 주장한다. 그 세 가지 욕구는 역량(competence) 욕구, 관계(relatedness) 욕구, 자율성(autonomy) 욕구로 구성되어 있는데, 먼저 역량 욕구는 뛰어난 성과를 낼 수 있는 능력을 갖고자 하는 욕구이다. 관계 욕구는 다른 사람들과 좋은 관계를 유지하고자 하는 욕구이며, 자율성 욕구는 자신의 삶을 스스로 결정하고자 하는 욕구이다. 이러한 욕구들이 충족되었을 때, 그 자체가 흥미롭고 만족스럽기 때문에 행동을 하게 되는 내재적 동기부여가 된다는 것이다.

이 이론을 집대성한 Deci와 Ryan에 따르면, 자기결정이론은 자율성에 대한 욕구를 가장 중요한 동기부여 수단으로 보고 있으며, 사람들은 자신의 행동에 대한 통제력을 갖고 있다고 느끼는 것을 선호한다고 주장한다. 즉, 인간은 선천적으로 자율성 욕구를 갖고 있으며 이러한 욕

---

2) 내재적 동기부여는 일이나 작업 자체가 즐겁기 때문에 행동하게 되는 것이며, 그와 상반된 외재적 동기부여는 일이나 작업 자체가 즐겁기 때문이라기보다는 다른 목적, 예를 들면 임금 상승이나 승진 등을 얻기 위해서 행동하게 되는 것을 의미한다.

구가 충족되었을 때 동기가 부여되고 만족수준이 높아진다는 것이다.

이 이론은 개인 수준에서의 자율성만이 아니라 참여적 경영(participative management)이라는 개념을 사용하여 팀 수준이나 조직 수준의 의사결정 참여 또한 수용한다(Deci, connell & Ryan, 1989; Ryan & Deci, 2000). 즉, 자율관리팀이나 제안제도 등 인적자원관리 관행으로 노동자들에게 팀이나 조직 수준의 의사결정에 참여하도록 하면, 그들의 동기부여와 직무만족 수준을 높일 수 있고 이것이 조직성과 향상으로도 이어질 수 있다고 주장한다.

3) 사회기술시스템이론(socio-technical system theory)

사회기술시스템이론(Trist & Banforth, 1951)에 따르면, 조직시스템은 사회시스템과 기술시스템으로 구성되어 있는데 이 두 시스템은 상호의존적이다. 사회시스템은 구성원들의 태도와 가치, 숙련, 사람들 사이의 관계, 보상 시스템, 권위체계 등을 의미하며, 기술시스템은 물적 자원과 기계설비, 프로세스 및 생산 시스템 등으로 구성되어 있다. 이 이론은 이러한 두 시스템이 최적화되어야 조직이 발전할 수 있다고 주장한다. 그런데 많은 경우 사람들은 사회시스템을 고려하지 않고 기술시스템에만 집중하는 경향이 있고, 이럴 경우 조직의 발전이 지체될 수 있다는 것이다.

이 이론의 주장은 영국에서 탄광에 대한 연구 결과로부터 제기되었으며, 경제적으로 어려움에 처한 다른 탄광에 비해 높은 성과를 거둔 탄광의 경우 기술 개선만이 아니라 자율관리팀을 도입했음을 발견한 데서 비롯되었다. 결국 이 이론은 자율관리팀의 이론적 배경이 되었고, 사람을 조직성과 창출의 중요한 자원으로 간주함으로써, 다양하고 의미있는 직무설계와 공정한 보상의 필요성을 제기하였다. 즉, 직무재설계를 통하여 노동자들이 의사결정에 참여할 수 있는 기회를 확대함으로써 동기를 부여하고 조직성과를 향상시킬 수 있음을 주장한 것이다.

4) 정보 공유(information sharing)

정보 공유는 노동자들에게 조직의 재정 상태와 정책, 조직 목표 및 조직 변화 등의 주요 정보들을 제공하는 인적자원 관행을 의미한다. 의사결정 참여가 상향적 또는 수평적인 방향의 의사소통이라고 한다면, 정보 공유는 하향적 방향의 의사소통이라고 할 수 있다. 따라서 정보 공유를 의사결정 참여라고 할 수는 없지만 서로 밀접한 관계를 갖고 있다. 노동자들이 합리적인 의사결정을 하기 위해서는 이러한 정보 공유가 전제되어야 한다. 노동자들이 조직이 나아가고자 하는 방향과 현재 상황 등을 제대로 이해하지 못하면 합리적인 의사결정을 내리지 못할 것이다. 실제로 정보 공유 정책은 고성과작업관행(high performance work practice)과 고몰입작업관행(high commitment work practice) 등의 한 요소로 자주 사용된다.

한 연구에 따르면(Park, 2017), 정보 공유는 의사결정 참여와 상호작용을 하면서 태도와 행동, 성과에 긍정적인 영향을 미칠 수도 있지만, 그 자체로서도 조직지원인식(POS)과 조직몰입, 조직시민행동(OCB), 성과 등에 긍정적인 영향을 미칠 수 있다.

3. 실증연구 결과

1) 자율성 및 권한위임

자기결정이론에 따르면, 자율성은 인간의 원초적 욕구이며 자신이 자신의 행동에 대한 통제권을 갖고 있다고 느낄 때 만족스러워하고 동기도 부여된다(Deci & Ryan, 2000). 자신의 행동이 사용자나 상사에 의해서 통제되기보다는 자신의 판단과 아이디어에 의해 생산활동을 하고 서비스를 제공할 수 있을 때 더 만족스러워한다는 것이다.

그동안 경영학의 인사・조직분야에서 의사결정 참여와 관련해서 가장 자주 연구되어 왔던 분야는 개인 수준의 자율성, 그리고 팀 수준의 자율관리팀이다. 대체로 자율성은 개인들의 태도와 행동, 조직성과에 긍정적으로 기여하는 것으로 보고되어 왔다(Allen et al., 2003; Park, 2012). 예로서, 의사결정 참여제도들은 조직지원인식(조직이 자신들의 가치를 인정하고 자신들의 복지를 중요시하고 있다는 인식, Eigenberger et al., 1997)과 조직몰입(조직과 자신을 동일시하는 정도, Meyer & Allen, 1991)에 긍정적인 영향을 미칠 수 있다는 연구들이 있었다(예: Allen et al., 2003; Kirkman & Rosen, 1997; Park, 2015).

Van den Broeck, Ferris and Chang(2016)의 메타분석(meta-analysis)[3]에 따르면, 자율성은 긍정적 정서(positive affectivity), 직무열의(job engagement), 직무만족, 조직몰입과 정의 관계가 있었고, 부정적 정서나 탈진(burnout), 이직의도와는 부의 관계가 있었다. Seibert, Wang and

3) 기존 문헌을 정량적으로 분석하는 방법으로, 기존의 실증연구 결과들을 일정한 기준에 따라 수집한 뒤 통계기법을 이용하여 효과 크기(effect size)를 구한다.

Courtright(2011)의 메타분석에 따르면, 권한위임 또한 직무만족 및 조직몰입과 정의 관계가 있었고, 소진이나 이직의도와는 부의 관계에 있었다.

이러한 자율성은 단순·반복적인 작업을 하는 사람들보다는 변화와 혁신이 필요한 직업을 가진 사람들에게 더 도움이 될 수 있다. 혁신적인 기업이나 직무에서는 새로운 조직구조, 새로운 상품이나 서비스, 그리고 새로운 공정기술 등 새로운 아이디어와 행위를 필요로 하기 때문에 자율성이 주어지면 더 효과적일 수 있다. 실제로 박노근(2010)은 자율성이 조직몰입에 미치는 영향은 혁신적인 기업일수록 강화된다는 사실을 밝혔다.

또한 의사결정 참여제도들이 개인성과나 조직성과에도 긍정적인 영향을 미친다는 연구결과들도 많았다. Humphrey, Nahrgang and Morgeson(2007)의 메타분석에 따르면, 자율성은 주관적으로 측정된 성과와 객관적으로 측정된 성과와 정의 관계에 있음을 알 수 있다. Seibert et al.(2011)의 메타분석에서도 팀 수준의 권한위임은 팀 성과에 긍정적으로 연결된다는 점이 밝혀졌다.

한편, 일부 연구에서는 개인 수준의 자율성이 팀 성과에 부정적인 영향을 미칠 수 있다는 결과를 제시하였다(예: Langfred, 2004). 그러나 이러한 연구에서는 개별자율성(individual autonomy)을 동료나 팀원들로부터의 독립과 자유로 정의하였고, 그에 기초하여 측정하였다. 상호의존적인 작업을 하는 경우 팀원들로부터 독립되어 서로 협조하지 않는다면 그 팀의 성과는 당연히 낮아질 것이다. 이에 대해 Deci, Connell and Ryan(1989)은 자율성이 자유의지(volition)를 의미하는 것이지, 개인주의나 동료들로부터의 독립을 의미하는 것은 아니라고 강조하였다. 즉, 자율성은 모든 사람들로부터의 독립과 자유, 방종을 의미하기보다는 책임감이 따르는 재량권이라고 해석되어야 한다. 앞서 살펴보았던 직무특성 모형에서도 자율성이 주어지면 노동자들의 심리적 변화의 결과로서 책임감이 생긴다는 것이 제시되었다.

2) 집단 또는 조직 수준의 의사결정 참여

조직 수준의 의사결정 참여제도들이 조직성과에 미치는 영향에 대한 연구는 최근에는 많이 이루어지지 않고 있으나 1990년대에는 이에 대한 연구가 활발하였다. Doucouliagos(1995)의 메타분석에 따르면, 공동결정제도는 생산성에 부정적인 영향을 미쳤으나, 그 외의 의사결정 참여제도들은 생산성에 긍정적인 영향을 갖고 있었다. 또한 이러한 제도들의 긍정적인 영향은 참여적 주식회사보다는 노동자들이 소유하고 통제하는 노동자자주관리회사(labor-managed firm)에서 더욱 강하게 나타났다.

공식적인 의사결정 참여제도들과는 다른 측면에서, 조직 수준에서 자율성이 주어지는 분위기가 형성되면 노동자들의 태도와 행동, 성과에 긍정적인 영향을 미칠 수 있다는 연구들도 많이 제시되었다. 예로서, Park(2018)은 한국생산성본부가 실시한 설문조사에 기초하여 조직 수준의 자율성이 조직 수준의 조직시민행동과 주관적으로 측정된 조직성과에 긍정적인 영향을 미칠 수 있음을 보여주었다. Krause(2004)는 독일 기업들의 사업부 수준 연구에서 자율성이 노동자들의 혁신적 행동(innovative behavior)에 긍정적 영향을 미친다는 것을 보여주었다. Liu et al.(2011) 또한 팀 수준과 사업부 수준에서 주어지는 자율성이 노동자들의 창의성과 밀접한 관련이 있음을 보여주었다. Lee and Xia(2010)는 팀 자율성이 소프트웨어 프로젝트 팀의 효율성을 장기적으로도 향상시킨다는 결과를 보여주기도 하였다.

한편으로는 일부 학자들(예: Wagner, 1994)은 의사결정 참여제도들이 조직성과에 긍정적인 영향을 미칠 수 있으나, 그 영향의 정도는 크지 않을 수 있다고 주장한다. 어떠한 종류의 참여제도인지에 따라, 또는 이러한 참여제도들이 필요한 산업인지에 따라 그 효과가 달라질 수 있기 때문이다. Levine and Tyson(1990)은 자율관리팀처럼 실질적인 참여제도들은 생산성을 향상시킬 수 있지만, 품질분임조처럼 협의수준의 참여제도들은 생산성 향상에 도움이 되지 않을 수 있다고 주장하였다. 또한 의사결정 참여제도들은 변화와 혁신을 꾀하는 기업에는 도움이 될 수 있으나 단순·반복적인 작업을 하는 기업에는 별 필요가 없을 수도 있다.

토론해 봅시다

1. 의사결정 참여가 조직 구성원들의 만족수준을 높이고 조직성과를 높일 가능성이 제시되어 왔음에도 불구하고, 왜 모든 조직들이 의사결정 참여를 도입하지는 않는 것일까요?

2. 자율관리팀에서 모든 팀원들에게 자율성을 부여하는 것이 팀 성과에 도움이 될까요?

3. 의사결정 참여는 개인 수준, 팀 수준, 그리고 조직 수준에서 이루어질 수 있습니다. 각 수준의 의사결정 참여가 직무만족과 조직성과에 미치는 효과를 비교해 봅시다.

제 3 장

Organizational Democracy

재무 참여

조직 민주주의를 실현할 수 있는 또 다른 축으로는 재무 참여가 있다. 직원들이 의사결정에 참여하여 의견을 개진하고 결정된 내용을 달성하기 위하여 열심히 노력한다고 하더라도, 향상된 성과가 자신들의 소득에 아무런 영향을 미치지 않는다면, 의사결정에 참여하려는 동기와 의지도 점차 약화될 수밖에 없다. 따라서 지속적인 의사결정 참여가 유지되기 위해서라도 재무 참여(성과급 또는 금전적 인센티브)가 동반되어야 한다.

성과급은 고정급과 대비되는 급여체계로서, 20세기까지만 하더라도 성과급을 제공하는 회사는 많지 않았으며 고정급이 대세를 이뤘다. 고정급은 연공급과 직무급, 직능급으로 나눠볼 수 있다. 연공급에서는 나이와 근무연수 등에 따라 급여가 결정되며, 직무급에서는 직무평가를 통해 조직 내 각각 직무의 상대적 가치를 평가하고 그 가치에 따라 급여를 결정한다. 마지막으로 직능급은 개인의 직무능력에 따라 급여를 책정한다. 그러나 개인의 직무능력을 객관적으로 평가하기가 어렵기 때문에 연공급 및 직무급과 혼합하여 직능급을 일부 반영하는 정도가 일반적이다(박성수 외, 2010).

한국과 일본 등 아시아권에서는 아직까지 연공급 제도가 뿌리깊게 남아 있으며, 미국을 비롯한 서양에서는 직무급 전통이 강하다. 그러나 이러한 고정급은 노동자들의 실제 작업 활동 및 성과와 관련이 없음으로 인해서 동기부여 역할을 하지 못한다는 비판을 받아 왔다. 또한 글로벌화로 인해서 기업 간 경쟁이 치열해지고 고객들의 요구가 높아짐에 따라 노동자들의 유연한 대처가 중요해짐으로써 동기를 부여할 수 있는 성과급을 도입하는 기업들이 급격히 증가하게 되었다.

1. 성과급 제도

성과급 제도를 도입한 기업들 중에서, 고정급 없이 순수하게 성과급만을 지급하는 기업보다는 고정급과 더불어 성과급을 지급하는 기업들이 대부분이다. 개인 급여 중에서 성과급 비율이 매우 높은 보험설계사들이나 자동차 딜러들의 경우에도 기본적인 고정급이 책정되어 있고, 판매실적에 따라 커미션(commission)이 주어지는 경우가 대부분이다.

성과급 제도는 인센티브를 제공하는 기준이 개인성과인지, 집단성과인지, 또는 조직성과인지에 따라 각각 개별 성과급과 집단성과급, 또는 조직성과급으로 구분할 수 있다.

1) 개별 성과급

개별 성과급은 개인들의 성과에 따라 성과급이 개별적으로 지급되는 제도들을 일컫는다. 개별 성과급에는 단위성과급, 고과급, 연봉제, 판매수수료, 보너스 등이 있다.

① 단위성과급(piece-rate pay)

단위성과급은 생산된 제품이나 서비스의 단위에 따라 성과급을 지급하는 방식이다. 각 단위에 임금률을 정해놓고 그 단위 수만큼 곱해서 성과급이 주어진다. 예로서, 1개의 제품을 생산할 때 1,000원을 성과급으로 지급한다고 했을 때 10개를 생산하면 10,000원을 받는다. 물론 기본급이 책정되어 있는 경우엔 기본급에 성과급을 더하여 급여로 받을 수 있다.

단위성과급은 단순 단위성과급제와 복률 단위성과급제로 구분될 수 있다. 단순 단위성과급제에서는 생산된 제품이나 서비스의 양에 상관없이 일정하게 그 비율이 고정되어 있지만, 복률 단위성과급제에서는 일정 수량 이상을 생산할 경우 그 비율이 증가하게 된다. 예로서, 10개를 생산할 때까지는 1,000원씩 지급하다가 11개부터는 1,200원씩 지급하는 방식이다. 이러한 복률 단위성과급제를 도입하는 이유는 동일한 시간에 보다 많은 제품이나 서비스를 생산하도록 동기를 부여하기 위함이다.

단위성과급 제도는 자신이 노력해서 결과를 이루어내는 만큼 성과급으로 받을 수 있기 때문에 노동자들이 공정하다고 여길 수 있다. 그러나 회사 입장은 좀 다를 수 있다. 이 제도에서는 성과급이 수량에만 연동되어 있기 때문에 노동자들이 품질에는 무관심해질 수 있다는 우려를 할 수 있다. 불량품을 많이 생산하거나 불친절하게 손님을 대하더라도 수량만 늘리면 많은 성과급을 받을 수 있기 때문이다. 또한 다른 개별 성과급 제도들과 마찬가지로 이 제도 또한 동료들과 협조할 유인이 별로 없다. 자신의 급여는 오직 자신의 성과에만 연결되기 때문에 동료나 상사, 부하직원들의 성과에는 관심이 별로 없을 것이다. 또한 직무의 특성에 따라서는 이 제도를 아예 적용하지 못할 수도 있다. 생산된 제품과 서비스의 수량을 측정할 수 없거나 업무 특성이 직원들 사이에 상호의존적일 경우 개별 노동자들의 성과를 측정할 수 없게 된다. 예를 들면, 대부분의 사무직에는 수량으로 측정할만한 성과가 없고, 자동차를 혼자서 생산할 수도 없으며 개개인의 기여를 수량화하는 것도 쉽지 않다.

② 고과급(merit pay)

고과급은 인사고과(성과평가) 결과에 기초해서 기본급을 변동시키는 개별 성과급 제도이다. 다른 성과급 제도들은 기본급과 전혀 상관없이 지급되지만, 고과급만은 기본급 자체를 변동시킨다는 점에서 독특하다.

고과급 제도는 주로 사무직에 적용되며, 노동자들의 태도와 행동, 성과 등 다양한 측면을 성과급에 연결시킬 수 있다는 장점을 가진다. 그러나 인사고과가 연례적으로 실시되기 때문에 동기자극 효과가 반감될 수 있다. 즉, 1년 중 인사고과 시기에는 노동자들의 관심을 불러일으키고 동기부여를 할 수 있지만, 그 시기 외에는 성과급에 무관심해질 수 있다. 고과급이 갖는 또 다른 단점은 인사고과가 주관적으로 이루어지기 때문에 주관성에 대한 불만이 생길 수 있다는 점이다. 즉, 노동자들은, 특히 저평가자의 경우에 자신들의 평가가 실제 객관적 성과와 상관없이 상사와의 관계나 상사의 선입견과 편견 등에 의해 이루어졌다고 생각할 수 있다. 성과평가의 이러한 단점은 예전부터 지적되어 왔고, 그 주관성을 극복하기 위하여 다면평가(360도 성과평가) 방식을 도입하고 있는 기업들이 증가하고 있다. 상사만이 아니라 동료나 부하직원, 경우에 따라서는 고객까지 성과평가에 참여하여 좀 더 객관적인 평가가 이루어지도록 시도하는 것이다.

③ 연봉제

연봉제는 개별 노동자들의 능력과 실적, 공헌도 등을 평가하여 연간 임금액을 결정하는 제도로서 고과급의 한 형태라고 볼 수도 있다. 연봉제는 국가마다, 기업마다 형태가 다양하며, 심지어는 집단성과급의 요소까지 포함할 수 있다. 연봉제의 형태는 다양하지만 일반적으로 연공, 직무, 직능 등에 따른 기본 연봉과 성과급인 업적연봉으로 구성되어 있다.

한국 기업들도 연봉제를 광범위하게 도입하고 있다. 100인 이상 기업들을 조사한 임금직무정보시스템에 따르면, 2000년에는 23%의 기업만이 연봉제를 도입하였으나, 2010년에는 63%, 2019년에는 77%의 기업들이 도입하고 있는 것으로 나타났다.

연봉제는 임금의 공정성을 통해서 동기를 부여하고 자신들의 능력개발을 유도할 수 있으며, 우수 인재를 확보하고 유지할 수 있다는 장점이 있다. 또한 조직성과에 기여한 사람들에게 더 높은 임금을 지급하고 그렇지 않은 사람들에게는 낮은 임금을 지급함으로써 인건비를 효율적으로 관리할 수 있다는 장점도 있다.

그러나 연봉제에도 많은 단점이 존재한다. 무엇보다도 노동자들 사이에 지나친 경쟁의식을 유발할 수 있다는 점이다. 이러한 경쟁의식은 고성과자와 저성과자 사이의 위화감을 조성하여 노동자들 사이의 협력을 저해할 수 있다. 또한 노동자들이 결집해야 협상력을 발휘할 수 있는 노동조합이 이 제도에 강한 반감을 갖고 있다는 것이다. 또 다른 단점으로서는 고과급에서도 지적했듯이, 성과평가의 공정성에 대해 불만을 가질 수 있다는 것이다. 따라서 연봉제는 공정성 측면에서 양날의 칼의 성격을 갖고 있다. 즉, 연봉제를 위한 성과평가가 비교적 객관적으로 이루어지면 개인들이 기여한 만큼 정당한 보상을 받기 때문에 공정하다고 인식할 수 있지만, 성과평가가 주관적으로 이루어졌다고 판단된다면 연봉제가 불공정하다고 여길 수도 있다는 것이다. 그 외에도 연봉제는 한국 사회에 뿌리깊게 퍼져 있는 연공급 전통에 맞지 않는 제도이기도 하다.

④ 판매수수료(sales commission)

판매수수료는 판매업종에서 주로 사용되는 개별 성과급으로서 판매실적에 따라 커미션을 제공한다. 보험설계사와 부동산업자, 자동차 판매원 등에게 적용되고 있다. 판매수수료만 지급할 수도 있으나, 대부분의 경우 기본급을 제공하고 판매실적에 따라 추가적으로 판매수수료를 지급한다.

⑤ 보너스(bonus) 제도

여기서 보너스 제도는 한국과 일본에서 오랫동안 시행되었던 고정상여금 제도와는 다른 제도이다. 보너스 제도는 미리 정해져 있지 않고, 특정 목표를 달성하거나 특정한 성취에 대해서, 또는 특별한 기여에 대해서 보상하는 제도이다. 예를 들어, 상당한 이윤이 발생했을 때 연말 보너스를 지급하는 기업들이 있다. 또는 혁신적인 아이디어를 제공함으로써 조직성과에 크게 기여했을 때에도 보너스를 지급할 수 있다. 기업을 인수했을 때, 잔류자들에게 의욕을 불어 넣기 위해서 1회성으로 보너스를 지급하는 경우도 있다.

2) 집단성과급

집단성과급 제도는 팀이나 부서, 사업부 단위의 성과에 따라 성과급을 지급하는 제도를 말한다. 집단성과급은 개별 노동자들의 성과를 측정하기 어렵거나 성과가 팀원들의 공동 노력에 의존할 경우 적절한 성과급 제도이다. 대표적인 집단성과급에는 성과배분제(또는 이익배분제, gain sharing)가 있다. 이 제도는 이윤보다는 생산성 및 비용과 연계된 성과급 산정 방식이다. 생산성을 향상시키고, 비용을 절감하기 위한 제도로서 대부분 사전 공식에 의해 성과급을 지급한다. 즉, 일정한 기준을 정해두고 그 이상을 달성했을 때 초과분에 대해 성과급을 제공한다. 대표적으로 스캔론 플랜(Scanlon Plan)과 럭커 플랜(Rucker Plan), 임프로쉐어(Improshare)가 있다.

스캔론 플랜은 1930년대 대공황기에 미국의 철강노조 위원장이었던 스캔론의 제안에 의해 도입되었다. 스캔론 플랜에서 기준이 되는 비율은 매출액 대비 인건비이다. 이 기준 비율을 미리 정해 놓고, 인건비를 줄이거나 매출액을 증가시키게 되면 사전에 정해진 공식에 따라 해당 팀이나 부서, 사업부에 성과급을 지급한다.

럭커 플랜은 1940년대 말 럭커에 의해 제시되었으며, 이 플랜에서 기준이 되는 비율은 부가가치 대비 인건비이다. 스캔론 플랜에서와 마찬가지로 기준 비율을 미리 정해 놓고, 인건비를 줄이거나 부가가치를 높이게 되면 사전에 정해진 공식에 따라 해당 팀이나 부서, 사업부에 성과급을 지급하는 방식이다.

임프로쉐어(improved productivity through sharing) 플랜은 산업공학자인 페인(Fein)에 의해 제시되었으며, 한 단위를 생산하는 데 걸리는 표준시간을 정해 놓고 그보다 빠른 시간 내에 생산이 이루어지면 미리 정해진 공식에 따라 성과급을 지급하는 방식이다. 그 성과 초과분은 대부분의 경우 주주와 노동자들이 50 대 50으로 나눠 갖는다. 이 제도의 단점으로는 개별 성과급의 단위성과급 제도처럼 노동자들이 제품의 양에만 집중함으로써, 품질이 하락하고 불량품이 많아질 수 있다는 점이다.

성과배분제가 다른 성과급 제도와 특히 다른 점은 생산성을 향상시키고 비용을 절감하기 위해서 노동자들의 의사결정 참여제도와 결합된다는 점이다. 즉, 노동자들이 비용절감이나 생산성 향상을 위한 방법을 제안하고 실행함으로써 향상된 성과의 일정 부분이 사전에 정해진 공식에 의해 성과급으로 제공된다. 여기에서 성과를 측정하는 단위가 부서나 팀이기 때문에, 조직 수준의 의사결정에는 참여할 수 없고 부서나 팀의 작업방식과 관련된 의사결정에만 참여할 수 있다.

성과배분제도가 효과적으로 작동하기 위해서는 몇 가지 요건들이 필요하다. 첫째, 제안제도나 자율관리팀, 품질분임조 등을 통해 노동자들의 의사결정 참여가 활발하게 이루어져야 한다. 둘째, 노동자들 사이에 협조가 잘 이뤄지고 상호작용이 활발하게 이루어져야 한다. 셋째, 노동자들이 이해할 수 있고, 받아들일 수 있는 공정한 배분기준이 마련되어야 한다. 넷째, 생산성과 비용 등에 대한 정보가 공유되어야 한다. 이러한 요소들이 충족되었을 때 성과배분제는 그 원래의 취지를 살려 노동자들의 몰입과 동기부여를 향상시켜 집단성과에 기여할 수 있다.

3) 조직성과급

조직성과급은 조직 전체의 성과에 따라 성과급이 지급되는 제도들을 의미한다. 조직성과급에는 이윤분배제(profit sharing)와 주식소유제도가 있다. 주식소유제도는 다음 장에서 살펴보게 될 소유 참여제도 중의 하나이기도 하지만, 조직의 성과에 따라서 주식의 가격이 달리지고 이는 결국 노동자들의 소득에도 영향을 미친다는 측면에서 조직성과급 중의 하나라고 볼 수도 있다.

① 이윤분배제(profit sharing)

이윤분배제도는 1800년대 말 영국에서 모직공장을 운영하던 테일러(Taylor)에 의해서 최초로 도입되었다. 이윤분배제는 연말 결산을 통해 도출된 이윤 중의 일정 부분을 조직 구성원들에게 성과급의 형태로 지급하는 것이다. 성과배분제가 생산성과 비용 등을 기준으로 성과급을 지급하는 데에 비해서 이윤분배제는 이윤을 기준으로 성과급을 지급한다는 측면에서 차이가 있다. 이윤 중에서 주주와 조직 구성원에게 분배되는 비율은 사전에 공식이 설정되어 있는 기업들도 있으나, 사전에 설정되어 있지 않고 경영진이 임의로 정하는 기업들도 있다.

이윤분배제를 실시함으로써, 조직의 모든 노동자들이 협조할 수 있는 동기를 부여하고 심리적 소유의식을 갖게 하여 그들의 태도와 행동에 긍정적인 효과를 초래할 수 있다. 그러나 이윤분배제 하에서는 1년에 한두 번 성과급이 지급되기 때문에 성과와 보상 사이의 연계의식이 낮을 수 있다. 즉, 보상이 주어지는 기간이 길어짐으로써 높은 성과를 달성하고자 하는 동기부여 효과가 반감될 수 있다.

② 주식소유제도

주식소유제도에는 우리사주제도와 스톡옵션제도가 있다. 주식소유제도는 기업실적에 따라 주가가 변동되고, 그에 따라 자사주 소유자들의 소득이 달라질 수 있다는 점에서 조직성과급으로 여겨질 수도 있고, 노동자들이 기업의 소유권을 갖게 된다는 점에서는 소유 참여로 볼 수도 있다.

우리사주제도는 노동자들에게 자사 주식을 분배하거나 시가 이하로 취득할 수 있도록 하는 제도로서, 이와 유사한 제도로 미국에는 ESOP(employee stock ownership plan)가 있다. 우리사주제도는 노동자들이 소유자처럼 행동하도록 유도하여 조직에 바람직한 태도와 행동을 유도할 수 있고, 노동자들 사이에 서로 협조하도록 유도할 수 있는 장점이 있다. 하지만 주가가 하락할 경우에는 노동자들의 소득이 감소할 수 있기 때문에 동요할 수 있고 의무보유기간이 1년으로 짧기 때문에 이 기간이 지나면 주식을 팔려고 하는 단점도 있다.

스톡옵션제도는 일정 수량의 자사 주식을 일정 기간 후에 일정한 가격으로 매수할 수 있는 권리를 부여하는 제도이다. 과거에는 주로 임원진에게 기업가치를 높이도록 유도하기 위해서 실시되어 왔으나, 2000

년을 전후로 해서는 벤처기업과 창업기업들에서 일반 직원들에게도 동기부여를 위해서 도입되어 왔다. 기업 입장에서는 부족한 현금의 지급을 미래로 이연하는 효과도 누릴 수 있게 된다. 따라서 스톡옵션은 혁신과 성장을 강조하는 조직과 스타트업 기업들에 적합할 수 있다. 노동자 입장에서는 기업이 성공할 경우 막대한 부를 축적할 수도 있으나, 그 성공확률이 너무 낮아서 낮은 임금으로 장기간(대체로 5년) 열심히 일한 대가를 제대로 받지 못할 위험성도 매우 큰 제도이다.

2. 관련 이론

1) 공평성 이론(equity theory)

이 이론은 1963년 아담스(J. S. Adams)에 의해 제시되었으며, 핵심적인 내용은 사람들은 공평하다고 느낄 때 동기가 부여된다는 것이다. 공평성 이론에 따르면, 자신의 산출/투입(outcome/input) 비율을 자신과 비교할 만한 다른 사람들의 그 비율과 비교함으로써 공평성 여부를 판단하게 된다. 이때 비교대상은 동일 산업에 있는 다른 기업의 노동자일 수도 있고 같은 기업의 동료일 수도 있다. 만일 비교대상보다 자신이 투입(노력, 능력, 시간 등)에 비해 적은 산출(급여, 승진 등)을 받고 있다고 판단되면 동기가 부여되지 않지만, 공평하게 받고 있다고 판단되면 동기가 부여된다는 것이다.

이 이론을 성과급제도에 적용하면, 자신이 노력한 만큼 성과급으로 보상을 받고 있다고 인식할 때 동기가 부여된다는 것이다. 성과급 제도가 도입되어 있지 않아서, 자신이 비교대상보다 더 능력이 있거나 더 열심히 일하고 있음에도 불구하고 비슷한 임금을 받고 있다면 더 열심히 일할 동기가 부여되지 않을 것이다. 그러나 성과급 제도가 도입되어 있어서 자신이 더 많은 급여를 받을 수 있다고 믿는다면 더 열심히 일하고자 하는 동기가 부여될 것이다. 즉, 성과급 제도를 노동자들은 공평한 제도라고 인식할 것이고 그에 따라 동기부여가 되고 직무성과(task performance, 자신이 맡은 일을 열심히 수행)와 직무헌신적 행동(job dedication, 자신의 직무에 열정과 능력을 헌신함으로써 자신의 성과를 향상시키려는 행동)을 보여줄 것이라고 예상할 수 있다.

2) 공정성 이론(justice theory)

공평성 이론은 몇 가지 측면에서 한계를 갖고 있었다. 이 이론은 분배적 측면에 한정되어 있었고, 자신이 과도하게 지급되고 있다고 인식할 때에는 행동에 별다른 영향을 주지 않을 수 있다는 점이다. 이에 좀 더 포괄적인 범위의 이론이 필요하다는 인식이 형성되었고, 공정성 이론이 제시되었다.

공정성 이론은 1987년 그린버그(J. Greenberg)에 의해 제시되었다. 조직공정성은 한 조직 내 공정성과 관련된 전반적인 인식이며, 이것은 분배공정성, 절차공정성, 상호작용공정성 등으로 분류될 수 있다. 분배공정성은 분배결과의 공정성에 대한 인식으로서 공평성 이론에서 다루었던 내용이다. 즉, 자신의 투입에 상응하는 분배결과(대가)를 받고 있는지에 대한 인식이다.

절차공정성은 그러한 분배결과를 결정하는 데 사용된 절차에 있어서의 공정성에 대한 인식을 의미한다. 공정성 이론에서는 절차공정성이 유지되기 위해서 특히 절차통제(process control)와 사후설명이 이루어져야 한다고 한다. 절차통제는 노동자들이 자신의 분배 몫과 관련하여 분배자들에게 어필할 수 있는 기회가 있어야 함을 의미하며, 사후설명은 그러한 분배 몫이 결정된 이유를 당사자들에게 설명을 해야 한다는 것을 뜻한다. 즉, 노동자들이 의사결정자들에게 자신의 의견을 표현할 수 있고, 의사결정자들이 그런 결정을 내린 이유를 설명해 주면 절차적으로 공정하다고 지각할 것이다.

상호작용공정성은 분배가 결정되는 과정과, 어필하고 설명을 듣는 과정에서 자신들이 존엄과 존경으로 대우받는 정도에 대한 지각을 의미한다.

공정성 이론을 성과급에 적용하면, 노동자들은 자신들이 노력한 만큼 성과급으로 지급되고, 공정한 절차에 의해 성과급이 정해지고, 상사가 자신의 성과급에 대해 친절하게 설명한다면 공정하다고 지각하여 동기가 부여될 것이다. 그동안의 연구결과들에 따르면, 절차공정성이 노동자들의 태도와 행동에 가장 큰 영향을 미치고, 그 다음으로 분배공정성도 그들의 태도와 행동에 영향을 미치고 있으나, 상호작용공정성의 효과는 상대적으로 크지 않은 것으로 나타났다(Colquitt et al., 2001).

3) 기대이론(expectancy theory)

기대이론은 1967년 브룸(V. H. Vroom)에 의해 제시되었으며, 사람들이 특정 방식으로 행동하려는 경향은 보상의 기대 강도와 보상에 대한 매력도에 달려 있다고 주장한다. 기대이론에서는 노력하면 좋은 성과나 성과평가로 이어질 것이라는 예상을 기대(expectancy), 좋은 성과를 달성하거나 좋은 성과평가를 받으면 보상으로 이어질 것이라는 예상을 도구성(instrumentality), 그리고 그러한 보상이 자신의 목표를 충족시키는 정도를 유의성(valence)이라고 한다. 이러한 기대와 도구성, 유의성이 모두 충족되었을 때 가장 강한 동기가 부여된다는 것이다.

반대로, 이러한 조건이 충족되지 않을 경우 동기가 부여되지 않을 것이다. 만약, 자신의 능력이 부족하거나 회사의 전반적인 기술수준이 낮아서 노력해도 좋은 성과를 달성할 수 없을 것이라고 예상하거나, 좋은 성과를 내더라도 상사와의 관계가 좋지 않아서 좋은 인사고과를 받지 못할 것이라고 예상한다면 열심히 노력할 동기부여가 되지 않을 것이다. 또한 높은 성과를 달성하거나 좋은 인사고과를 받더라도 성과급이나 조기 승진과 같은 제도들이 없다면 보상을 제대로 받을 수 없게 되며 이러한 경우에도 동기부여가 되지 않을 것이다. 마지막으로, 자신이 노력해서 성과나 인사고과가 좋아서 보상을 받더라도 자신이 가장 원하는 종류의 보상이 아니라면 동기부여 효과가 반감될 것이다. 예를 들면, 오랫동안 열심히 일해서 휴식을 갖고 싶어하는 노동자에게 휴가 대신 성과급만 지급한다면 동기부여가 제대로 되지 않을 수 있다.

기대이론에서 성과급은 도구성과 밀접하게 관련되어 있다. 성과급이 도입되어 있을 때 노동자들은 자신이 열심히 일해서 성과가 높아지거나 인사고과를 잘 받으면 성과급을 받을 수 있다는 희망 때문에 동기부여가 될 수 있다. 그러나 자신의 회사에 성과급이 도입되어 있지 않다면 아무리 성과가 높거나 인사고과를 잘 받아도 보상을 받을 수 없기 때문에 동기부여가 되지 않을 수 있다.

4) 대리인 이론(agency theory)

대리인 이론은 원래 주주와 경영진 사이의 정보의 비대칭성에서 유래한 이론이다. 즉, 주인(principal)으로서의 주주들이 경영진을 대리인

(agent)으로 내세워 경영을 하게 한다. 대리인인 경영진은 조직을 직접 경영하기 때문에 그 조직에 대한 정확한 정보를 갖고 있지만 그 조직과 관련된 비용과 위험은 주주들이 부담한다. 주주들은 경영에 직접 개입하지 않기 때문에 그 조직에 대한 정확한 정보를 갖고 있지 않고 그로 인해 주인과 대리인 사이에 정보의 비대칭성이 발생하는 것이다. 경영진은 이러한 정보들을 이용하여 자신들에게는 유리하고 주주에게는 손해를 입힐 수 있는 행동이나 정책을 기회주의적으로 실행할 수 있다. 주주들은 그러한 가능성을 최소화하기 위해서 경영진의 급여를 조직성과에 연동시키게 된다. 최고경영진에게 제공되는 스톡옵션이 대표적인 방법이다.

이 이론은 경영진과 노동자들 사이에도 적용될 수가 있다. 경영진-노동자 관계에서 주인은 경영진이고 노동자들이 대리인이 된다. 개별 직무에 대한 내용과 현재 상황은 해당 업무를 맡고 있는 노동자(agent)들이 경영진(principal)보다 많이 알고 있을 것이다. 이러한 정보의 비대칭성을 노동자들이 기회주의적으로 활용하지 못하도록 하기 위해서 경영진은 노동자들의 급여를 개인성과나 조직성과에 연동시킬 수 있다. 이처럼 노동자와 경영진 사이에 발생하는 정보의 비대칭성 문제를 해결하기 위해 성과급을 이용할 수 있고, 노동자들이 기회주의적으로 행동하지 못하게 할 수 있다는 것이다(Fakhfakh, Perotin & Gago, 2012). 결국, 경영진은 성과급을 활용하여 노동자들이 열심히 일할 동기를 부여함으로써 조직에 바람직한 행동을 하도록 유도할 수 있게 된다.

5) 자기결정이론

자기결정이론은 2장에서 살펴본 것처럼 의사결정 참여와 직접적으로 연관되어 있지만, 재무 참여와 관련해서도 시사점을 제공하고 있다. 이 이론은 사람들의 동기를 내재적 동기(intrinsic motivation)와 외재적 동기(extrinsic motivation)로 구분하고 있다. 내재적 동기는 어떤 행동이 재미있거나 만족스러워서 그 자체를 즐기기 위해서 행동하게끔 하는 것을 말하며, 외재적 동기는 그 자체를 즐기기 위해서라기보다는 다른 목표를 달성하기 위해서 행동하게 하는 것을 말한다. 예를 들면, 지금 자신이 하고 있는 일이 즐겁고 재미있어서 열심히 하고 있다면 내재적으로 동기가 부여되어 있는 것이며, 일이 재미있어서라기보다는 더 많은 돈을 벌 수 있기 때문에 열심히 하고 있다면 외재적으로 동기가 부여되어 있는 것이다.

그런데 자기결정이론의 하위 이론인 인지평가이론(cognitive evaluation theory)에 따르면, 성과급이나 칭찬, 승진과 같은 외재적 보상은 일에 대한 내재적 관심을 감소시킨다고 주장한다. 즉, 일을 통해서 보상을 받는 사람은 그 일을 원해서 하는 것이 아니라 해야 하기 때문에 하고 있다고 느낀다는 것이다. 따라서 이 이론에 따르면 성과급은 내재적 동기부여를 오히려 감소시킨다고 주장한다.

그동안 이러한 주장을 뒷받침하는 연구들도 있었지만, 그에 대한 반론과 반증도 수없이 제기되었다. 예로서, Eisenberger, Rhoades and Cameron(1999)은 성과급이 자율성과 정의 관계를 가지며, 내재적 동기부여와 성과를 향상시킨다는 것을 발견하였다. 이러한 과정을 거치면서 완화된 자기결정이론에서는 성과급과 같은 외재적 보상도 자신이 자신의 행동을 통제할 수 있다고 믿는다면 내재적 동기부여도 가능하다고 한발 물러섰다. 즉, 자신이 자신의 행동을 통제할 수 있는 상황에서 성과급이 주어진다면 일에 대한 내재적 관심도 증가할 수 있다는 것을 인정하게 된 것이다.

6) 개별 성과급 대 집단 · 조직성과급

위의 이론들에서 살펴본 것처럼 성과급은 내재적 동기부여는 차치하더라도 최소한 외재적 동기부여는 할 수 있을 것이다. 그러나 각각의 성과급 제도들은 장점과 단점을 갖고 있다. 이러한 장 · 단점을 개별 성과급과 집단 · 조직성과급으로 나누어 살펴보자.

개별 성과급은 자신의 성과에 따라 성과급이 지급되므로 노력-보상 사이의 관계를 명확히 함으로써 공정하다고 여길 수 있다. 즉, 자신이 노력함으로써 높은 성과를 달성할 수 있고, 그에 따라 많은 보상을 받을 수 있으므로 노동자들은 개별 성과급 제도를 공정하다고 생각할 것이다.

그러나 개별 성과급 하에서 자신의 성과급은 오직 자신의 성과에 의해서만 결정되므로 다른 동료나 상사, 부하직원과 협조할 유인은 거의 없다. 조직 경영진의 입장에서 보면, 이것이 개별 성과급의 최대의 약점이라고 할 수 있다. 따라서 구성원들 사이에 협조가 중요한 조직일수록 개별 성과급에 의존해서는 안 된다. 또한 개별 성과급이 개인에 따라 차이가 크게 되면 직원들 사이의 위화감이 형성될 가능성도 많다.

반대로, 집단 · 조직성과급의 경우 자신의 성과급이 동료나 부서, 조직 전체의 성과에 따라서 지급되므로 구성원들 사이에 협조할 유인이 강하다. 집단 전체나 조직 전체의 성과를 높이기 위해서 서로 협조하고, 자발적으로 지식과 정보를 공유함으로써 생산성과 효율성을 높이기 위해 노력하게 된다.

그러나 집단 · 조직성과급제도 하에서는 자신의 성과급이 자신의 노력에 의해서만 결정되는 것이 아니므로 노력-보상 사이의 관계를 약화시켜 무임승차(free riding)하려는 동기를 유발할 수 있다. 즉, 자신이 아무리 열심히 노력하여도 동료들이 열심히 하지 않는다면 성과 향상은 미미할 것이고 성과급 증가도 거의 없을 것이다. 반대로 자신이 노력하지 않더라도 동료들이 작업을 열심히 한다면 부서나 조직의 성과는 높아질 것이고 많은 성과급을 받게 될 것이다. 따라서 집단·조직성과급이 제공되면 많은 노동자들이 무임승차하기 위해서 열심히 일하지 않는다는 것이다.

이에 대해 집단·조직성과급의 지지자들(또한 shared capitalism[1]) 지지자들)은 동료압력(peer pressure)이 이러한 무임승차 의도를 제거할 수 있다고 주장한다. 즉, 동료들의 무임승차는 자신의 급여 하락으로 이어지기 때문에 동료들이 무임승차하지 못하도록 압력을 가한다는 것이다. 또한 자신의 무임승차로 인해서 동료들의 급여가 하락한다는 사실을 인식하게 되면 스스로 무임승차하려는 시도를 하지 않게 될 것이다. 동료들의 제재든, 스스로의 자제든 이러한 동료압력은 무임승차 시도를 감소시킬 것으로 예상할 수 있다. 이러한 요인들을 종합적으로 고려할 때 성과급의 효과성을 판단하기 위해서는 실증연구 결과들을 살펴볼 필요가 있다.

---

1) 공유 자본주의(shared capitalism)는 노동자들의 급여가 집단이나 조직성과에 따라 지급되는 다양한 보상체계를 의미한다. 대체로 노동자소유제도(employee ownership), 이윤분배제도(profit sharing), 성과배분제도(gain sharing), 광범위한 스톡옵션제도(broad-based stock option) 등이 공유 자본주의에 해당하는 제도들이다.

3. 실증연구 결과

1) 한국 현황

한국 기업들이 성과급을 도입하고 있는 현황은 기준이나 조사대상에 따라 약간씩의 차이를 보여주고 있다. 먼저, 고용노동부에서 운영하고 있는 임금직무정보시스템은 100인 이상의 기업들을 대상으로 집단・조직성과급(임금직무정보시스템에서는 성과배분제로 표시하고 있으며, 개별 성과급에 대한 데이터는 제공하지 않고 있다)을 조사하고 있다. 집단・조직성과급을 도입한 기업들의 비율은 2000년 20.6%였고, 2009년 36.5%, 2015년 41.7%로 정점을 찍었다가 2019년에는 35.3%로 감소하였다.

한국직업능력개발원에서 2005년부터 실시하고 있는 인적자본기업패널에 따르면, 2015년에 321개 기업 중에서 140개 업체가 개별 성과급 제도를 도입하고 있었기 때문에 도입률이 약 44%였다. 집단・조직성과급은 189개 업체가 도입하고 있어서 도입률은 약 59%였다. 좀 더 세분화하면, 개별 성과급과 집단・조직성과급 모두 채택하고 있는 기업은 26%, 집단・조직성과급만 도입하고 있는 기업은 33%, 개별 성과급만 도입하고 있던 기업은 17%, 두 종류 모두 도입하고 있지 않던 기업은 24%로 나타났다.

한국노동연구원에서 2005년부터 실시하고 있는 사업체패널조사에 따르면, 960개 기업 중에서 2013년에는 약 46%의 기업들이 집단・조직성과급을 채택하고 있었으며, 조사대상 기간 10년 동안에도 비슷하게 47%의 기업들이 집단・조직성과급을 도입하고 있었다. 우리사주제도를 채택하고 있었던 기업들은 평균적으로 9% 정도였으며, 2013년에는 약 8%였다. 스톡옵션제도는 약 4%의 기업들이 도입하고 있었으며, 그 중 61개 업체만이 광범위한(broad-based) 스톡옵션제도를 채택하고 있어서 해당 기업들의 1% 이하를 차지하였다.

2) 실증분석 결과

대체로 성과급제도 또는 재무 참여제도들은 개인들의 태도와 행동, 조직성과에 기여하는 것으로 확인되고 있다. Park(2012)의 연구에 따르면, 집단성과급과 조직성과급 모두 직무만족과 조직몰입을 향상시키고, 이직의도를 낮출 수 있음을 알 수 있다. 또한 이러한 효과들은 일관되게 인적자본(노동자들의 지식, 기술, 능력) 수준이 높은 기업에서 더욱 강력할 수 있음이 제시되었다. 보다 많은 지식과 기술, 능력을 가진 사람들은 자신들이 노력함에 따라 성과를 향상시킬 수 있다는 확신을 갖고 있으며, 그러한 성과에 따라 보상이 주어질 때(즉, 성과급) 자신의 직무와 조직에 몰입하고 따라서 실제로 성과가 높아질 수 있다.

Park and Kruse(2014)가 한국직업능력개발원에서 수행한 인적자본 기업패널 설문조사 데이터를 분석한 결과에 따르면, 집단성과급을 도입한 기업들에서 조직몰입 수준이 높았고 총자산수익률(ROA)도 높았다. 또한 집단성과급의 조직몰입과 총자산수익률에 미치는 영향은 혁신적인 기업에서 더욱 강력하게 나타났다. 즉, 집단성과급은 혁신적인 기업에서 더욱 효과적일 수 있음을 알 수 있다.

Harden, Kruse and Blasi(2010)의 기존 연구결과들에 대한 리뷰(review)에 따르면, 집단성과급이 노동자들 사이의 협조를 촉진시켜 혁신활동이 향상됨을 알 수 있다. Garbers and Konradt(2014)가 실시한 리뷰에 따르면, 개별 성과급과 팀 성과급 모두 성과에 긍정적인 영향을 미치는 것으로 나타나고 있다. 보다 최근에 Nyberg et al.(2018)이 실시한 메타분석(meta analysis)에 따르면, 집단성과급은 행동적 측면, 운영적 측면, 그리고 재무적 측면에서 측정된 조직성과에 모두 긍정적으로 작용하는 것으로 나타났다. 즉, 노동자들의 조직에 바람직한 행동, 효율성으로 대표되는 운영적 측면, 이윤 등으로 대표되는 재무적 측면 모두에서 집단성과급이 긍정적인 영향을 미친다는 것이다.

다른 측면에서의 연구로는 이러한 다양한 재무 참여제도들 중에서 성과배분제(gain sharing)의 효과가 가장 높을 수 있다(Welbourne & Gomez-Mejia, 1995)는 점이다. 다른 제도들과 다르게 성과배분제는 의사결정 참여제도와 결합됨으로써 구성원들의 동기부여에 크게 기여할 수 있다. 예로서, Park(2015)은 개별 노동자들이 의사결정 참여제도와 성과급 제도(재무 참여)에 각각 참여할 때 조직지원인식과 조직몰입 모두 향상되지만, 두 제도에 동시에 참여하는 노동자들의 태도가 가장 향상되었음을 밝혔다. 자신들이 의사결정 권한을 갖고 그에 대한 보상이 따를 때, 노동자들에게 가장 강력한 동기부여 효과가 있을 것이다.

토론해 봅시다

1. 재무 참여가 조직 구성원들의 동기부여 수준을 높이고 조직성과를 높일 가능성이 제시되어 왔음에도 불구하고, 모든 조직들이 재무 참여제도들을 도입하지는 않는 이유를 토론해 봅시다.

2. 집단・조직성과급에 부정적인 입장을 가진 사람들은 무임승차 문제(free-riding problem)를 그 이유로 제시하며, 집단・조직성과급을 옹호하는 사람들은 동료압력(peer pressure) 때문에 무임승차가 어렵다고 주장합니다. 여러분은 어떤 주장이 더 타당하다고 생각하십니까?

3. 개별 성과급의 효과와 집단・조직성과급의 효과를 고려할 때, 어떠한 경우에 어떤 종류의 성과급을 도입하는 것이 바람직할까요?

제 4 장

Organizational Democracy

소유 참여

조직 민주주의를 실현하는 방법으로 의사결정 참여와 재무 참여를 주요한 두 축으로 상정할 수 있지만, 이러한 참여제도들을 뒷받침할 수 있는 것이 소유 참여이다. 소유 참여는 노동자들이 자사 주식이나 지분의 일부 또는 전체를 소유하는 것을 말한다. 노동자들이 소유에 참여하지 않더라도, 의사결정 참여와 재무 참여제도들을 활용하여 조직에 바람직한 태도를 갖게 하고 바람직한 행동을 하도록 유도하여 조직성과를 높일 수도 있지만, 이러한 제도들을 도입하는 것은 어디까지나 경영진의 자유재량이다. 의사결정 참여제도와 재무 참여제도들을 경영진의 자유재량에 의해서가 아니라, 이러한 제도들의 도입을 강제할 수 있는 것은 소유 참여일 것이다. 즉, 보다 완전하고 전면적인 참여제도들을 도입하기 위해서는 소유 참여가 전제되어야 한다.

물론 노동자들이 소유에 참여한다고 해서 자동적으로 의사결정 참여와 재무 참여제도들이 도입되는 것은 아니다. 이론적으로는 일반 직원들이 자사 주식을 소유하고 있기 때문에 주주총회를 통해서 조직 수준의 의사결정에 참여할 수 있지만, 현실적으로는 그러한 참여는 극히 드물다. 우리사주제도의 경우 그 비율(최대 20%)이 매우 적기 때문이기도 하며, 우리사주를 매입하는 것이 의사결정에 참여하기 위해서가 아니기 때문이다. 노동자들이 우리사주를 매입하는 주된 이유는 시세차익에 있다. 자사 주식을 시장가격보다 할인된 가격에 매입하여 보유하고 있다가 주가가 상승하면 시장에 판매하여 시세차익을 실현할 수 있다.

우리사주제도나 미국의 ESOP에서는 노동자들의 지분이 미미한 경우가 대부분이다. 그러나 노동자들이 집단적으로 기존 주식회사를 인수하거나 노동자협동조합을 설립한 경우엔 노동자들이 그 조직의 대부분이나 전체를 소유하게 된다. 드문 경우이긴 하지만, 부도나 파산한 기업을 노동자들이 중심이 되어 인수(employee buyout)하는 사례들이 있었다.

이런 유형의 회사는 노동자들이 대주주이긴 하지만 주식회사의 형태를 띠고 있었고, '노동자자주관리기업(labor-managed firm)'으로도 불렸다.

노동자들이 대주주 집단으로서 상당한 비율의 자사 주식을 소유하고 있는 기업을 노동자소유기업(employee-owned company)이라 하고, 노동자들이 경영에 상당한 영향력을 행사하고 있는 회사를 노동자자주관리회사로 부르기도 한다. 두 가지 유형이 반드시 일치하지는 않을 수 있지만 대부분의 경우 노동자소유기업과 노동자자주관리회사는 중복된다. 즉, 노동자들이 한 회사의 대주주인 경우 대표와 임원진을 선출하고 총회에서 주요 의사결정을 하는 등 경영에도 막강한 영향력을 행사하게 된다.

노동자들이 소유에 참여할 수 있는 가장 일반적인 방법은 주식소유제도로서 우리사주제도와 스톡옵션제도가 있으며, 전체 기업들 중에서 차지하는 비중이 크지는 않지만 노동자소유기업과 노동자협동조합 등이 있다.

1. 소유 참여제도

1) 우리사주제도

한국에서는 코스피(KOSPI)와 코스닥(KOSDAQ)에 속해 있는 상장회사들을 중심으로 우리사주제도가 정착되어 있고, 미국의 경우 ESOP (employee stock ownership plan)가 널리 알려져 있다. 우리사주제도는 노동자들에게 주인의식을 심어주기 위해서 제한된 범위 내에서 자사 주식의 일정 부분을 보통 시가보다 낮은 가격에 구입하거나 무상증여할 수 있도록 한 제도이다.

우리사주제도는 과거에 종업원지주제로 불렸고, 1968년 「주식시장 육성에 관한 법률」에서 주식시장 활성화를 위해서 도입되었다. 2001년에는 「근로자복지기본법」에서 우리사주제도에 대한 규정을 마련하였으며, 2010년 다시 「사내근로복지기본법」과 통합되어 「근로복지기본법」에서 규정하고 있다.

우리사주는 상장시 또는 신규 발행시 노동자들이 발행 주식의 최대 20%까지 취득하여 우리사주조합에서 관리하도록 하고 있다. 노동자들이 우리사주를 장기간 보유하도록 유도하기 위하여 의무보유기간을 7년으로 한 적도 있으나 노동자들의 참여가 저조하자 자사주 구매를 촉진하기 위하여 의무보유기간을 1년으로 단축하여 시행하고 있다. 노동자들은 주식 활황기에 우리사주에 관심을 가지며 주로 주식의 시세차익에 관심이 있기 때문에 의사결정 참여로 이어지는 경우는 드물다.

기존의 우리사주제도에 독특한 방식이 추가되었는데, 이는 노동자인수(employee buyout)를 좀 더 수월하게 하기 위한 것이었다. 2002년 비상장기업들, 2005년에는 상장기업들에 대한 차입형(leveraged) 우리사주제도와 스톡옵션형 우리사주제도가 도입된 것이다. 우리사주제도에서 이러한 새로운 방식이 추가된 이유는 1990년대 말 IMF 외환위기 당시에 상당히 많은 노동자인수가 일어난 데서 찾을 수도 있다. 당시에 많은 기업들이 부도나 도산 위기에 처하거나 실제로 부도나 도산이 발생했고, 그러한 기업들을 노동조합이나 직원들이 집단적으로 인수한 사례들이 있었다.

차입형 우리사주제도에서는 우리사주조합이 은행을 비롯한 금융기관으로부터 자금을 빌려 자사 주식을 구입하며 상환이 이루어지면 직원들에게 주식을 나누어준다. 회사는 자금 차입에 대해 보증을 제공하고, 원금상환과 이자지급을 할 수 있도록 우리사주조합에 기금을 출연해주며 이 출연금은 손비처리된다. 대출해준 금융기관에 대해서도 세제혜택이 제공된다. 스톡옵션형 우리사주제도에서는 우리사주조합이 일정 기간 후에 약정된 가격으로 우리사주를 구입할 수 있는 제도이다. 노동자인수를 촉진하기 위해서 이러한 제도들이 추가되었지만 지금까지 그다지 자주 활용된 것 같지는 않다.

2014년 기준으로 한국의 457,665 법인 중에서 우리사주제도를 도입한 기업은 코스피 769개 업체 중에서 653개로 85%, 코스닥 977개 업체 중에서 779개로 80%였다. 비상장법인 455,919개 중에서는 1,274개 업체만 도입하여 0.3%의 도입률을 기록하고 있었다. 전체 법인으로 보았을 때는 0.6%의 기업만이 우리사주제도를 도입하고 있었다. 더군다나 우리사주조합이 설립되어 있는 경우에도 우리사주조합이 소유한 평균 지분은 1.3%에 불과하였다.

미국의 ESOP제도는 우리사주제도와 유사한 측면이 많지만 다른 측면도 있다. 우리사주는 주식이 배정된 뒤 1년 후에 매각할 수 있으므로 재산증식 수단으로 여겨지지만, ESOP제도 하에서는 이직이나 퇴사시에만 현금화할 수 있으므로 연금의 성격이 강하다.

미국의 ESOP제도에서 차입 메커니즘은 1981년 「조세회복법(Tax Recovery Act)」에서 도입되었다. 미국에서 차입 ESOP제도는 상당히 잘 활용되고 있는 것 같다. 상당히 많은 기업들이 이 제도를 이용하여 노동자인수가 원활하게 이루어졌으며 기업 안정에 큰 도움이 되었다. 미국의 경우 1980~90년대 항공산업과 철강산업 등에서 규제가 완화되고 글로벌 경쟁이 심화됨으로써 대형 항공사와 철강업체들이 재정적 어려움을 겪게 되었다. 이러한 재정적 곤란을 타개하기 위하여 일부 기업들에서 노동조합이나 다른 노동자 조직들을 중심으로 차입 ESOP 메커니즘을 이용하여 기업을 인수하게 되었다. 대표적인 사례들로서 유나이티드 에어라인(United Airlines)과 위어톤 철강(Weirton Steel)이 있다. 유나이티드 에어라인 노조는 회사가 재정적으로 어려움에 처하자 1994년 회사 주식의 51%를 인수하였으며, 위어톤 철강의 노동자들은 모기업인 내셔널 철강이 위어톤 철강을 매각하려 하자 1984년 회사 주식 100%를 인수하였다(박노근, 2000).

2) 스톡옵션

스톡옵션제도는 일정 분량의 자사 주식을 일정 기간 후에 특정한 가격에 구입할 수 있는 권한을 부여하는 제도이다. 대체로 5년 이후에 옵션을 실행하는데 실행 시점에 주가가 도입 시점보다 높아지면 주식을 선택하고, 주가가 낮아지면 현금을 선택하면 된다. 실행 당시의 주가가 도입 시점과 유사하면 주식이나 현금 중 자신의 앞으로의 예상에 따라 선택하면 된다. 즉, 앞으로 자사주 주가가 오를 것으로 예상하면 주식을 선택하고, 주가가 낮아질 것으로 예상하면 또는 당장 현금이 필요하면 현금을 선택하면 된다.

스톡옵션제도는 2000년 이전에는 주로 경영진의 보상 수단으로 사용되어 왔으나, 2000년을 전후로 해서 벤처기업과 창업기업들의 일반 노동자들에게도 제공되기 시작하였다. 이렇게 일반 노동자들에게도 옵션이 주어지는 것을 광범위한(broad-based) 스톡옵션이라고 한다.

스톡옵션제도는 기업 입장에서는 단점보다는 장점이 훨씬 많은 제도이다. 벤처기업과 창업기업들 입장에서는 낮은 수준의 임금만 지급하고 나머지는 옵션을 제공하면 되기 때문에 현금부족 문제를 해결할 수 있는 좋은 수단이다. 또한 노동자들에게 일정 기간 이후에 주식부자가 될 수 있다는 희망을 심어줌으로써 열심히 일하도록 동기를 부여할 수 있다. 밤낮으로 열심히 일하는 벤처기업 직원들을 흔히 볼 수 있다. 노동자들 입장에서는 주식부자의 꿈을 꿀 수 있다는 측면과 동시에, 벤처기업의 경우 성공비율이 극히 낮아서 낮은 임금으로 열심히 일만 하고 실업자가 되거나 다른 업체로 이직해야 할 위험성도 존재한다.

3) 노동자협동조합

노동자협동조합은 위에서 살펴본 세 가지 참여방식을 모두 갖추고 있는 조직 유형이며, 따라서 가장 민주적인 조직이라고 볼 수 있다. 노동자협동조합은 조직 구성원들이 소유하고 자율관리하는 협동조합이다(CICOPA). 노동자협동조합에서는 모든 조합원들이 출자하는 구좌(주식회사의 주식과 유사) 수가 상대적으로 균일하다. 노동자협동조합에서 최종적인 의사결정 권한은 모든 조합원들이 참여하는 조합원총회에 있다. 이는 주식회사의 주주총회에 해당하는 기능을 한다. 조합원총회에서 의사결정 방식은 지분에 관계없이 1인 1표 방식을 취하며, 조합원들이 CEO를 비롯한 경영진을 선출한다. 재무 참여와 관련해서는 이윤이 발생하면 재투자를 위한 부분을 제외하고 조합원들에게 비교적 균등하게 분배한다. 즉, 노동자협동조합에서는 조합원들이 조직을 소유하고, 주요한 의사결정에 참여하면서 성과에 따라 성과급을 받을 수 있다는 점에서 가장 민주적인 조직형태이다.

2. 관련 이론

1) 사회정체성 이론(social identity theory)

사회정체성 이론은 사람들은 자신의 정체성을 집단과의 연계성 속에서 찾게 된다고 주장한다. 사회정체성의 기준은 자신이 속해 있는 직장이나 도시, 성별, 종교, 민족 등이 있다. 사회정체성이 형성되는 원인은 유사한 가치나 특징을 가짐으로써 형성될 수도 있고, 다른 집단과의 차별성 때문에, 또는 자신을 높은 지위에 있는 집단과 연결시키려 하는 과정에서, 그리고 자신이 누구인지, 세상과의 적합성을 이해하는 데 도움이 되기 때문이라고 할 수 있다. 사회정체성 이론에서 핵심이 되는 개념은 조직동일시(organizational identification)인데, 이는 자신을 조직과 동일시하는 정도를 말한다.

소유 참여를 사회정체성 이론에 적용하면, 노동자들이 자사 주식을 소유하거나 지분을 갖게 됨으로써 조직에 대한 소유의식이 강해지고 그에 따라 조직과 동일시하는 정도가 강화될 수 있다는 것이다. 기존 연구들에 따르면, 성과배분제나 이윤분배제 등으로 조직이나 집단의 성과에 따라 성과급을 받는 것만으로도 심리적 소유(psychological ownership) 의식이 형성되고 이는 결국 조직동일시와 연결된다(Chi & Han, 2008). 그에 비해서 노동자 소유 참여는 실질적인 소유이며, 따라서 그러한 재무 참여제도들보다 더욱 강한 조직동일시로 연결되리라는 것을 쉽게 짐작해볼 수 있다. Pierce와 동료들(Pierce, Rubenfeld & Morgan, 1991; Pierce, Kostova & Dirks, 2001)은 ESOP와 노동자협동조합은 구성원들에게 심리적 소유의식을 갖게 하고, 이러한 의식은 조직몰입을 향상시켜 조직 구성원들의 바람직한 행동을 유도한다고 주장한다.

조직과 자신을 동일시하게 되면 그 조직에 바람직한 태도를 갖고 행동을 하게 될 것이다. 실제로 노동자들이 자신을 조직과 동일시하게 되면 이직의도(turnover intention)와 실제 이직이 적어지고, 조직시민행동(organizational citizenship behavior, 조직에 바람직한 행동)에 긍정적인 영향을 미친다는 연구들이 제시되어 왔다. 실제 연구결과들은 다음 절에서 자세히 살펴본다.

3. 실증연구 결과

우리사주제도가 직원들의 태도와 행동, 조직성과에 미치는 영향에 대한 연구는 그리 많지 않았다. 한국의 경우 상장사들은 대부분 우리사주제도를 도입하고 있기 때문에 그 외의 기업과 비교하는 것은 별 의미가 없을 것이다. 하지만 외국의 경우 상장사라 하더라도 주식소유제도를 도입한 비율이 압도적으로 높지는 않기 때문에 주식소유제도에 대한 연구가 상당히 이루어졌다. 이러한 연구들에서는 사회정체성 이론이 예상하는 것처럼, 노동자 소유 참여가 조직동일시나 조직몰입에 긍정적인 영향을 미친다는 연구들이 있었다. 예로서, Long(1978)은 트럭회사 연구에서 노동자 소유가 조직동일시와 양의 관계가 있음을 밝혔고, Okland and Kvitastein(2015)은 노동자소유자들이 다른 노동자들보다 조직동일시 수준이 높음을 발견하였다.

또한 소유 참여가 노동자들의 태도만이 아니라 조직성과에도 기여한다는 연구결과들이 제시되었다. 미국에서 ESOP를 도입한 기업과 그렇지 않은 기업들을 비교한 연구에서는 ESOP의 긍정적인 측면이 제시되었다. Park, Kruse and Secil(2004)이 1988년부터 2001년까지 미국 공개기업들을 연구한 결과에 따르면, 단순히 ESOP를 도입했다고 해서 생산성과 재무성과가 높지는 않았지만, 보다 많은 노동자들이 주식소유에 참여할수록 생산성과 재무성과가 높게 나타났다. 또한 ESOP를 도입한 기업들이, 그리고 노동자 지분이 많을수록 더 오랫동안 생존하는 것을 발견하였다. 예로서, 노동자들이 5% 이상의 자사주를 소유하고 있는 기업의 생존율이 다른 기업들에 비해서 높았고, 고용이 안정되었으며 생산성도 높은 편이었다.

Braam and Poutsma(2015)가 네덜란드 195개 업체의 18년간 패널 데이터를 분석한 결과를 보면, 주식소유제도(또한 이윤분배제)는 재무성과에 긍정적인 영향을 미치고 있었다. 다만 스톡옵션제도는 장기적인 효과가 없었던 것으로 나타났다. O'boyle, Patel and Gonzalez-Mule (2016)의 102개 메타분석에 따르면, 노동자소유는 기업성과에 작지만 긍정적인 효과가 있는 것으로 나타났다. 이 메타분석이 중요한 이유는 노동자소유제도를 도입하기 전후를 비교하거나, 비공개기업과 공개기업 모두에서, 그리고 목적변수(종속변수)를 효율성으로 하든지 성장으로 하든지에 관계없이 일관되게 긍정적으로 나타났다는 점이다. 즉, 조직성과가 좋은 기업들이 노동자소유제도를 도입하는 경향이 있을 거라는 역인과관계의 주장을 반박할 수 있다는 점에서 더욱 의미가 있다고 할 수 있다.

그러나 이러한 효과들을 순수하게 노동자 소유 참여의 효과로만 보기는 어렵다. 소유 참여제도를 도입한 기업 중 많은 기업들은 동시에 의사결정 참여제도나 성과급 제도를 도입하고 있기 때문이다. 실제로 Blasi, Freeman and Kruse(2016)의 연구에 따르면, 노동자소유제도나 성과급을 도입하고 있는 기업의 노동자들이 의사결정에도 더욱 참여하고 있는 것으로 나타났다. 그들은 노동자소유, 성과급, 의사결정 참여가 동시에 이루어지고 있는 기업에서 자발적 이직이 줄고, 자기자본이익률(return on equity, ROE)이 증가했음을 제시하였다. 따라서 소유 참여, 재무 참여, 의사결정 참여 각각의 효과를 구별하기 위한 좀 더 정교한 통계적 분석이 필요해 보인다.

4. 노동자 참여를 제약하는 요인

조직 민주주의를 실현할 수 있는 방법으로 의사결정 참여, 재무 참여, 소유 참여 세 가지로 구분하여 살펴보았다. 그렇다면 이러한 참여제도들이 조직 민주주의를 실현할 수 있고, 노동자들의 태도와 행동, 성과를 개선하는 데 도움이 될 수 있음에도 불구하고, 왜 모든 기업들이 참여제도들을 전혀 또는 전면적으로 도입하지 않는 것일까?

의사결정 참여제도의 경우, 경영진이 도입하기를 꺼려할 수 있다. 노동자들이 이사회에 참여하여 기업 수준의 의사결정에 참여할 수 있는 노동자이사제의 경우 다른 이사진이 반대할 것이다. 실제로 이러한 노동자이사제가 법제화되어 있는 일부 유럽 국가들과 노동자자주관리기업들을 제외하고는 노동자이사제를 도입하는 사례가 거의 없다. 팀이나 부서 단위에서 자신들의 작업과 관련된 의사결정에 참여할 수 있는 제도들(예: 자율관리팀, 품질분임조)은 중간관리자들의 저항에 직면할 수 있다. 과거에는 자신들의 주요 권한이었던 것을 부하직원들에게 넘기는 것을 원하지 않을 것이다. 팀제가 하나의 시대적 추세가 되었으나 많은 기업들에서 실질적 의미의 팀제가 제대로 운영되지 않는 것도 이러한 이유에서 비롯되었다고 볼 수 있다. 예로서, 부장이 팀장으로 명칭만 바뀌었을 뿐 팀제에서 강조되어야 할 팀원들 사이의 수평적 토론과 긴밀한 네트워크는 과거의 상명하복적인 관습에 의해 막혀 있는 경우가 허다하다.

재무 참여는 경영진이 원하지 않을 수도 있지만, 노동자들의 반대가 주된 이유일 수 있다. 노동조합이 성과급 제도에 반감을 갖고 있으며, 특히 개별 성과급에 대한 저항이 강하다. 노동조합은 노동자들 사이의 연대를 통해서 회사에 대항할 수 있는 힘을 가질 수 있는데 개별 성과급은 노동자들 사이의 경쟁을 유발할 수 있기 때문이다. 노동조합이 개별 성과급인 성과연봉제를 강력히 반대하는 것은 이런 이유에서 비롯된다. 개별 성과급 제도에서는 성과급의 지급기준이 개인들의 성과이기 때문에, 동료들 사이에 협력할 유인이 적으며 오히려 경쟁과 반목을 유발할 수 있다.

그렇다고 해서 노동조합이 집단성과급이나 조직성과급에 동조할 유인도 없다. 집단성과급이나 조직성과급의 경우 개별 성과급만큼 노동자들 사이에 경쟁을 유발하지는 않지만, 노동조합에 대한 충성보다는 회사에 대한 충성으로 이어질 수 있다. 집단성과급이나 조직성과급을 조금이라도 더 받기 위해서는 결국 팀이나 조직의 성과를 높여야 하고 이러한 과정에서 노동자들의 관심은 회사의 성과수준에 집중될 수밖에 없기 때문이다.

소유 참여제도들이 정체되어 있는 이유는 앞서 언급한 것처럼 우리사주제도에 대한 노동자들의 주된 관심이 주식의 시세차익에 있기 때문일 것이다. 우리사주의 경우 시가보다 싼 가격에 매입할 수 있도록 하는데, 이것이 노동자들이 시세차익에 관심을 갖게 되는 원인 중의 하나일 수 있다. 주식시장 활황기에는 많은 노동자들이 우리사주에 관심을 갖겠지만, 불황기에는 별 관심을 갖지 않을 것이다. 그러나 소유 참여제도가 정체되어 있는 더욱 중요한 이유는 상장사를 제외하고는 우리사주를 거래하기가 쉽지 않고, 우리사주는 증자나 상장시에 배정할 수 있는데 비상장사는 그런 기회가 별로 없기 때문에, 비상장사에서는 우리사주제도를 도입하기 어렵다는 점이다.

지금까지 노동자소유기업은 주로 재정적 곤경에 처한 기업을 노동자들이 인수하면서 등장하였다. 한국의 IMF 외환위기, 미국의 규제완화로 인한 경쟁력 위기 시기에 부도나 파산에 직면한 기업들을 노동자들이 인수하여 자주관리회사로 전환한 사례들이 있었다. 그러나 현재는 이와는 다른 이유에 의해서 노동자인수와 노동자소유가 관심을 끌고 있다. 즉, 전 세계적으로 베이비부머 세대(대략 1955년~1963년생) 사업자들의 은퇴시기가 이미 시작되었다. 승계할 자식이나 친·인척이 없을 경우 노동자들에게 양도하는 방안이 심각하게 고려되고 있다. 실제로 가업승계지원센터가 조사한 바에 따르면, 500개 응답 기업 중 216개 기업, 43%에서 후계자가 없다고 답변하였다. 후계자가 없어 폐업하거나 3자에게 매각하게 되면 노동자들의 고용이 불안정해질 수밖에 없기 때문에 정부가 대책을 강구해야 한다. 예를 들면, 대주주가 노동자들에게 양도하는 경우 정부는 대주주와 노동자들에게 세제혜택이나 재정지원을 해줄 수 있다.

토론해 봅시다

1. 소유 참여가 조직 구성원들의 동기부여 수준을 높이고 조직성과를 높일 가능성이 제시되어 왔음에도 불구하고, 모든 조직들이 소유 참여제도들을 도입하지는 않는 이유를 토론해 봅시다.

2. 우리사주조합 조합원들이 우리사주제도를 이용하여 조직의 주요한 의사결정에 참여할 수 있는 방법들을 생각해 봅시다.

3. 노동자소유기업이 일반적인 주식회사로 되돌아가지 않도록 할 수 있는 방법들은 어떤 것들이 있는지 토론해 봅시다.

제 5 장

Organizational Democracy

사회적 경제

1. 사회적 경제(social economy)

사회적 경제와 협동조합은 조직 민주주의를 실현할 수 있는 주요한 조직적 형태일 수 있다. 사회적 경제에 관심을 가진 많은 사람들이 협동조합을 사회적 경제의 하나로 보고 있지만, 협동조합은 그 자체의 역사와 철학을 갖고 있기 때문에 별도로 다룰 필요가 있다. 따라서 5장에서는 사회적 경제 일반에 대해 다루고 협동조합은 6장에서 다루고자 한다.

1) 사회적 경제의 의의

유럽사회적경제위원회는 사회적 경제를 "구성원과 공공을 위한 목표, 운영의 자율성, 민주적 의사결정, 수익배분에 있어서 자본보다 사람과 노동의 중시라는 4대 원칙을 따르는 협동조합, 공제조합, 단체(association)에 의해 수행되는 경제활동"이라고 정의하고 있다. 경제협력개발기구(OECD)는 국가와 시장 사이에 존재하는 모든 조직들로서 사회적 요소와 경제적 요소를 가진 조직이라고 규정하고 있다. 또한 유럽사회경제정보센터의 정의에 따르면, 사회적 경제는 봉사조직과 비정부조직, 공동체개발조직과 협동조합 등을 포함한 비영리 섹터라고 할 수 있다. 이렇게 사회적 경제에 대한 정의가 다양한 이유는 여기에 포함된 조직 유형이 다양하고, 국가마다 약간씩 다른 역사와 제도를 갖고 있기 때문일 것이다. 예로서, 미국에서는 협동조합보다는 소셜벤처(social venture)라는 개념이 사용되고, 유럽에서는 커뮤니티 비즈니스(community business)라는 개념이 자주 사용된다(이은선 · 이현지, 2017). 그러나 한편으로는 이러한 다양한 정의와 조직유형들, 그리고 관련 제도들을 총괄할 수 있는 정의를 발전시키고자 시도해 왔다. 본서에서는 사회적 경제를 사회적 목적과 가치를 갖고서 공공의 이익을 위해서 생산과 소비, 분배가 이루어지는 경제 시스템으로 정의한다.

이러한 사회적 목적과 가치를 그 경제적 활동의 핵심으로 하는 기업을 사회적 기업(social enterprise)이라 한다. 하지만 사회적 기업이라고 하더라도 개별 사회적 기업들은 아주 다양한 목적과 조직 형태를 갖고 있다. 한국에서 사회적 기업은 주식회사인 경우도 있고, 협동조합 법인격을 취득하기도 하고, 비영리조합인 경우도 있다. 따라서 사회적 경제 조직에는 영리조직도 있고 비영리조직도 있다. 그만큼 개별 사회적 기업들의 생존전략도 제각각이며 그들이 필요로 하는 국가적 지원방식도 다양하다.

사회적 경제는 자본주의 사회에서 나타나는 문제점들을 해소하기 위하여 등장하였으며, 특히 21세기 글로벌 현상인 고용 없는 성장과 높은 실업률, 폭증하는 복지 서비스 수요에 효과적으로 대응할 수 있는 방안으로서 각광받고 있다. 사회적 경제는 폴라니(Polanyi)가 주장했던 것처럼, 자본주의가 발전함에 따라 발생하는 다양한 사회 문제를 시민사회와 정부가 대응하는 과정에서 발전해 온 것이다(이은선 · 이현지, 2017). 사회적 경제는 부의 재분배나 사회서비스의 질 개선, 취약계층의 고용, 환경보존, 또는 지역공동체의 발전을 촉진하는 등의 역할을 한다.

사회적 경제의 대표적인 활동영역을 살펴보면, 취약계층을 노동시장으로 통합하여 의미있고 좋은 일자리를 확대하고; 지역사회를 통합하고 사회적 투자를 확충하여 지역경제를 발전시키며; 공공서비스 수요를 충족시키고 혁신적인 공공서비스를 제공하고; 기업의 사회적 책임(corporate social responsibility, CSR)과 윤리적 경영 문화를 확산시키고 친환경제품과 공정무역과 같은 착한 소비를 조성하고자 한다.

친사회성이라는 사회적 경제의 공통적 목적에도 불구하고 그 사상적 배경은 매우 다양하다. 먼저, 자유주의 입장에서는 사회적 경제를 개인의 자유와 부를 성취하기 위한 개인들의 경제적 협력제도로서 바라본다. 그에 비해 유토피아 사회주의자들과 무정부주의자들이 사회주의적 입장을 대변한다. 즉, 그들은 국가 주도의 사회주의 대신에 민간 스스로의 풀뿌리 민주주의를 달성할 수 있는 방법으로 사회적 경제를 바라본다. 한편으로는 사회기독교개혁주의 관점에서는 개인과 가족을 사회와 결속시켜 주기 위해서 협동조합이나 단체 등 사회적 경제를 중요시하게 된다.

2) 사회적 경제의 역사

사회적 경제라는 용어는 1830년대 프랑스의 경제학자 뒤노이에(C. Dunoyer)가 처음으로 사용하였고, 1896년 왈라스(L. Walras)의 "사회적 경제 연구(Studies in Social Economics)"에서 체계화되었다. 왈라스는 경제 분야를 순수경제학, 응용경제학, 사회경제학으로 구분하고, 사회적 경제를 이성과 정의에 부합하는 방식으로 사회적 부의 분배를 연구하는 사회 정의에 관한 학문이라고 규정하였다(엄형식, 2008). 사회적 경제의 역사는 크게 태동기(1800년대 초기), 번영기(1900년대 초까지), 쇠퇴기(1960년대까지), 부활기(1970년대), 그리고 재번영기(1990년대 이후) 시기로 나눌 수 있다.

① 태동 및 번영기: 1800년대~1900년대 초기

자본주의가 본격적으로 발전하기 시작한 1800년대 초부터 유럽과 미국 등에서 협동조합과 사회적 기업, 공제조합, 커뮤니티 비즈니스 등 다양한 형태의 사회적 경제가 나타나기 시작하였다. 자본주의가 성장하면서 빈곤과 부의 불평등, 열악한 노동조건 등 사회적 문제가 대두되기 시작하였고, 이러한 문제들에 대응하기 위하여 사회적 경제가 태동하기 시작한 것이다. 프랑스에서 사회적 경제가 나타난 것을 필두로, 영국에서는 자원봉사조직, 미국에서는 비영리조직의 형태로 발전하게 되었다.

공제조합의 경우 국가에 의한 사회보장이 구축되지 않은 상황에서 노동자들이 실업과 질병, 사망 등의 위험에 대응하기 위해서 공제조직을 만들기 시작하였다. 소비자협동조합은 노동자들이 시장에서 가격 왜곡 없이 적당한 가격으로 재화와 서비스를 구매하기 위해서 조직되었다.

사회적 경제는 자본주의의 발전과 함께 태동하였으며 복지국가가 형성되기 전인 1800년대와 1900년대 초까지 번영하였다.

② 쇠퇴(1960년대까지) 및 부활(1970년대)

20세기 들어 급격한 경제성장으로 인해 완전고용이 달성되고 복지국가가 등장함으로써 사회적 경제는 쇠퇴하기 시작하였다. 연금이나 보험의 기능을 수행하던 공제조합은 사회보장제도로 편입되었고, 협동조합은 여러 형태의 경제조직 중 하나로 축소되었다. 단체(association)는 복지국가의 재정적 지원을 받으면서 사회서비스를 공급하는 주체로 변화되었다.

그러나 1970년대 오일쇼크는 세계경제를 위기로 몰아넣었고, 그에 따라 완전고용과 복지국가는 위기에 봉착하게 되었다. 국가는 재정 부담으로 인해 적극적인 사회보장정책을 실시할 수 없었으며, 시장에서의 부의 분배는 왜곡되어 빈곤과 실업이 만연하게 되었다. 그로 인해 사회적 경제의 필요성이 다시 대두되었고 다시 주목받기 시작하였다. 이러한 재도약도 프랑스에서 시작되었으며, 협동조합과 공제조합, 민간단체 전국연락위원회 등이 결성됨으로써 사회적 경제의 부활을 알렸다.

③ 재번영(1990년대부터)

1990년대 중반부터 고용 없는 성장이 지속되었고, 고령화와 가족구조의 변화로 인해 사회서비스의 욕구가 증대하였다. 유럽에서 협동조합, 비영리조직, 사회적 기업 등 사회적 경제조직들이 고용창출과 사회서비스 공급의 대안으로 다시 번영하게 되었다. 국가는 사회서비스를 표준화하기 때문에 개별 소비자에 대한 배려가 어렵고, 시장은 수익 실현을 위해서는 이용자를 배려하기 어려운 데 비해서, 사회적 경제 기업들은 양질의 서비스를 소비자들에게 맞춤형으로 제공할 수 있기 때문이다.

이러한 사회적 상황을 반영하여 2010년 기준으로 유럽연합(EU)에 속한 국가들에서 사회적 경제에 종사하는 사람들의 비중은 7% 정도에 이르렀다. 특히, 독일과 이탈리아의 경우 사회보호 서비스의 50% 이상을 사회적 경제가 담당하고 있다.

④ 단순 구분

사회적 경제의 역사는 구(舊)사회적 경제의 시기와 신(新)사회적 경제의 시기로 좀 더 단순하게 구분되기도 한다. 제2차 세계대전을 중심으로 그 이전을 구사회적 경제, 그 이후를 신사회적 경제로 구분하는 것이다. 즉, 구사회적 경제 시기는 제2차 세계대전 이전 복지국가가 형성되기 전에 사회적 경제가 번영했던 시기라고 할 수 있고, 제2차 세계대전 이후 복지국가가 형성되면서 사회적 경제가 쇠퇴하였으나 1970

년대 오일쇼크 등으로 국가 복지정책들이 감소하면서 사회적 경제가 다시 번영하게 된 시기를 신사회적 경제 시기라고 부르기도 한다. 또는 구사회적 경제는 민간에서 자발적으로 발생한 사회적 경제 운동으로, 신사회적 경제는 구사회적 경제가 법적으로나 제도적으로 인정된 시기로 구분하기도 한다(이은선 · 이현지, 2017).

2. 한국에서의 사회적 경제

1) 한국의 사회적 경제 역사

한국에서 사회적 경제가 시작된 시기를 거슬러 올라가 보면, 1920년대 농민협동조합과 도시 빈민들의 두레조합 등의 형태가 나타난다. 그러나 한국에서 사회적 경제는 1980년대 도시 빈민들의 자활운동과 영세 가내수공업 수준의 협동조합 운동이 시작되기 전까지는 그리 발달하지 못하였다.

1997년 IMF 외환위기는 한국에서 사회적 경제가 성장하게 되는 하나의 계기를 제공하였다. 외환위기로 인해 부도와 파산한 기업들이 증가했으며, 그렇지 않은 기업들도 새로운 고용을 꺼리게 되었다. 이로 인해 고용이 불안정해졌으며 실업이 장기화되었고, 빈부간의 격차가 심화되었다. 이러한 것들은 사회적 경제가 번영하기 위한 환경을 조성하는 요인들이었다.

외환위기 이후 정부는 공공근로와 자활 등의 사업으로 일자리를 확대하고자 하였으나, 안정적이지 못하고 단기적이며 근본적으로 문제를 해결하지 못하는 대안들이라는 비판이 많았다. 따라서 좀 더 생산적이고 근본적 문제점을 해결하기 위한 대안으로 사회적 경제가 주목받기 시작한 것이다.

2000년대 고용 없는 성장이 고착화되고 사회서비스의 수요가 증가함으로써, 정부는 정부 부문인 1섹터도, 영리기업 부문인 2섹터도 아닌 3섹터인 사회적 경제를 활용하여 일자리 창출과 양질의 사회서비스를 제공하기 위하여 많은 지원을 하고 있다. 한국에서 사회적 경제조직들을 지원하기 위해서 외국의 제도들을 벤치마칭했는데, 사회적 기업은 영국과 미국 제도, 마을기업은 영국 제도, 사회적협동조합은 이탈리아와 스페인 제도들을 벤치마킹하였다(이은선 · 이현지, 2017).

사회적 경제조직들을 지원하기 위해 2007년「사회적기업육성법」이 제정되었고, 2010년에 마을기업 육성 사업이 시작되었으며, 2012년「협동조합기본법」이 제정됨으로써, 한국에서 사회적 경제를 지원하기 위한 법률적 틀이 마련되었다. 사회적기업진흥원에 따르면, 2019년까지 4차에 걸쳐 총 2,306개의 사회적 기업이 인증되었고, 사회적 기업에서 일하는 노동자는 47,790명이며 그 중 28,764명이 취약계층에 해당한다.

한국의 사회적 경제의 역사를 구분해보면, IMF 외환위기 이전까지 민간시민단체를 중심으로 빈민운동과 자활, 협동조합 운동이 활성화된 시기를 구사회적 경제라고 한다면, 외환위기 이후에 정부가 다양한 법적 · 제도적 장치들을 도입하고 민간단체들을 지원하기 시작한 시기를 신사회적 경제 시기라고 할 수 있다.

2) 한국의 사회적 기업 유형

한국에서 사회적 경제조직은 주식회사인 사회적 기업을 비롯하여 협동조합, 마을기업과 자활기업 등으로 분류된다. 기획재정부에 따르면,

협동조합은 공동으로 소유하고 민주적으로 운영하는 기업으로 지역의 일자리 창출과 공동체 회복, 지역경제 활성화에 이바지하고자 하는 저성장 시대의 대안 경제 모델이다. 마을기업은 지역의 마을 주민들이 주체가 되어 지역문제를 해결하고 마을경제의 자립과 사회적 가치를 실현하고자 하는 기업을 말한다. 자활기업은 2인 이상의 기초생활수급자나 저소득층이 상호 협력하여 조합이나 공동사업자 형태로 탈빈곤을 위한 자활사업을 운영하는 기업형태로서 취약계층의 일자리 창출과 사회서비스 제공에 그 목적을 둔 기업을 말한다.

협동조합과 마을기업, 자활기업의 경우에도 고용노동부로부터 사회적 기업 인증을 받게 되면 공식적인 사회적 기업이 될 수 있다. 「사회적기업육성법」에서는 사회적 기업을 이윤보다는 사회적 문제 해결을 주요한 목적으로 하는 기업으로서 소외 계층의 경제활동 참여 등 일자리 창출과 사회적 문제를 해결하여 공공의 이익에 부합하는 사회적 가치를 창출하고자 하는 기업으로 정의하고 있다. 고용노동부는 사회적 기업의 유형을 다음의 5가지로 나누고 있다. 첫째, 일자리 제공형은 그 주된 목적이 취약계층에게 일자리를 제공하는 것. 둘째, 사회서비스 제공형은 주된 목적이 취약계층에게 사회서비스를 제공하는 것. 셋째, 혼합형은 주된 목적이 취약계층 일자리 제공과 사회서비스 제공이 혼합된 것. 넷째, 지역사회 공헌형은 주된 목적이 지역사회에 대한 공헌. 다섯째, 기타형은 사회적 목적의 실현 여부를 계량화하여 판단하기 어려운 유형이다.

3) 한국 정부의 사회적 기업 지원

정부는 재정적으로나 공공기관 우선구매를 통해서, 세제 혜택을 통해서, 또는 경영지원 등을 통해서 이러한 사회적 기업을 지원하고 있다.

① 재정 지원

일자리 창출 사업에 대해서는 신규 채용 노동자의 인건비 일부를 최저임금 기준으로 지원하고 있다. 또한 전략기획이나 회계, 마케팅 등 사업 운영에 필요한 전문인력을 신규로 채용할 때 해당 노동자의 인건비 일부를 지원하고 있다. 기술개발이나 R&D, 홍보 및 마케팅 등 경영능력 향상을 위한 사업비를 최대 1억원까지 무상으로 지원하고 있다. 마지막으로, 사회적 기업에 종사하는 노동자 전원에 대해서 4대 보험료 중 사업주 부담분의 일부를 지원하고 있다.

② 공공기관 우선구매

공공기관 우선구매제도는 사회적 기업의 제품과 서비스를 공공기관이 우선적으로 구매하도록 함으로써 사회적 기업의 판로를 지원하고 자생력을 고취하기 위한 제도를 말한다(사회적기업육성법). 이 제도를 통하여 공공기관이 사회적 기업의 제품과 서비스를 구매하여 사회적 기업이 생존할 수 있는 최소한의 여건을 마련해 주는 셈이다.

③ 세제 혜택

사회적 기업으로 인증되면 다양한 세제 혜택을 받을 수 있다. 법인세와 소득세, 지방소득세는 인증 이후 3년간 면제되며, 이후 2년간 50%를 감면받게 된다. 취득세와 등록면허세는 50% 감면되며, 재산세는 25%의 감면 혜택이 있다. 의료보건 및 교육 서비스에 대해서 부가가치세를 면제받게 된다.

④ 기타 경영지원

그 외에도 사회적 기업은 다양한 경영지원을 받을 수 있다. 경영컨설팅을 지원하기 위해 성장단계에 따라 지원 주제와 내용, 컨설팅 기관 매칭 방식 등의 맞춤형 지원을 하고 있다. 또한 설립과 운영에 필요한 부지 구입비와 시설비 등을 지원하거나 융자, 또는 국·공유지 임대 등을 제공한다. 마지막으로, 사회적기업투자조합을 결성하여, 2019년 현재 4개 조합에 182억 원 규모의 모태펀드를 운용하고 있다.

토론해 봅시다

1. 이데올로기적 배경에 따라 사회적 경제의 목적을 어떻게 설정하고 있는지 토론해 봅시다.

2. 유럽과 미국에서 사회적 경제가 어떻게 달리 발전해 왔는지 토론해 봅시다.

3. 구사회적 경제와 신사회적 경제의 차이를 토론해 봅시다.

제 6 장

Organizational Democracy

협동조합

협동조합은 관점과 이데올로기에 따라 다양하게 정의되고 있다. 정부의 관점에서 보느냐 협동조합 활동가들의 관점에서 보느냐에 따라 강조점이 달라질 수 있다. 사회적 경제를 다양한 이데올로기에 따라서 다르게 정의하듯이 협동조합에 대한 정의도 관점과 이데올로기에 따라서 다를 수밖에 없다. 먼저, 기획재정부가 관할하고 있는「협동조합기본법」에 따르면, 협동조합은 "재화 또는 용역의 구매, 생산, 판매, 제공 등을 협동으로 영위함으로써 조합원의 권익을 향상하고 지역사회에 공헌하고자 하는 사업조직"이다. 그에 반해, 국제협동조합연맹(International Co-operative Alliance, ICA)에 따르면 "자신들의 공통된 경제적, 사회적, 문화적 욕구를 충족시키기 위해서 공동으로 소유하고 민주적으로 운영하는 자치적인 조직"이라고 정의하고 있다. 정부는 상대적으로 지역사회에 대한 공헌을 강조함에 비해서, ICA는 민주성을 강조하고 있다.

1. 협동조합의 종류

협동조합을 분류할 때 자주 사용되는 방법 중의 하나는 설립주체나 설립목적에 따른 구분이다. 즉, 해당 협동조합을 누가, 어떤 목적으로 설립했느냐가 협동조합을 분류하는 기준이 될 수 있다. 이러한 기준에 따른다면, 협동조합은 소비자협동조합, 사업자협동조합, 노동자협동조합, 다중이해관계자협동조합, 그리고 사회적협동조합으로 구분해볼 수 있다.

소비자협동조합은 소비자들이 필요한 물품을 공동으로 구매하기 위한 구매협동조합과 특정 자산이나 서비스를 공동으로 이용하기 위한 이용협동조합으로 구분될 수 있다. 대표적인 구매협동조합으로는 1980

년대 후반기에 안전한 먹거리와 친환경 제품을 공동으로 구매하기 위해 등장한 생활협동조합(생협)이 있고, 이용협동조합으로는 신뢰할 수 있는 의료서비스를 이용하고자 설립되는 의료협동조합이 있다. 그 외에도 공동육아협동조합과 신용협동조합이 본래적 의미의 소비자협동조합으로 분류될 수 있다.

사업자협동조합은 기존의 사업자(또는 생산자)들이 공동 판매나 공동 자재구매, 공동 브랜드 사용 등 공동사업을 위해 설립한 협동조합이다. 사업자협동조합에는 농업협동조합과 수산업협동조합, 축산업협동조합, 중소기업협동조합 등이 있다. '서울우유협동조합'도 개인 축산업자들이 공동 브랜드를 사용하기 위해 설립한 사업자협동조합이다. 사업자협동조합의 조합원들은 자영업자나 농민 같은 개인일 수도 있지만, 중소기업과 같은 법인일 수도 있다. 사업자협동조합이 여타 협동조합과 가장 다른 점은 회원 조합들이 이미 사업을 하고 있기 때문에 사업체간 연합이라는 점이다. 따라서 여기에 속한 개별 사업체들은 반드시 협동조합일 필요는 없다.

노동자협동조합(또는 직원협동조합)은 협동조합에 근무하고 있는 직원들이 조합원이 되어 공동으로 소유하고 민주적으로 운영하는 협동조합을 일컫는다. 노동자협동조합이 다른 협동조합과 다른 점은 자신들이 근무하고 있는 업체의 조합원이면서 소유와 경영, 분배에 직접 참여한다는 점이다. 다른 협동조합에서는 임원과 직원의 겸직이 금지되어 있으나, 노동자협동조합에서는 임·직원 겸직이 허용된다(기획재정부, 2012).

다중이해관계자협동조합은 두 가지 이상의 협동조합 유형이 결합된 형태이다. 대표적으로 소비자들과 직원들이 함께 협동조합을 설립하는 경우가 있다. 예로서, 교육서비스를 받는 소비자들과 교육서비스를 제공하는 교사들이 공동으로 교육과 관련된 협동조합을 설립할 수 있다. 공동육아협동조합의 경우 소비자협동조합의 성격이 강하지만 교사들도 조합원이 될 경우 노동자협동조합의 성격을 갖게 되므로 다중이해관계자협동조합이 될 수 있다. 생활협동조합의 경우에도 소비자협동조합의 성격이 강하지만 생산자인 농민들도 조합원으로서 참여한다면 다중이해관계자협동조합이 된다.

사회적협동조합은 조합원들의 편익을 우선시하는 다른 협동조합들과 다르게 사회적 목적을 달성하기 위해 설립되는 협동조합이다. 즉, 사회적협동조합은 "지역주민들의 권익과 복리 증진과 관련된 사업을 수행하거나 취약계층에게 사회서비스 또는 일자리를 제공하는 등 영리를 목적으로 하지 아니하는 협동조합을 말한다"(기획재정부, 2012). 대표적으로 장애인이나 노인들에게 간병서비스를 제공하거나 친환경 제품을 생산하기 위해서 설립되는 협동조합들이 있다. 사회적협동조합은 다중이해관계자협동조합처럼 다양한 이해관계자들이 참여할 수 있다. 그러나 일반적인 다중이해관계자협동조합과는 다르게 영리가 아닌 사회적 목적을 추구해야 하며, 사업자, 소비자, 직원 등 이외에 자원봉사자나 후원자들도 조합원으로 참여할 수 있다(기획재정부, 2012).

이상으로 협동조합을 설립 주체와 목적에 따라 5가지 형태로 구분하여 보았는데, 현실적으로 어떤 특정 협동조합이 반드시 그 중 하나의 형태로만 분류되는 것은 아니다. 동일한 목적을 가진 협동조합이라 하더라도 참여하는 주체가 단일한지, 여럿인지에 따라, 반대로 참여하는 주체가 단일하다고 하더라도 목적이 다양하다면 여러 가지 유형에 동시에 해당될 수 있다. 예로서, 공동육아협동조합의 경우 양질의 보육서비스를 제공한다는 동일한 목적을 가졌다고 하더라도 소비자들만이 참여한다면 소비자협동조합으로 분류할 수 있고, 교사들까지 조합원으로 가입한다면 다중이해관계자협동조합이라고 할 수 있다. 그러나 이익을 목적으로 하지 않고 사회적 돌봄에 기여한다는 측면에서 보면 사회적 협동조합으로 볼 수도 있다. 다만, 정부에서는 사회적 돌봄이라는 측면을 강조하여 공동육아협동조합을 사회적협동조합으로 분류하고 있다. 또한 간병서비스를 제공하는 협동조합은 사회적협동조합으로 볼 수 있으나 실제로 조합원들이 직원들뿐이라면 노동자협동조합으로 볼 수도 있다. 따라서 노동자협동조합으로 분류되어 있지 않더라도 실제로는 노동자협동조합인 경우도 있다. 특히, 사회적협동조합과 다중이해관계자협동조합은 조합원 측면에서 노동자협동조합과 중복될 수 있다.

2. 협동조합의 원칙

협동조합의 원칙은 로치데일 협동조합에 그 뿌리를 두고 있으며, 1895년 ICA가 설립된 이후 몇 번의 개정을 통해서 변화되어 왔지만 현재는 7가지 원칙[1)]으로 정착되어 있다.

① 자발적이고 개방적인 가입(voluntary and open membership)

협동조합은 자발적인 조직이며, 성적(性的), 사회적, 인종적, 정치적, 종교적 차별없이 협동조합 서비스를 이용할 수 있고, 회원으로서의 책임을 받아들일 의지가 있는 모든 사람들에게 개방되어야 한다.

1) 협동조합 7대 원칙은 2020년 1월 ICA 홈페이지에서 발췌되었다.

② 조합원들에 의한 민주적인 통제(democratic member control)

협동조합은 민주적인 조직으로, 조합원들이 정책과 의사결정에 적극적으로 참여하며 모든 조합원들에 의해 통제되어야 한다. 선출된 대표들은 조합원들에게 책임을 다해야 한다. 모든 조합원들은 동등한 투표권(1인 1표)을 가지며, 협동조합은 모든 영역에서 민주적인 방식으로 운영되어야 한다.

③ 조합원들의 경제적 참여(members' economic participation)

조합원들은 협동조합 자본에 공평하게 기여하고, 협동조합 자본을 민주적으로 통제해야 한다. 적어도 협동조합 자본의 일부는 공동재산이어야 한다. 조합원은 출자한 자본에 대해 제한된 일정한 보상을 받는다. 이윤은 조합 발전을 위한 예비기금이나 조합원들의 이익을 위해, 또는 조합원들이 승인하는 다른 활동에 사용될 수 있다.

④ 자율성과 독립성(autonomy and independence)

협동조합은 조합원에 의해 통제되는 자율적(autonomous)이고 자조적(self-help)인 조직이다. 정부나 외부 자본과 계약을 맺더라도 조합원들에 의한 민주적 통제와 협동조합의 독립성은 유지되어야 한다.

⑤ 교육과 훈련 및 정보 제공(education, training, and information)

협동조합은 조합원과 선출된 대표, 관리자, 노동자들을 위한 교육과 훈련을 제공하여 그들이 협동조합의 발전에 효과적으로 기여할 수 있도록 해야 한다. 협동조합은 일반 대중, 특히 청년들과 여론 주도자들에게 협동의 본질과 장점을 알려야 한다.

⑥ 협동조합 사이의 협조(cooperation among cooperatives)

협동조합은 지역적, 전국적, 그리고 국제적 단위의 협동조합들과 협조함으로써 조합원들에게 효과적으로 봉사하고 협동조합 운동을 강화해야 한다.

⑦ 공동체에 대한 관심(concern for community)

협동조합은 조합원들이 승인하는 정책을 통해 공동체의 지속가능한 발전을 위해 노력해야 한다.

이러한 7가지 원칙에는 협동조합이 왜 민주적인 조직인지가 나타나 있다. 먼저, ② 조합원들에 의한 민주적인 통제와 ④ 자율성과 독립성은 조합원들의 의사결정 참여를 명시하고 있다. 즉, 협동조합은 조합원들이 최종적으로 주요한 의사결정을 하며, 외부기관들로부터 독립되어 자율적으로 운영되어야 함을 강조한다. 이러한 이유에서 협동조합 정관에는 조합원총회가 최고의사결정기관이라는 것을 명시해야 한다.

그리고 ③ 조합원들의 경제적 참여에는 소유 참여와 재무 참여가 명시되어 있다. 조합원들은 일정 금액을 출자함으로써 공동소유자가 될 수 있다. 또한 일정 이상의 이윤이 발생했을 때, 조합원들은 출자금에 대한 배당 등의 형태로 재무적 결과에 참여할 수 있다. 협동조합에서 '공동재산'은 비분할 적립금을 의미하며, 이것을 두는 이유는 협동조합은 자본조달이 어려워서 안정적으로 자본을 확보하기 위해서이다. 해당 협동조합이 해산되더라도 비분할 적립금은 개별 조합원들에게 분배하지 않고 협동조합 발전에 쓰이는 경우가 많다.

3. 협동조합의 역사

협동조합의 기원을 찾고자 할 때 협동조합 진영에서는 1800년대 사업가인 영국의 로버트 오웬(Robert Owen)을 떠올린다. 그는 뉴 라나크(New Lanark) 방적공장에서의 혁신적인 실험을 통해 좀 더 도덕적이고 인간적인 세상을 만들고자 했던 개혁가였다. 그는 산업혁명으로 인한 비인간적 행태들을 비판하며, 학교를 지어 아동 노동자들을 일 대신에 학교에 다니게 하였고, 청소년들은 일과 학교를 병행하게 하였으며, 성인들의 노동시간도 하루에 14시간 이하로 제한하였다. 또한 노동자들이 생필품을 싼 가격에 구매할 수 있는 상점을 열어 주었다. 오웬의 실험이 현대적 협동조합과는 상당한 차이가 있지만, 그의 철학과 실천이 협동조합 정신의 근간을 이루고 있다는 것은 널리 인정되고 있다(김성오 등, 2013).

좀 더 협동조합의 형태를 띠게 된 것은 1840년대 등장한 로치데일(Rochdale) 소비자협동조합이었다. 이 협동조합의 개척자들은 질 좋은 생필품을 낮은 가격에 안정적으로 확보하기 위해서 영국의 작은 도시 로치데일에서 문을 열었다. 1850년대에는 직접생산체제를 갖추었고 1855년에는 도매업에 진출하기도 하였다. 이 협동조합은 28명의 면 공장 장인(匠人)들에 의해 시작되었지만, 이후 조합원들이 계속 증가했으며 질 좋은 생필품을 낮은 가격에 공급할 수 있었고, 영국만이 아니라 유럽 전역으로 소비자협동조합을 확산시키는 계기를 마련하였다(김성오 등, 2013).

그 이후에도 유럽과 미국에서 다양한 형태의 협동조합들이 설립되었다. 1800년대 후반, 독일에서 라이파이젠 신용협동조합, 독일과 덴마크에서 농업협동조합, 프랑스와 이탈리아에서 장인들을 중심으로 한 노동자협동조합들이 설립되었다.

한편, 다양한 형태의 협동조합들을 아우를 수 있는 국제적인 기구로서 1895년 국제협동조합연맹(ICA)이 설립되었다. 2017년 8월 현재 105개 국가에서 303개 조합들이 회원으로서 가입되어 있다. 회원 조합들은 전국 단위의 협동조합 연합체, 개별 협동조합, 협동조합을 지원하는 조직들, 그리고 협동조합과 관련된 정부부처 등으로 구성되어 있다. 여기에는 거의 모든 영역과 산업의 조합들이 가입되어 있으며, ICA는 영역별로 산업과 장인, 서비스 부문; 농업 부문; 소비자 부문; 수산업 부문; 은행 부문; 보험 부문; 건강관리 부문; 그리고 주택 부문으로 구분하고 있다. 그 중에서 산업과 장인, 서비스 부문의 국제기구는 CICOPA로서 1947년에 ICA에 가입하였다. CICOPA의 대부분의 회원조합은 노동자협동조합이며, 사회적협동조합과 자영업자 협동조합도 여기에 가입되어 있다. CICOPA에는 32개 국가에서 49개 회원 조합이 가입한 상태이며, 이 회원 조합들에는 65,000여 개별 협동조합이 가입되어 있다. 이 개별 조합들에는 약 4백만 개별 조합원들이 소속되어 있다(CICOPA).

4. 한국 협동조합 역사

한국에서 협동조합 형태의 조직이 설립된 것은 1920년대 농민협동조합과 도시 빈민들의 두레조합으로 거슬러 올라갈 수 있다. 그러나 일제 강점기에 협동조합의 발전은 기대하기 어려웠고, 대한민국 정부 수립 초기에는 정부 주도로 협동조합이 설립되었다. 해당 주체들이 아닌 정부가 주도하여 협동조합 관련법들을 제정하고 협동조합을 설립하여 해당 주체들을 조합원으로 편입시켜 나갔다. 1961년 「농업협동조합법」

과 「중소기업협동조합법」, 그리고 1962년 「수산업협동조합법」이 제정되었다.

협동조합의 기본 원칙에서도 제시되어 있듯이, 협동조합은 독립적이고 자치적인 조직이다. 그러나 한국에서 협동조합의 발전은 아이러니하게도 정부 주도에 의해 이루어졌다. 협동조합과 관련된 법률이 정부에 의해서 제정되는 것은 당연하지만, 문제는 먼저 중앙조직(중앙회)을 만들고 단위조합을 만들어가는 방식을 취했고 정부가 주도하면서 준국가기관 역할을 수행했다는 점이다. 예로서, 1989년 이전에는 협동조합 조합장을 정부기관에서 임명하였으며 1989년이 되어서야 조합원들이 선출하는 직선제로 바뀌었다(기획재정부, 2012).

하지만 농업협동조합과 수산업협동조합, 중소기업협동조합을 제외한 협동조합들은 민간 주도로 시작되었다. 신용협동조합은 부산의 메리가별 수녀와 서울의 장대익 신부가 주도하여 1960년에 설립되었고, 1972년 「신용협동조합법」이 제정되었다. 생활협동조합은 1980년대 유기농, 친환경 농산물을 매개로 윤리적 소비와 도농간 직거래를 실현하기 위해서 급속하게 증가하였으며, 1999년 「소비자생활협동조합법」이 제정되었다(기획재정부, 2012).

노동자협동조합의 기원은 1980년대 도시 빈민들의 자활운동과 영세 가내수공업 수준의 협동조합 운동에서 찾을 수 있다. 주거 문제와 일자리 확보를 위하여 도시 빈민을 중심으로 생산공동체운동이 진행되었고, 건설과 봉제 부문에 집중되어 있었다. 그 이후에 청소용역과 빌딩관리 등으로 다양화되었으나 자본조달과 수익창출 등에 어려움을 겪다가 1996년 정부의 자활지원 사업으로 제도화되어 운영비가 지원되었다. 1997년 IMF 구제금융 위기 이후에는 대량실업을 방지하기 위한 사회적 일자리 창출 사업에 실업 관련 시민단체들이 참여하게 되었다.

한편으로는 부도나 폐업, 분사에 직면한 기업을 노동자들과 관리자들, 또는 노동조합을 중심으로 인수한 노동자자주관리기업들도 증가하였다(김성오, 2012b). 그러나 이러한 업체들은 별도의 법인으로 인정받지 못했기 때문에 주식회사나 개인사업자로 남아 있었다.

2012년 「협동조합기본법」이 제정되면서 노동자협동조합도 협동조합 법인으로 인정받을 수 있었고, 그 이후에 그 수도 빠르게 증가하고 있다. 2020년 5월 현재 595개의 노동자협동조합이 기획재정부에 등록되어 있다. 2019년 한 해에 52개가 새로 등록되었고, 2020년에도 5월말까지 21개가 새로 노동자협동조합으로 등록되었다. 그러나 「협동조합기본법」에 근거하고 있는 협동조합에 대한 정부의 지원이 거의 없어서, 개별법에 의한 협동조합(농협, 수협 등)에 비해 금융상으로나 세제상으로 불리한 위치에 있다.

5. 협동조합과 조직 민주주의

협동조합은 어떻게 조직 민주주의를 달성할 수 있는가? ICA가 정립한 7대 원칙 중에서 조직 민주주의(세 가지 참여방식)와 밀접한 관련이 있는 원칙은 조합원들에 의한 민주적 통제(의사결정 참여), 자율성과 독립성(의사결정 참여) 및 조합원들의 경제적 참여(소유 참여와 재무 참여)가 있다. 「협동조합기본법」에는 조직 민주주의와 관련된 부분이 강조되어 있지 않으나, ICA에서는 협동조합을 공동으로 소유하고 민주적으로 운영하는 자치적인 조직임을 강조하고 있다.

다양한 유형의 협동조합들 중에서 조직 민주주의를 가장 잘 실현할 수 있는 형태는 무엇일까? 그러한 판단을 하기 위해서는 어떠한 협동조합에서 세 가지 종류의 참여가 실질적으로 이루어질 수 있는가를 살펴보아야 할 것이다. 먼저, 사업자(생산자)협동조합은 농민이나 수산업자, 개인사업자, 소상공인 등이 공동 구매나 브랜드, 마케팅 등 규모의 경제를 달성하기 위해서 결성된 협동조합이다. 개인은 주로 자영업자나 농민이며, 혼자서 일하기 때문에 민주적인 절차를 필요로 하지 않는다. 또한 기존의 사업체가 협동조합이 아니더라도 사업자협동조합에 가입할 수 있기 때문에, 개별 사업체 내에서는 협동조합의 원칙을 따를 필요가 없다. 따라서 기존 사업체에서는 조직 민주주의가 달성되고 있다고 할 수 없다. 즉, 자체 사업체는 협동조합일 필요가 없으며, 여기에서 조직 민주주의를 실천할 의무는 없다. 사업자협동조합에 가입한 개별 사업체들의 대표들은 평상시에는 각자 사업을 하기 때문에 협동조합과의 이해관계도 크지 않을 수 있으며, 그들의 협동조합에 대한 관심은 공동으로 판매하거나 자재를 구매할 때로 한정될 수 있다.

소비자협동조합의 조합원들은 조합과 커다란 이해관계를 갖고 있지 않다. 가입과 탈퇴도 자유롭고, 협동조합 정신이나 원칙에 관심을 가지지 않아도 조합을 이용하는 데 별다른 지장이 없다. 조합원들은 약간의 조합비만 내고 조합의 제품이나 시설을 이용하면 그만이다. 조합원이 된다고 해서 협동조합 정신을 갖거나 협동조합 원칙을 지킬 필요는 없다. 조합원들은 조합원총회에 참석하여 발언권과 투표권을 행사할 수도 있지만 대부분 그렇게 하지 않으며 그럴 필요성도 별로 느끼지 못한다. 그만큼 조합원들은 일상생활에서 소비자협동조합과 긴밀한 연관성이 없다.

사회적협동조합과 다중이해관계자협동조합의 경우, 대체로 이해관계자들이 많아서 일관되게 협동조합 원칙을 유지시켜 나가기 어렵다. 예로서, 공동육아협동조합의 경우 소비자인 부모들과 서비스 공급주체인 교사들 사이에 이해관계가 상충하는 측면이 많다. 부모들이 교사들의 급여와 운영비를 부담하기 때문에 제로섬(zero-sum) 상황이 빚어질 수 있다. 즉, 교사들의 급여를 높여주기 위해서는 그만큼 부모들의 부담이 늘어나는 상황이 발생한다. 반대로 부모들의 부담을 낮추려면 교사들의 급여를 삭감해야 한다. 또한 사회적협동조합은 사회적 목적을 실현하기 위한 조직이므로 자원봉사자나 지방정부도 참여할 수 있는데, 그들이 협동조합 정신을 갖고 협동조합 원칙들을 실천하기 위해서 노력할 것이라고 기대하기는 어렵다. 다중이해관계자협동조합이나 사회적협동조합에 조합원으로 가입되어 있는 직원의 경우는 노동자협동조합 조합원과 마찬가지로 자신의 협동조합과 많은 이해관계를 갖고 있으나 직원이 아닌 조합원들은 별로 그렇지 않다.

그에 비해 조직 민주주의를 가장 잘 실현할 수 있는 협동조합 유형은 노동자협동조합일 것이다. 노동자협동조합의 조합원들에게 조합은 생계가 걸려 있는 직장이며 그들은 일상적으로 협동조합에 직면하게 된다. 조합원이 되기 위해서는 상당한 목돈을 투자해야 하고, 조합 운영이나 배당 등과 관련하여 자주 토론이나 총회에 참석해야 한다. 그만큼 노동자협동조합의 조합원들은 자신들의 협동조합에 상당한 이해관계를 갖고 있으며, 협동조합에 대해서 배우고 관심을 가질 수밖에 없다. 물론 사회적협동조합과 다중이해관계자협동조합에 조합원으로 가입되어 있는 직원들의 경우, 노동자협동조합과 마찬가지로 자신의 조합과 많은 이해관계를 갖고 있으며 협동조합 정신과 원칙에 대해 관심을 가질 수밖에 없다. 그들도 실질적으로는 노동자협동조합의 조합원들과 같은 입장에 있다.

물론 이러한 논의가 노동자협동조합 외의 다른 협동조합들이 필요없다거나 중요하지 않다는 것을 의미하는 것은 아니다. 다만, 본서의 주제가 직장에서의 민주주의이고, 노동자협동조합이 직장에서의 민주주의와 가장 관련이 있음을 말하고자 함이다. 즉, 다른 유형의 협동조합들에 비해서, 노동자협동조합의 조합원들이 자신의 조합과 더욱 긴밀한 이해관계를 가지며, 협동조합 정신과 원칙에 대해 관심을 가질 수밖에 없고, 협동조합 원칙을 실천해나갈 수 있는 협동조합이라는 점을 강조하기 위한 것이다.

토론해 봅시다

1. 협동조합이 일반적인 사회적 기업이나 협회, 공제조합 등에 비해 더욱 민주적인 조직일까요?

2. 서로 다른 유형의 협동조합 사이에 나타날 수 있는 갈등의 성격과 그러한 갈등을 해결할 수 있는 방법들을 토론해 봅시다.

3. 협동조합이 증가할 수 있는 사회·경제적 환경은 무엇인지 토론해 봅시다. 또는 어떠한 사회·경제적 환경하에서 협동조합이 증가할 수 있는지 토론해 봅시다.

제 7 장

Organizational Democracy

노동자협동조합

1. 노동자협동조합과 조직 민주주의

노동자협동조합을 설립하거나 이미 설립된 노동자협동조합에 조합원으로 참여하기 위해서는 출자를 해야 한다. 특정 조합이 얼마나 많은 자본을 필요로 하느냐에 따라 다르지만 보통 수십만 원에서 수천만 원을 출자해야 한다. 조합원들 각자가 출자하는 규모는 상대적으로 균일하다.

노동자협동조합에서 조합원들이 의사결정에 참여하는 것이 당연하게 받아들여질 수 있는 근거는 소유에 참여하고 있기 때문이다. 주식회사에서는 노동자들이 의사결정에 참여하는 것이 조직성과에 도움이 될 수 있기 때문에 경영진에 의해서 참여 권한이 주어지지만, 노동자협동조합에서는 의사결정 참여가 당연한 권리인 것이다.

노동자협동조합에서 최종적인 의사결정 권한은 모든 조합원들이 참여하는 조합원총회에 있다. 이는 주식회사의 주주총회에 해당하는 것으로, 주주총회에서의 1주 1표가 아니라 1인 1표로 안건을 처리한다. 즉, 출자하는 구좌 수에 상관없이 CEO와 임원의 선출, 주요한 안건 표결에서 조합원들은 한 표씩을 행사하는 것이다. CEO와 이사들은 조합원일 수도 있고, 외부에서 영입할 수도 있다. 그러나 어쨌든 조합원들이 주요 경영진을 선출한다.

노동자협동조합에서 급여 수준은 최종적으로 조합원들에 의해 결정된다. 이윤이 발생할 경우 적립금을 제외하고 이윤분배 양과 기준도 조합원들이 결정한다. 주식회사의 경우 조직 내 임금의 최대 격차가 수백배에 이르기도 하지만, 노동자협동조합의 경우 10배 이내로 제한하는 경우가 많다. 예로서, 스페인의 몬드라곤 협동조합복합체의 경우 설립 초기에는 그 격차를 6 대 1로 제한해 왔으나 최근에는 10 대 1까지 허용하고 있다.

2. 노동자협동조합의 배경

다른 협동조합들과는 달리 노동자협동조합의 사상적 뿌리는 노동자자주관리 사상에서도 찾을 수 있다. 노동자자주관리는 정치적 영역에서뿐만 아니라 산업 현장에서도 노동자들이 자치를 실현해야 한다는 참여적 민주주의 사상이다. 노동자자주관리 사상은 1831년 뷔세(P. Buchez)가 노동자연합(workmen's association)이라는 개념을 통해서 철학적이고 이론적인 근거를 마련했으며, 1840년 프루동(P. Proudhon)은 노동자들이 생산수단을 통제하는 연합공동체와 노동자협동조합을 제시하였다. 자주관리 사상에 막대한 영향을 미친 아나코-생디칼리즘[1](anarcho-syndicalism)은 국가 소유와 통제를 비판하면서 노동조합이나 노동자들에 의한 직접 소유와 통제를 주장하였다(박노근, 1997).

유고슬라비아뿐만 아니라 베네수엘라와 칠레, 볼리비아, 그리고 페루와 같은 남미 국가들에서도 국가 수준에서 노동자자주관리체제를 도입한 사례가 있다. 이러한 국가들에서는 자본주의적 사적 소유와 구(舊)사회주의적 국가 소유 대신, 사회적 소유(social ownership) 또는 공공소유(public ownership)에 기반하여 정치영역에서의 분권화와 경제영역에서의 노동자자주관리를 추구하였다(김창근, 2006). 이러한 점에서 노동자협동조합을 "제3의 길"이라 부르기도 한다.

---

1) 아나키즘은 무정부주의로서, 행정기관이 아닌 권력기관으로서의 정부의 불필요성을 주장한다. 생디칼리즘은 급진적 노동조합주의로서 노동자들이 산업을 소유하고 관리하는 경제체제를 지향한다.

3. 노동자협동조합의 세계적 현황

다른 협동조합들과 마찬가지로 노동자협동조합도 유럽에서 설립되기 시작하였으며, 많은 노동자협동조합들이 유럽에 분포되어 있다. 그러나 미국과 캐나다를 중심으로 한 북미, 아시아의 인도 및 중국, 아르헨티나와 베네수엘라 등 남미에서도 노동자협동조합이 증가하고 있다. CICOPA에는 노동자협동조합만이 아니라 사회적협동조합과 개인 생산자들의 조합인 생산자협동조합(producer cooperatives)들도 가입되어 있지만 노동자협동조합이 다수를 차지하고 있다. CICOPA는 노동자협동조합과 사회적협동조합의 노동자조합원들이 전 세계적으로 1,150만 명은 될 것으로 추산하고 있다(Terrasi & Eum, 2017).

CICOPA가 발표한 통계에 따르면, 2014년 유럽에 155만 명, 아프리카에 34만 명, 아시아에 857만 명, 아메리카에 98만 명의 노동자조합원들이 있는 것으로 조사되었다(Eum, 2017). <표 7-1>과 <표 7-2>는 노동자협동조합의 세계적 분포를 보여주고 있다.

유럽에서는 이탈리아가 102만 명으로 가장 많은 조합원들이 있었고,

〈표 7-1〉 세계 노동자협동조합 현황

유형	협동조합 수	노동자 조합원 수	직원 수	생산자 조합원	총 일자리 수
노동자협동조합	253,274	10,996,776	1,208,777	280,159	12,455,712
생산자협동조합	66,311	7,641	800,955	3,762,018	4,570,614
사회적협동조합	16,746	265,337	166,232	0	431,569
유사 사회적협동조합	41,653	256,313	234,167	1,977,986	2,468,466
총계	377,984	11,496,067	2,410,131	6,020,163	19,926,361

출처: Terrasi & Eum(2017), *Industrial and service cooperatives: Global report 2015-2016.*

〈표 7-2〉 노동자협동조합 조합원의 세계적 현황(2014년, 단위: 만 명)

유럽		아시아		아메리카		전 세계	
이탈리아	102	인 도	685	미 국	5.5	유라시아/ 아메리카	1,110
스페인	23	중 국	65	브라질	29		
영 국	9.5	말레이시아	52	베네수엘라	29		
스웨덴	9.5	한 국	0.12	아르헨티나	18		
프랑스	2.7						
기 타	8.3	기 타	54.9	기 타	16.5	기 타	40
총 계	155	총 계	857	총 계	98	총 계	1,150

출처: Eum(2017), *Cooperatives and employment: Second global report.*

그 다음은 스페인으로 23만 명이었다. 영국과 스웨덴에도 각각 95,000명 정도의 조합원이 있는 것으로 나타났다. 노동자자주관리 전통을 갖고 있는 프랑스는 27,000명에 그치고 있었다. 아시아에서는 인도에 685만 명으로 가장 많았고, 중국에 65만 명, 말레이시아에 52만 명, 그리고 한국에는 1,165명인 것으로 조사되었다. 아메리카에서는 미국에 55,000명, 브라질에 29만 명, 베네수엘라에 29만 명, 아르헨티나에 18만 명 등이었다.

이 절에서는 협동조합 전통이 강한 프랑스와 이탈리아의 현황에 대해서 좀 더 살펴보기로 한다.

1) 프랑스

프랑스에서는 협동조합 관련 전통이 오래되었으며, 현재 노동자협동조합들은 1947년에 제정된 「협동조합일반법」, 1978년에 도입된 「노동자협동조합법」, 그리고 2014년에 도입된 「사회연대경제법」의 적용을 받는다. 「협동조합일반법」은 일반 협동조합의 원칙 및 운영원리를 규정하고 있으며, 노동자협동조합은 유형별 개별법에 해당하는 「노동자협동조합법」에 의해 보완된다. 또한 노동자협동조합도 사회연대경제의 범주에 포함되어 「사회연대경제법」의 적용을 받게 되었다.

프랑스 노동자협동조합연맹(CG-SCOP)에는 현재 2,274개의 협동조합이 가입되어 있고, 여기에 51,000명의 노동자들이 고용되어 있으며, 그 중 조합원은 26,900명이다. 2014년 노동자협동조합들의 총매출은 43억 유로, 순이익은 1억 3,000유로를 기록했다(Mathis, 2017).

20세기 전까지만 해도 프랑스에서는 노동자협동조합이나 노동조합을 금지하였으나, 20세기 들어 협동조합에 대한 지원이 이루어졌다. 협동조합 은행과 정부의 매칭펀드로 노동자협동조합에 대한 대출이 가능해졌다. 다른 국가들과 마찬가지로 경제적 위기시에 많은 노동자협동조합들이 설립되었으나 21세기를 전후로 해서 많은 증가가 있었다. 예로서, 1994년부터 2009년 사이에 매년 2.7%씩 증가하였고, 2009년에서 2016년 사이에는 매년 5.3%씩 증가하였다. 프랑스 노동자협동조합을 산업별로 구분해보면, 건설부문과 전문서비스 부문이 각각 24%를 차지하고 있으며, 제조업이 19%, 수송 및 숙박, 음식 부문이 12%를 차지하고 있다(Mathis, 2017).

프랑스에서는 조합원들이 최소한 총 지분의 51%를 소유해야 하고, 적어도 투표권의 65%를 가져야 한다고 규정하고 있다. 이것은 조합원들이 다수를 차지하는 한, 외부 투자와 개입을 허용한다는 것을 의미한다(Corcoran & Wilson, 2010). 초과이윤이 발생했을 때에는 최소 16%는 적립금으로, 최소 25%는 조합원들에게, 그리고 준조합원들에게는 최대 33%까지 할당할 수 있다. 적어도 이윤의 16%를 적립금으로 보유하도록 하고 있으나 실제로는 40~45%가 노동자협동조합 내에 적립되고 있다. 이러한 적립금이 노동자협동조합의 장기적인 재정적 안정성에 기여하고 있다(Corcoran & Wilson, 2010).

프랑스 정부는 노동자협동조합 수익에 대해 약간의 세제혜택(수익의 1.5~2.5%)을 부여하며, 조합원들의 배당소득에 대해서도 소득세를 면제해준다. 프랑스에서 노동자협동조합에 대한 재정적 지원은 CG-SCOP의 회원비와 사회적 경제 기구(IDES)에 의해 이루어진다. 연맹에 가입되어 있는 회원조합들은 매출의 0.42%를 회원비로 납부하며, 이 자금으로 매년 평균 150개 노동자협동조합에 550만 유로를 대출해주고 있다. IDES는 최근 25년 동안 매년 15개 업체에 280만 유로를 투자해 왔다 (Corcoran & Wilson, 2010).

2) 이탈리아

세계에서 노동자협동조합과 사회적협동조합이 가장 발달되어 있는 국가는 아마도 이탈리아일 것이다. 이탈리아에서 협동조합이 가장 밀집되어 있는 곳은 북부에 위치한 에밀리아-로마그나(Emilia-Romagna) 지역이다. 이 지역에 노동자협동조합 수는 5천여 개 있고, 8만 명 이상의 조합원들이 있다. 따라서 한 조합에 평균적으로 16명 정도가 조합원으로 일하고 있다. 이탈리아 노동자협동조합의 특징은 중소규모의 조합들이 네트워크를 구성하여 협동조합 사이에 협조가 잘 이루어지고 있다는 점이다.

에밀리아-로마그나는 2차 세계대전 당시에 유럽에서 가장 빈곤한 지역이었으나 현재는 세계에서 가장 부유한 지역 중 하나로 탈바꿈되었다. 1인당 소득은 이탈리아 평균보다 25% 높고, 실업률은 3%로 이탈리아 평균(8%)과 유럽연합 평균(9%)보다 훨씬 낮다. 더구나 지니계수로 본 불평등지수도 유럽 평균보다 훨씬 낮았다(Corcoran & Wilson, 2010).

이탈리아에서 협동조합이 번성할 수 있었던 것은 정부의 지원정책과 협동조합연합체의 지원에 힘입은 바가 크다. 이탈리아 협동조합 법률은 적어도 순이익의 30%를 적립금으로 보유하도록 하고 있으며, 적립금에 대해서는 세금을 물리지 않는다. 해당 협동조합이 안정적으로 유지되면 이러한 적립금은 협동조합연합체나 다른 협동조합에 기부한다. 한편, 지방정부 부서에서는 연구와 개발, 교육 및 훈련, 기술이전, 마케팅과 수출 등의 영역을 지원하고 있다. 이 부서에서는 여러 협동조합들로 클러스터(cluster)를 구성하여 시너지와 규모의 경제를 활용하고 있으며, 이 클러스터가 대규모 계약에 입찰하기도 한다(Corcoran & Wilson, 2010).

이탈리아 정부는 1985년에 「마르코라(Marcora)법」을 제정하여 협동조합 기금을 설치하였고, 이 기금으로 노동자협동조합 설립을 지원하고 있다. 1992년 이후에는 협동조합 이윤의 3%를 협동조합 발전기금에 기부하도록 했다. 이 기금은 새로운 협동조합을 설립하고, 기존 협동조합을 발전시키는 데, 또는 기존 회사를 노동자협동조합으로 전환하는 데 사용되고 있다. 파산이나 해외이전, 소유주의 퇴직 등으로 노동자협동조합으로 전환할 경우 조합원 투자분의 3배까지 보조금으로 지급하고 있다. 협동조합연합체들 또한 독자적인 기금을 운용하고 있다. 이탈리아에서 가장 규모가 큰 연합체[2)]인 레가콥(Legacoop)은 약 3억 유로의 기금을 보유하고 있다(Corcoran & Wilson, 2010).

Corcoran and Wilson(2010)은 이탈리아에서 노동자협동조합이 성공하게 된 요인들로서 협동조합 발전기금, 기술적 지원, 노동자협동조합

---

2) 이탈리아 노동자협동조합 연합체는 5개가 있으며, 규모가 큰 3대 연합체로는 레가콥(Legacoop), 콘프코페라티브(Confcooperative), AGCI가 있다.

전환 지원 등과 같은 정부의 지원, 강제적인 적립금 조성, 그리고 다양한 부문의 협동조합 사이의 협조를 들고 있다. 새로운 협동조합이 사업을 시작하자마자 다른 협동조합들이 그 협동조합의 물건을 사준다.

4. 왜 노동자협동조합인가?

1) 주식회사를 대체할 수 있는 기업조직

노동자협동조합이 주목받는 이유 중의 하나는 노동자협동조합이 자본주의 국가의 주요 기업형태인 주식회사와 경쟁하고 대체할 수도 있는 잠재력을 갖고 있기 때문이다. 자본주의 기업들이 여러 가지 노동자 참여제도들을 도입하고 있는 것은 이러한 제도들이 조직성과 향상에 기여할 수 있다고 판단하고 있기 때문일 것이다. 실제로 많은 기존 연구들에서 노동자 참여제도들이 기업성과에 긍정적인 영향을 미치고 있다는 결과들이 제시되었다(Kaufman, 1992; Park, 2012; Wagner, 1994). 고성과작업관행(high performance work practice)을 다루는 연구들에서도 대부분 의사결정 참여와 재무 참여를 이러한 관행들에 포함시키고 있다(Combs et al., 2006; Huselid, 1995; Posthuma et al., 2013). 또한 주식소유제도를 통해서 노동자들이 자사주를 소유함으로써 주인의식을 갖고 자신들의 기업에 헌신하도록 유도하고 있다.

자본주의 기업들도 노동자들이 참여할 수 있는 여러 가지 제도들을 도입하고 있지만, 이러한 참여를 보다 다양하고 심도있게 도입하고 있는 기업조직은 노동자협동조합이다. 노동자협동조합은 주식회사의 근간인 소유 부문부터 문제를 제기하고 있다. 자본주의 기업들은 생산수단의 사적 소유에 기초하고 있으나 노동자협동조합에서는 집단적 소유에 기초하고 있다. 자본주의 기업에서 생산수단의 사적 소유는 일반 노동자들이 의사결정에 참여할 수 있는 근거를 약화시키고, 이윤분배청구권을 무력화시킬 수 있다. 단지 노동자들의 의사결정 참여와 성과급제도가 조직성과에 도움이 되기 때문에 마지못해 도입하는 양상이다. 하지만, 노동자협동조합에서는 모든 조합원들에게 공동소유에 기초하여 일상적인 조합 운영이나 작업방식, 임원진 선출, 초과이윤 처리방식에 대한 권리를 부여하고 있다. 이러한 점에서 노동자협동조합은 자본주의 기업과 근본적으로 다르며, 보완적이기보다는 대안적인 관계에 있다.

그에 비해서 다른 유형의 협동조합들은 자본주의적 사적 소유와 안정적으로 공존할 수 있다. 소비자협동조합의 소비자들은 자본주의 기업에서 직장생활을 하면서 필요에 따라 소비자협동조합을 이용할 수 있다. 즉, 둘 간의 충돌이 사실상 거의 없다. 사업자협동조합의 경우 자본주의 기업을 운영하면서 별도로 사업자협동조합의 조합원이 될 수 있기 때문에 둘 간의 모순이 존재하지 않는다. 사회적협동조합의 주요한 목적은 공익에 있기 때문에 자본주의 사회에서 나타나는 문제점들을 보완해 주는 역할을 한다. 결국 노동자협동조합만이 자본주의 기업과 보완적인 관계에 있는 것이 아니라 대안적인 관계에 있게 된다.

2) 4차 산업혁명과 노동자협동조합

노동자협동조합이 증가했던 시기는 대체로 경기가 좋지 않거나 급격한 기술변화로 인해 실업이 급증한 때였다. 1930년대 대공황과 세 번에 걸친 과학혁명의 시기에 노동자협동조합의 설립이 증가하였다(Jackall

& Levin, 1984).

지금까지 인류는 세 차례의 산업혁명을 경험했고 현재 네 번째 산업혁명 시대에 진입하였다. 2016년 스위스의 다보스에서 개최된 세계경제포럼(World Economic Forum)에 따르면, 1차 산업혁명은 18세기 후반(1784년) 영국에서 시작되었으며 농경사회에서 산업사회로 전환되는 계기가 되었다. 이 첫 번째 산업혁명은 증기기관이 주도하였고 가내수공업을 공장생산체제로 변화시켰다. 2차 산업혁명은 19세기 후반(1870년)부터 진행되었고, 이 시기 주요한 과학기술은 전기에너지였으며 자동화를 통해 대량생산체제를 낳았다. 3차 산업혁명은 20세기 후반(1969년) 디지털혁명으로부터 시작되었다. 개인용 컴퓨터와 인터넷, 정보통신기술이 이 시기를 이끌었다. 현재 전 세계가 목격하고 있는 4차 산업혁명은 인공지능과 로봇공학, 사물 인터넷, 무인운송수단, 3차원 인쇄, 나노기술 등이 주도하고 있으며, 이전의 산업혁명과는 비교할 수 없을 정도로 사회 전반에 영향을 미칠 것으로 예상되고 있다. 이전의 3차에 걸친 산업혁명에서는 생산을 통제하는 것은 여전히 인간이었으나, 4차 산업혁명에서는 기계가 생산을 통제하게 된다. 그만큼 인간의 일자리가 이전보다 현저하게 줄어들 것으로 예상되고 있다.

이전의 세 차례에 걸친 산업혁명에서와 마찬가지로 4차 산업혁명도 어떤 사람들에게는 희망을, 또 다른 부류의 사람들에게는 불안을 던져주고 있다. 그러나 이전의 산업혁명과는 비교될 수 없을 정도로 희망과 불안이 극단화될 수 있다. 즉, 4차 산업혁명을 주도하고 있는 새로운 기술을 향유할 수 있는 사람들에게는 장밋빛 미래가 될 수 있지만, 그러한 과학기술을 향유할 수 없는 사람들에게는 재앙이 될 수도 있다. 항상 과학기술의 발전은 인류를 편리하고 안락한 삶을 가능하게 했으나, 다른 측면에서는 노동자들을 열악한 일자리로 내몰거나 일자리를 빼앗아 감으로써 분노의 대상이 되기도 하였다. 19세기 초 영국에서 일어났던 기계파괴(러다이트, Ruddite) 운동은 이러한 산업혁명의 어두운 그림자를 여실히 보여준 사건이었다. 그러나 4차 산업혁명의 사회적 파급효과는 우리가 전에 경험해보지 못했을 정도로 급속하고 광범위할 것으로 예측되며(김진하, 2017), 따라서 그만큼 이면의 그림자는 더욱 어두울 수 있다.

4차 산업혁명을 주도하고 있는 인공지능과 로봇공학 등은 단순·반복적인 사무직과 생산직의 일자리를 1차적으로 위협할 것으로 보인다. 그러나 단순 사무·생산직만이 아니라 회계사나 의사와 같은 일부 전문직의 일자리도 감소시킬 것으로 전망되고 있다(김진하, 2017). 물론, 이러한 기술변화로 인해서 이러한 기술을 활용하고 개발할 새로운 직업이 등장할 수 있고, 창의력과 감정인지를 요구하는 분야에서는 당분간 자동화가 어려울 수 있겠지만, 4차 산업혁명 과정에서 고용구조의 변화로 인해 많은 고통이 수반될 것이라는 점은 쉽게 예측될 수 있다.

그러나 4차 산업혁명의 부정적 측면, 특히 실업증가에 대응할 수 있는 확실한 방법은 그다지 마땅치 않아 보인다. 가장 먼저 떠올릴 수 있는 대안으로는 4차 산업혁명을 주도하고 있는 과학기술에 대한 교육 및 훈련이다. 미래에 노동시장에 진입할 학생들에게 이러한 과학기술에 대한 교육을 강화하여 실업자로 전락하지 않도록 준비시키는 것이다. 또한 수요가 감소할 것으로 예상되는 직업에 종사하고 있는 사람들에게 직업훈련을 강화하여 전직(轉職)을 시키는 방법도 고려해볼 수 있다. 그러나 이러한 방법들은 명백한 한계를 갖고 있다. 모든 학생들이 과학기술에 관심을 갖고 있는 것도 아니고, 높은 수준의 과학기술을 습득할 수 있는 것도 아니다. 또한 현업에 종사하고 있는 사람들이 직업훈련을 효과적으로 수행하는 것에도 한계가 있고, 더구나 다른 업종에 종사하고 있는 사람들이라면 그러한 직업훈련은 제대로 이루어지기 어렵다.

보다 이상적이고 원칙적인 대응방법은 일자리를 공유(job sharing)하는 것이다. 감소한 일자리를 두 명이나 세 명이서 나누어 갖는 것이다. 최근에 전 세계적인 장기침체와 높은 실업률에 대응하기 위하여 유럽과 일본 정부에서 임금 인상과 더불어 직무공유를 적극적으로 추진하고 있다. 그러나 이러한 방법들은 사용자와 노동자들로부터 저항에 직면할 수 있다. 먼저, 사용자들은 이러한 정책이 자신들의 비용을 증가시키므로 반대한다. 기존과 동일한 시간 동안 노동하면서 임금이 높아지면, 기업의 인건비가 상승하고, 이것을 제품 가격에 반영하면 가격경쟁력이 떨어져서 매출이 줄어들 것이다. 요즘과 같은 글로벌 경쟁시스템하에서 이러한 경쟁력 하락은 기업들에게 치명적일 수 있다. 직무공유, 즉 하루 총 노동시간은 유지하고 동일한 직무를 두 명의 노동자들이 담당한다고 하더라도 인건비는 상승한다. 임금은 이전과 같더라도 이제 두 명의 복지후생비용을 부담해야 하기 때문이다.

노동자들 입장에서는 기존보다 적은 시간 동안 노동하면서 임금이 높아지면 환영하겠지만 직무공유로 인해서 임금이 반으로 준다면 저항하게 될 것이다. 다행히 정부가 강제로, 또는 사회적 합의에 의해서 노동시간을 줄이고 임금을 높였다고 하더라도 글로벌 경쟁체제하에서는 이것이 지속될 수 없다. 외국 기업들이 높은 생산성과 저비용으로 한국의 제품 및 서비스 시장을 휩쓸 것이기 때문이다.

4차 산업혁명의 과실이 전 인류에게 골고루 혜택으로 돌아가기 위해서는 노동시간을 대폭 줄이고 시간당 임금은 현재보다 상당히 높아져야 한다. 그렇지만 이것은 한 국가에서 그쳐서는 안 되고 전 세계적인 협력과 규제가 있어야 한다. 그러나 이러한 이상적이고 원칙적인 4차 산업혁명에 대한 대응은 현재의 자본주의 체제하에서는 실현하기 매우 어렵다. 이러한 정책들은 사적 소유와 이윤극대화를 모토로 하는 자본주의 기업들과 배치되기 때문이다.

그렇지만 노동자협동조합은 현재 진행되고 있는 4차 산업혁명에 대한 대응에 있어서 몇 가지 시사점을 제공할 수 있다. 노동자협동조합은 조합원들에 의한 민주적 운영과 더불어, 조합원들에게 좋은 일자리와 고용안정을 제공하는 것도 주요한 목표로 삼고 있다. 따라서 노동자협동조합의 경우 전체 경기나 기업 상황이 어려움에 처하더라도 조합원들의 해고를 회피하기 위해 노력한다. 예로서, 몬드라곤 협동조합복합체의 경우 1980년대 경제침체기와 2008년 세계적 금융위기시에도 해고를 최소화했으며 일시해고된 조합원들에게 자체적으로 실업수당을 제공하기도 하였다(김성오, 2012b). 4차 산업혁명으로 인한 대량실업에서 비롯될 혼란을 노동자협동조합이 완화하는 완충제 역할을 할 수 있음을 의미한다. 진보적인 성격을 갖는 협동조합과 관련된 법률(협동조합기본법)이 보수적인 정당인 새누리당이 집권하던 시절에 통과되었다는 것이 아이러니하게 비춰질 수도 있지만, 높아만 가는 실업률을 완화시켜보려는 고육지책으로 해석될 수 있다.

노동자협동조합은 단지 현재의 실업문제 대응이라는 측면에 국한되지 않는다. 앞서 밝힌 것처럼, 4차 산업혁명으로 인한 문제를 최소화하고 모든 인류가 그 혜택을 누리려면 노동시간을 줄이더라도 소득을 유지해야 하는데, 소수의 자본가들이 4차 산업혁명의 과학기술을 독점하게 된다면 그러한 가능성은 거의 없다. 그러나 만약 직원들을 비롯하여 다양한 이해관계자들이 그러한 기업을 공동으로 소유하고 의사결정 권한을 갖고 있다면 그러한 정책이 가능하다. 물론 그 전제는 대부분의 국가들이 이러한 소유방식과 의사결정 방식을 채택하고 있어야 한다는 것이다. 일부 국가에서만 그러한 정책을 갖고 있다면 다른 국가들에서 가격경쟁력으로 침투해올 것이기 때문이다.

세계 대부분의, 또는 영향력 있는 기업들이 노동자협동조합화되는 것이 4차 산업혁명이 가져올 문제들에 대처할 수 있는 좋은 방법일 수 있지만, 조만간 그것이 가능할 것 같지는 않으며 둘 간의 인과관계도 없다. 즉, 4차 산업혁명이 본격화된다고 해서 노동자협동조합이 자동적으로 전면화되지는 않을 것이다. 노동자협동조합은 4차 산업혁명의 부정적인 영향을 최소화할 수 있는 해법을 제공할 수 있지만, 그 해법에 대한 경로는 제공하지 않는다. 그러나 자본주의 사회가 낳는 문제점들을 노동자협동조합이 해결해 나갈 수 있고 하나의 대안으로 떠오를 수 있다는 점만은 명확해 보인다.

4차 산업혁명으로 인한 폐해들이 현실화되고 사회적 이슈가 됨에 따라 인류의 의식에도 변화가 일어날 수 있다. 4차 산업혁명이 본격화되지 않은 지금에도 대기업과 중소기업의 격차, 고소득자와 저소득자와의 격차 등이 심화되고 있는데, 4차 산업혁명은 이러한 격차를 확대할 것이고 특히 실업 빈곤층이 가속적으로 양산됨으로써 사회적 불안이 증가하고 장기적인 공황이 초래될 수 있다. 이러한 변화들은 기업과 국가(또는 정부)의 존재 이유에 대한 사람들의 의식에도 변화를 가져올 수 있다.

그러나 4차 산업혁명에 대응하는 데 있어서 노동자협동조합도 한계를 갖고 있다. 노동자협동조합은 한 협동조합 내에서 일하고 있는 직원들에 의한 집단소유에 한정되어 있다. 자본주의적 사적 소유보다 소유의 범위가 넓어지고 그만큼 의사결정자가 많아지긴 했으나 여전히 한 업체 내에 머물고 있다. 그렇기 때문에 사회적 문제에 대한 대응에 있어서는 결국 집단 이기주의가 나타날 수 있다. 따라서 한 협동조합의 이익과 사회적 이익이 상충되는 경우 그 협동조합의 조합원들은 자신들의 이익을 우선시할 수 있다. 예로서, 오염물질을 배출하는 제조업 협동조합이 있다고 가정하자. 조합원들은 오염물질이 공동체에 악영향을 미치고 협동조합 7대 원칙에 명시되어 있듯이 "공동체에 대한 관심"도 기울여야 하기 때문에 오염물질을 줄이는 데에 찬성할 것이다. 그러나 오염물질을 줄이는 장비를 도입하는 데 엄청난 비용이 초래된다면 결국 이러한 장비 도입에 반대할 수도 있다. 이것이 집단적 소유가 갖는 한계점이다. 이것은 사회적 소유를 주창했던 유고슬라비아에서 실제로는 집단소유의식(또는 집단 이기주의)으로 후퇴함으로써, 민족문제와 실업문제와 같은 사회적 문제에 대처하지 못한 결과로 이어졌다. 또한 21세기 들어 베네수엘라를 비롯한 남미 좌파정권에서 추진되었던 사회적 경제와 협동조합 모델에서 여러 가지 문제점이 발견된 것도 집단이기주의에서 비롯된 측면이 강하다. 즉, 유고슬라비아와 2000년대 초반부터 남미 일부 국가에서 실행되었던 공동체 소유도 집단 이기주의 또는 지역 이기주의가 발생함으로써 오랫동안 안정적으로 지속되지 못하였다(김창근, 2016).

이러한 문제점들을 예방하기 위해서는 구 사회주의 국가들의 국가소유나 노동자협동조합의 집단소유보다는 모든 이해관계 당사자들이 소유하는 사회적 소유로 나아가야 한다. 물론 현재에도 협동조합의 한 종류로서 다중이해관계자협동조합이 존재한다. 그러나 궁극적으로는 직원과 소비자, 생산자만이 아니라 공급업체, 지역공동체, 국가 등 보다 포괄적으로 모든 이해관계 당사자들이 소유하는 형태로 발전되어 나가야 한다. 다만, 모든 이해관계 당사자들이 초기부터 참여하게 된다면 이해관계가 너무 다양하고 복잡하여 혼란스러울 수 있기 때문에, 현재에는 주식회사의 대안으로서 노동자협동조합에 초점을 맞출 필요는 있다. 또한 다양한 이해관계 당사자들이 참여하는 것이 바람직하지만, 어쨌든 한 협동조합의 특성과 상황을 가장 잘 이해하고 있는 것은 협동조합 내에서 근무하고 있는 직원 조합원들이다. 따라서 협동조합의 중심적인 역할은 직원 조합원일 수밖에 없다.

노동자협동조합이 조만간 전면화되기 어렵고, 4차 산업혁명의 부정적 효과들을 노동자협동조합이 당장 흡수할 수 없다고 해서, 노동자협동조합 조합원들이나 노동자협동조합을 지원하고 있는 사람들이 실망할 필요는 없다. 미래에 대한 대비도 중요하지만 현재의 삶도 중요하다. 현재 노동자협동조합의 조합원들이 자신의 직장생활에 만족하고 있으며 자본주의 기업의 노동자들보다 행복한 삶을 살고 있다면 노동자협동조합은 그 자체로서도 충분히 존재의 의미가 있다.

Greenberg(1986)의 연구에 따르면, 자본주의 기업의 노동자들보다 노동자협동조합의 조합원들이 자신들의 직무에 더 만족하는 것으로 나타났다. 또한 Oliver(1984)의 연구에서도 노동자협동조합의 조합원들이 자본주의 기업의 노동자들보다 조직몰입 수준이 높다는 것이 발견되었다. 또한 저자가 2016년 주식회사와 노동자협동조합에서 실시한 설문조사 결과도 주식회사의 노동자들보다 노동자협동조합의 조합원들이 더 높은 직무만족 수준을 보여주고 있으며 조직에 더욱 바람직한 행동을 하는 것으로 나타났다. 그 결과들은 9장에서 자세하게 소개한다.

토론해 봅시다

1. 노동자협동조합은 왜 경기침체 시기나 실업률이 높은 시기에 그 숫자가 증가하는 경향이 있을까요?

2. 산업과 규모, 지역, 발전 정도 등의 측면에서 노동자협동조합에 적합한 분야를 토론해 봅시다.

3. 4차 산업혁명이 노동자협동조합에 미칠 영향들은 어떤 것들이 있을까요?

제 8 장

Organizational Democracy

노동자인수 및 협동조합 전환

노동자협동조합은 창업을 통해서 설립될 수도 있지만, 기존 기업을 노동자들이 인수하여 협동조합으로 전환함으로써 탄생할 수도 있다. 창업 노동자협동조합은 일반적인 창업기업에게 제공되는 정부 정책의 혜택을 누릴 수 있으나, 2019년 말까지 노동자인수와 관련된 정책은 마련되어 있지 않았다. 노동자인수를 통한 협동조합으로의 전환이 중요한 이슈로 부각되고 있기 때문에 이 장에서는 이와 관련된 내용들을 다루고자 한다.

1. 노동자인수의 의의 및 분류

1) 노동자인수 및 협동조합 전환의 의의

M&A에서 기업합병(merger, M)은 두 개 이상의 기업들이 결합되어 하나의 기업이 되는 것을 의미하며, 기업인수(acquisition, A)는 대상 기업의 주식이나 영업, 자산을 취득하여 경영권을 획득하는 것을 말한다. 노동자 기업인수(employee buyout)는 해당 기업의 노동자들이 공동으로 주식이나 영업, 자산을 취득하여 경영권을 획득하는 것을 의미한다. 노동자들이 기업을 인수하여 협동조합으로 전환하는 것은 사회적으로나 해당 노동자들 개인적으로나 다양한 측면에서 의의를 가질 수 있다.

---

* 이 장의 내용 일부는 저자의 2019년 기획재정부 학술연구용역사업 <노동자 기업인수 · 협동조합 전환모델 제도화 방안 연구>에서 발췌되었다.

① 고용 유지

노동자인수의 가장 직접적인 효과는 고용을 유지할 수 있다는 점이다. 부도나 파산 등 재정적 곤경에 처한 기업들이 폐쇄되거나 제3자에게 인수된다면 해당 노동자들은 실업자가 될 수 있지만, 해당 기업을 노동자들이 인수한다면 그들은 고용을 유지할 수 있게 된다. 물론 노동자인수가 도산이나 3자인수보다 항상 좋은 방법만은 아니다. 해당 기업이 사양산업이거나 이윤을 내기 어려운 상황에 있다면 폐쇄나 업종 전환이 더 현명한 방법일 수 있다. 그러나 부도나 파산한 업체들 중에서 경쟁력을 갖고 있으나 일시적인 현금 압박이나 경영진의 경영실패로 인해서 그러한 재정적 곤경에 처한 기업들도 상당하다. 이러한 기업들을 노동자들이 인수하여 자구책을 마련하고 경영구조를 개선시켜감으로써 건실한 기업으로 바꿔놓을 수 있다.

또한 경쟁력이 없는 기업이라 하더라도 경기가 전체적으로 침체되어 있는 경우엔 노동자인수가 고용을 유지하기 위한 일시적 대응책일 수도 있다. 1997년 외환위기와 2008년 글로벌 금융위기 등과 같은 경기 침체 시기에는 다른 업체로 이직하는 것도 쉽지 않기 때문에 일시적으로 회사를 운영하면서 임금을 일부나마 보전하는 것도 좋은 방법일 수 있다. 역사적으로도 노동자인수가 활발하게 이루어지고 노동자협동조합 설립이 많아졌던 시기도 전체적으로 경기가 좋지 않았던 시기였다.

② 고용안정

재정적으로 곤경에 처한 기업이나 승계할 친·인척이 없는 경우 노동자인수가 고용을 유지할 수 있는 좋은 방법이기도 하지만, 협동조합으로 전환하게 되면 고용을 안정시킬 수 있는 좋은 방법이 될 수 있다. 협동조합으로 전환하게 되면 모든 조합원들이 주인이기 때문에 경기가 어려워지더라도 특정 조합원을 해고할 수 없고, 따라서 해고보다는 임금삭감으로 대처하게 된다(Fakhfakh et al., 2012; Pencavel & Craig, 1994). 경기가 좋지 않았을 때 몬드라곤 협동조합복합체도 해고를 최소화하기 위한 방안으로 임금을 삭감하거나 다른 협동조합에 배치하는 방법을 사용하였다. 그것마저 어려울 경우 자체 실업급여로 임금을 보전해주었다(김성오, 2012a).

③ 직무만족 향상

노동자들이 인수하여 노동자소유기업이 되거나 노동자협동조합으로 전환하게 되면 민주적인 조직이 되기 때문에 그들의 직무만족이 향상될 수 있다. CEO를 비롯한 임원진을 자신들이 선출하고 주요한 전략적 의사결정에 참여할 수 있으며, 이윤분배방식을 자신들이 결정할 수 있기 때문에 자신들의 일과 직장에 대한 만족도가 높아질 거라고 예상하는 것은 어렵지 않다. Bradley and Gelb(1981)의 연구에서도 몬드라곤 협동조합복합체의 조합원들이 주식회사의 노동자들보다 더 높은 만족 수준을 보여주었다. 또한 다음 장에서 소개할 저자의 설문조사 결과를 보더라도 조합원들의 직무만족 수준이 주식회사의 노동자들보다 더 높았음을 알 수 있다.

④ 조직 민주주의

노동자들이 기업을 인수함으로써 노동자소유기업이나 노동자협동조합이 되면 소유 참여, 의사결정 참여, 재무 참여가 동시에 이루어지기 때문에 조직 민주주의를 달성할 수 있다. 따라서 구성원들의 조직에 대한 태도가 긍정적으로 바뀌고, 조직에 바람직한 행동은 증가하고 바람직하지 않은 행동은 감소할 것으로 예상할 수 있다.

그러나 많은 노동자소유기업은 여전히 주식회사의 형태를 취하고 있으며 기업의 재정 상황이 양호해지면 외부에 주식을 매각하여 다시 이전의 형태로 돌아갈 수 있다. 그에 비해서 협동조합으로 전환하게 되면 협동조합의 원칙과 원리를 따르게 되며, 외부에 주식을 되팔지 못하게 하는 장치들도 마련함으로써 노동자소유를 장기간 지속할 수 있는 등 조직 민주주의를 보다 체계화하고 유지할 수 있는 방안이 될 수 있다.

⑤ 건전한 기업문화

노동자들이 기업을 인수하게 되면 다수의 공동소유자가 존재하게 되므로 기업 경영이 투명해질 수 있다. 조합원총회와 이사회에서 대부분의 재정 상황에 대한 정보가 공개되기 때문에 투명 경영이 가능해진다. 그러나 이러한 기업문화도 주식회사인 노동자소유기업으로 남아 있는 것보다 협동조합으로 전환됨으로써 좀 더 건전한 기업문화가 유지될 수 있을 것이다. 단순한 노동자소유기업에서는 여전히 주식회사적 관행과 습성이 유지될 수 있기 때문에 협동조합으로 전환하여 협동조합 원칙을 따를 때 보다 투명한 기업문화가 형성될 수 있을 것이다.

2) 노동자인수 배경

노동자들이 기업을 인수하게 되는 이유로는 해당 기업의 부도나 파산, 대주주의 퇴임이나 경영철학, 그리고 대기업과 공기업의 사업부 분사 및 자회사 분리 등으로 나눠볼 수 있다.

① 재정적 곤경

여기서 재정적 곤경으로 인한 인수는 해당 기업이 부도나 파산에 직면해 있거나 실제로 부도나 파산한 기업을 노동자들이 인수하는 경우를 의미한다. 1997년 외환위기 당시에 수많은 기업들이 이러한 재정적 곤경에 처했고, 기존의 시설을 활용하여 노동자들이 부족하나마 임금을 보전할 수 있었다. 초기에는 기존 시설이 3자에게 매각되거나 경매에 들어가기 전까지 임시로 가동하였으나, 점차 새로운 법인을 설립하고 기존 시설을 인수하거나 경매에 참가하여 낙찰을 받아 노동자소유기업이 탄생한 경우도 있었다.

미국의 경우 1980~90년대 규제가 완화되면서 항공산업과 철강산업 등에서 재정적 곤경을 겪게 되었다. 이러한 재정적 곤경을 타개하기 위해서 노동조합이나 직원 대표체를 중심으로 차입 ESOP를 활용하여 기업을 인수하게 되었다. 유나이티드 에어라인(United Airlines)과 위어톤 철강(Weirton Steel)이 대표적인 사례이다(박노근, 2000).

세계적으로 글로벌 경쟁이 치열해지고, 주기적으로 경기침체가 반복되며, 제4차 산업혁명이 가속화됨으로써 재정적 곤경에 처하는 기업들이 지속적으로 존재하게 될 것이다. 이러한 상황에 처한 기업들 중에서 지배구조와 재무구조를 개선하면 생존할 수 있는 기업들을 노동자들이 인수하여 노동자협동조합으로 전환할 수 있다.

② 대주주의 경영철학이나 퇴임

대주주나 설립자들이 보다 민주적인 조직을 만들고자 하거나 직원 중심적인 경영철학을 가진 경우 자신들이 가진 지분의 일부를 직원들에게 매각하거나 보너스로 지급할 수 있다. 직원들에게 주인의식을 심어주고 그 조직의 성장과 발전을 위해 노력할 수 있도록 유도하기 위해서도 직원들에게 주식을 매각할 수 있다. 10장에 제시된 사례로서 한국의 해피브릿지는 이러한 이유로 노동자협동조합이 되었다.

또한 대주주가 퇴임하려고 하는데 자식이나 친·인척 중에 물려줄 사람이 없는 경우 노동자인수를 대안으로 생각해볼 수 있다. 3자에게 매각할 경우 많은 직원들이 해고될 가능성이 있다. 대주주가 기업에 헌신을 해온 직원들에게 매각한다면 그 기업의 명맥을 유지할 수도 있고 직원들의 고용도 유지될 수 있다. 10장에 제시된 영국의 존 루이스 파트너십이 여기에 해당한다.

③ 분사 및 자회사 분리

경영합리화를 이유로 대기업과 공기업에서 일부 사업부를 분사하거나 자회사 중 일부를 분리하는 과정에서 노동자들이 인수하는 경우도 있다. 외환위기 당시에 이런 사례들이 종종 있었는데, 경기가 어려워지고 사업다각화에 대한 비판이 일어나자 비핵심분야나 사업성이 상대적으로 낮은 분야를 분사하거나 자회사를 분리했던 것이다.

예로서, 경마진흥은 한국마사회가 자회사를 분리하는 과정에서 노동자들이 인수한 사례이다. 미국의 위어톤 철강은 내셔널 철강의 자회사였으며, 1980년대 자회사를 분리하는 과정에서 노동자들이 위어톤 철강의 주식 100%를 인수함으로써 노동자소유기업이 되었다.

이러한 업체들 중에는 여전히 상당한 경쟁력을 갖고 있는 사업부나 자회사가 있었다. 이렇게 분리된 업체 중 일부는 노동자인수 이후에 재무조건이 개선되었고 위기가 지난 이후에 원래의 모기업이나 제3자가 인수한 사례도 있었다.

3) 노동자인수 방법

위에서 살펴본 것처럼 노동자인수가 이루어지는 이유는 다양하다.

그럼 노동자들은 어떻게 기업을 인수할 수 있을까? 노동자들은 집단적으로 자신들이 근무하고 있던 기업의 주식을 인수하거나 영업을 양수하거나 자산을 인수함으로써 그 기업의 공동소유주가 되어 기존의 사업을 지속하게 된다.

① 주식인수

주식인수는 노동자들이 집단적으로 해당 기업의 주식을 인수하여 지배권을 획득하는 방법이다. 주식인수에서는 새로운 법인은 설립되지 않고 기존 법인이 유지되며 노동자협동조합으로 전환될 수 있다.

주식인수가 이루어질 수 있는 경우는 다양하다. 기업이 부도나 파산에 직면하기 전에 대주주와 협상해서 주식을 인수할 수 있고, 대주주의 직원 중심적인 경영철학에 의해서 이루어질 수도 있다. 또한 대주주가 퇴임하거나 사업전환을 하면서 직원들에게 주식을 매각할 수 있다. 대기업이나 공기업에서 자회사를 분리하면서 주식을 노동자들에게 매각할 수도 있다.

② 영업양수도

영업양수도는 자산, 부채, 인력, 브랜드, 영업권, 권리, 의무 등 영업에 필요한 일체의 유·무형 자산이 포괄적으로 이전되는 것을 말한다. 이는 일정한 영업 목적에 의해 조직화된 총체인 인적·물적 조직을 그 동일성을 유지하면서 경영주체만 교체되는 것이다.

노동자들의 영업양수는 이미 부도나 파산한 기업 일체를 노동자들이 포괄적으로 인수할 수도 있고, 별도의 법인을 설립하고 기존의 영업일체를 양수할 수도 있으며, 대기업이나 공기업이 사업부를 분사할 경우 노동자들이 새로운 법인을 설립하고 해당 사업부를 양수할 수도 있다.

③ 자산인수

자산인수는 영업양수도와 유사하지만 영업양수도가 일체의 자산을 포괄적으로 인수함에 비해서, 자산인수는 대지와 공장설비 등 자산 일부만 인수한다는 점에서 다르다. 특히 부실기업의 경우 부채가 많기 때문에 부채까지 떠맡아야 하는 영업양수도보다는 자산인수가 유리하다. 그러나 영업권이 중요한 경우엔 부채가 다소 많더라도 영업양수도를 해야 하는 경우도 있다.

이미 부도나 파산한 기업을 노동자들이 임시로 가동하면서 점차 새로운 법인을 설립하고 기존 시설이나 기계를 인수하거나 경매에 참여하여 낙찰을 받는 경우 자산인수에 해당된다.

4) 노동자인수 분류

노동자인수를 인수 배경과 인수 방법에 따라 구분하면 다음의 6가지 경우로 분류할 수 있다. 인수 배경은 왜(why) 노동자들이 인수하게 되는지와 관련되고, 인수 방법은 노동자들이 어떻게(how) 인수하는지와 관련되어 있다. 다만, 인수 방법에서 영업양수와 자산인수는 차이보다는 공통점이 많기 때문에 복잡성을 피하기 위해서 한 가지 방법으로 단순화하였다. 그 결과는 <표 8-1>과 같다.

① 유형 1

여기에 해당하는 노동자인수는 부도나 파산에 직면한 기업을 노동자들이 기존 대주주와 협상해서 주식을 인수하는 사례이다. 한국에서는 경영난에 직면한 버스회사들 중 일부가 주식인수를 통해서 노동자소유기업이 된 사례들이 있다.

〈표 8-1〉 노동자인수 배경 및 방법에 따른 분류

		인수방법(how)	
		주식인수	영업양수(or 자산인수)
인수 배경 (why)	부도나 파산	유형 1	유형 2
	경영철학	유형 3	유형 4
	분사/ 자회사 분리	유형 5	유형 6

발췌: 박노근 외(2019), 『노동자 기업인수 · 협동조합 전환모델 제도화 방안 연구』.

② 유형 2

실제로 부도나 파산한 기업을 노동자들이 대주주나 채권단과 임대차 계약을 맺고 임시적으로 운영하면서 임금을 마련한다. 점차적으로 그 기업의 자산과 부채, 영업권 등을 영업양수하거나 경매에 참여하여 주요 자산만 인수할 수 있다.

③ 유형 3

대주주가 퇴임하려고 하거나 다른 사업에 진출하려고 하는데 마땅한 승계자가 없어서 노동자들에게 매각하는 경우이다. 또는 퇴임하거나 다른 사업 진출과는 상관없이 직원 중심적인 경영철학 때문에 노동자들에게 주식을 매각하는 경우가 여기에 해당한다.

④ 유형 4

보다 민주적인 조직을 증가시키려는 경영철학을 바탕으로, 노동자협동조합을 먼저 설립하고 생산시설이나 설비 등을 구입하여 조합원들을 모집하는 경우이다. 흔한 경우는 아니지만 협동조합을 설립하고 나서 택시와 영업권을 구입하고 나서 조합원을 모집한 사례가 있다.

⑤ 유형 5

대기업이나 공기업에서 경영합리화의 일환으로 자회사를 퇴출하려고 할 때 노동자들이 그 자회사의 주식을 인수하는 경우이다. 많은 경우 모기업과 건물이나 시설에 대한 임대차계약이나 영업계약을 맺어서 일정 기간 동안 안정적인 영업이 가능하게 된다.

⑥ 유형 6

대기업이나 공기업에서 경영합리화의 일환으로 일정 사업부를 분사하고자 할 때 노동자들이 인수하는 경우이다. 유형 5에서와 마찬가지로 많은 경우 모기업과 임대차계약이나 영업계약을 맺어 일정 기간 동안 안정적인 운영이 가능하다.

2. 노동자인수 현황 및 정책

노동자인수에 대한 관심은 한국적 상황만은 아니다. 전 세계적으로 실업문제가 만연하고 베이비부머 사업자들의 은퇴로 승계문제에 직면하면서 세계 각국의 정부와 시민단체들이 노동자인수에 대해 관심을 갖기 시작하였다. 이 절에서는 노동자인수 및 노동자협동조합과 관련된 제도가 발달되어 있는 이탈리아와 프랑스, 미국, 그리고 한국의 현 상황을 살펴보고자 한다.

1) 이탈리아

이탈리아에서 노동자인수는 1985년 「마르코라(Marcora)법」이 통과

된 이후에 특히 증가하였다. 또한 글로벌 금융위기와 그로 인한 긴축정책이 실시된 2008년 이후에도 노동자인수의 증가 양상이 뚜렷하였다.

「마르코라법」이 제정된 이유는 실업급여를 소모적인 방식이 아닌 생산적인 방법으로 활용하도록 하기 위해서였다. 실직 노동자들이 노동자인수나 노동자협동조합을 설립할 수 있는 자금을 지원해 줄 목적으로 당시 산업부장관이었던 마르코라에 의해 도입되었다. 이 법은 특히 경제위기 상황에서 지역 일자리와 사업을 유지하는 메커니즘으로 작동하여 지금까지 380개 이상의 노동자협동조합과 18,750명의 일자리를 창출하는 데 기여한 것으로 평가되고 있다. 이탈리아 노동자인수에서 가장 많은 비중을 차지한 부문은 50명 이하 소기업(68%)이었고, 산업별로는 제조업(69%)이 대부분을 차지하였다(Pezzini, 2018).

이탈리아에서 노동자인수를 위한 자금은 개인 노동자들의 저축이나 퇴직금, 그리고 실업급여 및 협동조합 기금 등으로 조달된다. 「마르코라법」이 제정됨으로써 노동자협동조합연합회와 협동조합금융사(CFI)[1] 및 두 종류의 기금(Fondo Speciale, Foncooper) 등 협동조합 부문이 노동자인수를 지원하는 데 있어서 핵심적인 역할을 하게 되었다. 또한 노동자들은 실업급여를 활용하여 기업인수 자금을 조달하거나 새로운 협동조합을 설립할 수 있다. 협동조합금융사는 조합원들이 출자한 자본금의 3배까지 투자하며 최대 투자액은 노동자들의 3년간 실업급여 액수만큼이다. 협동조합금융사는 지난 30여 년 동안 2억 2,300만 유로를 노동자인수와 노동자협동조합 관련해서 투자해왔다(Rinolfi, 2019).

---

1) CFI는 「마르코라법」에 근거해서 1986년에 설립되었으며, 노동자인수를 통해 설립되는 협동조합들에게 자금 및 경영지원을 목적으로 3개 주요 협동조합연합회가 정부의 경제개발부와 함께 설립한 금융기관이다. 자본금의 98%는 경제개발부가 보유하고 있다.

2) 프랑스

프랑스에서는 노동자들이 기업을 인수했을 때, 새로운 법인을 설립하지 않고 투자 조합원들의 결의에 따라 정관만 변경하여 협동조합임을 명시하기만 하면 된다. 노동자협동조합으로 인정받기 위해서는 노동자조합원이 51% 이상의 지분을 보유해야 하며, 노동자조합원들에게 65% 이상의 투표권이 보장되어야 한다. 이윤배분원칙은 법정적립금으로 이윤의 최소 15%를 배분해야 하며, 조합원과 비조합원을 포함한 모든 노동자들에게 최소 25%, 노동자조합원과 외부조합원들에게 법정적립금과 협동조합 발전기금의 합계, 또는 노동에 대한 분배 총액 이내에서 분배할 수 있다. 이상과 같이 노동자협동조합으로 인정을 받게 되면 다양한 세제혜택과 자금지원을 받을 수 있다.

최근에 프랑스에서 노동자협동조합은 지속적으로 증가해왔으며, 2011년 2,048개에서 2018년 2,369개로 성장하였다. 그 중에서 창업 협동조합이 2/3 가량(66%) 되었으며 노동자인수를 통해서 협동조합으로 전환한 경우는 23% 정도 된다. 나머지 11% 정도는 시민단체나 다른 유형의 협동조합에서 전환된 사례이다. 2018년 신규 창업을 통해 증가한 조합원은 375명, 노동자인수를 통해서 1,110명, 시민단체나 다른 유형의 협동조합으로부터 전환을 통해서 402명의 조합원이 증가하였다. 또한 기존 협동조합에서 증가한 고용은 2,282명이었고 폐업으로 인한 감소는 1,584명이었다. 따라서 2018년 한 해 동안 조합원의 순 증가는 2,585명이었다(CG-Scop 2018년 결산 자료).

프랑스에서는 노동자인수를 촉진하기 위한 제도적 환경이 잘 조성되어 있다. 첫째, 250명 미만의 기업 소유주가 자신의 기업을 매각하고자 할 때, 2개월 전에 그 사실을 노동자들에게 알리고 노동자들이 인수할 수 있음을 고지하도록 의무화하였다. 둘째, 노동자들이 인수자금 부족으로 과반 지분을 보유하고 있지 않더라도 과도기적 노동자협동조합을 인정하고 노동자협동조합과 동일한 세제혜택을 제공한다. 셋째, 실업급여를 창업이나 기업인수 자금으로 사용할 수 있도록 지원하고 있다. 넷째, 기업인수자(노동자들), 기업양도자(기존 대주주)에게 다양한 세제혜택을 제공하고 있다. 다섯째, 노동자협동조합연합회와 함께 다양한 용도에 맞춰 금융지원을 하고 있다(박노근 등, 2019).

3) 미 국

미국에서 노동자들이 소유에 참여하는 방식은 주로 주식소유제도(ESOP)를 통해서 이루어져 왔으나, 최근에는 노동자협동조합에 대한 관심도 증가하고 있다. ESOP는 사업주가 퇴임하거나 복지제공 차원에서 신탁(trust)을 설치하여 주식을 제공하며, 노동자들이 퇴사할 때 주식을 신탁이나 시장에 판매할 수 있다.

ESOP는 1956년 켈소(Louis Kelso)에 의해 도입되었고, 1974년「노동자퇴직소득보장법(employee retirement income security act, ERISA)」에서 다양한 세제혜택을 제공하면서 ESOP 기업들이 증가하였다. 1981년「조세회복법」에서 차입형 ESOP가 도입됨으로써 대기업에 대한 노동자인수가 보다 수월해졌다. 차입 ESOP 메커니즘에서는 회사의 보증하에 ESOP 신탁이 돈을 빌려 자사주를 매입하며, 회사가 상환자금을 신탁에 출연하면 신탁이 대출금을 상환한다. 이러한 과정에서 회사(출연금), 노동자(소득세, 배당금), 대주주(양도소득)에게 세제혜택이 제공된다.

미국에서 노동자소유를 확산시키고자 1981년 캘리포니아에 설립된 NCEO(National Center for Employee Ownership)에 따르면, ESOP 규모는 상당한데 약 6,700개의 회사에서 ESOP를 도입하고 있으며, 약 1,400만 명이 ESOP 주식을 보유하고 있고, 그 가치는 약 1,500조 원에 이르고 있다. 미국 총 지분 중에서 ESOP가 8%를 차지하고 있으며, ESOP를 도입한 기업의 거의 절반이 노동자들이 100% 소유한 기업들이다.

미국에서 노동자협동조합은 보다 최근의 현상으로서, 2000년 이후에 상당히 증가하고 있다. 최근의 경제적 위기, 소득의 불평등, 구직난 등으로 인해 빠르게 증가하고 있는 것이다. 2017년에 노동자협동조합으로 전환한 기업 수도 전년도(2016년) 74개에서 189개로 급증하였다. 400여 개 노동자협동조합이 있고, 7,000여 명의 조합원들이 근무하고 있으며 4,300억 원 정도의 매출을 올리고 있다(Capital Impact Partners and the ICA Group, 2018).

미국에서도 베이비부머 사업주들이 은퇴 연령에 이르면서 노동자인수에 대한 관심도 증가하고 있다. 이들이 미국 비공개기업의 거의 절반을 소유하고 있고 약 2,500만 명을 고용하고 있는데 베이비부머 사업주들의 55%는 아직 뚜렷한 승계계획을 수립하지 못한 것으로 나타났다. 실제로, 2011년 그러한 기업의 33% 정도가 승계자가 없음으로 인해서 폐업한 것으로 드러났다(Capital Impact Partners and the ICA Group, 2018). 따라서 이러한 기업을 노동자들이 인수함으로써 고용을 유지하고 보다 민주적인 조직으로 전환할 수 있다.

4) 한 국

앞에서 살펴본 국가들과는 달리 한국은 노동자인수와 관련된 확실한 정책이나 법이 마련되어 있지 않다. 차입형이나 스톡옵션형 우리사주제도를 이용하여 자금의 일부를 조달할 수는 있으나 제약조건이 많아서 이용하기가 쉽지는 않다.

일반적으로 노동자인수 이후에 주식회사로 남아 있는 경우도 있으나 노동자협동조합과 관련된 법체계가 마련되어 있으면 노동자협동조합으로 전환하는 경우도 많아질 것이다. 그러나 한국에서는 노동자협동조합의 법인격은 부여되어 있지만 이와 관련해서 어떠한 지원이나 혜택도 없기 때문에 노동자인수 이후에 노동자협동조합으로 전환되는 경우가 그리 많지는 않았다.

한국에서 노동자인수가 본격적으로 시도되기 시작한 것은 IMF 외환위기 이후였다. 설립자나 최대주주의 경영철학에 의해서 노동자인수 및 노동자협동조합 전환이 이루어진 경우도 몇몇 사례가 있었지만 그것은 2000년대 이후의 일이다. IMF 구제금융으로 인해서 수많은 기업들이 부도가 나거나 파산에 이르렀고, 다른 기업으로 이직하기도 어려운 상황에서 노동자들이 임금을 보전하고자 임시적으로 기업을 운영하기도 하였다. 그 중에는 버스회사도 있었고 제조공장들도 있었다. 물론 이러한 기업들에서 모든 노동자들이 여기에 참여한 것은 아니다. 이직이 가능했거나 사업성에 회의적이었던 노동자들은 퇴사를 했다.

1998년 설립된 노동자기업인수지원센터는 노동자인수를 지원했던 시민단체였다. 이 센터는 2003년까지 노동자인수와 관련하여 직·간접적으로 100여 건을 지원하였으며 그 중 일부는 성공적으로 노동자인수를 마쳤다. 2003년 이 센터가 해체되면서 노동자인수를 지원하는 조직은 사실상 사라졌다.

2012년 「협동조합기본법」이 제정되면서 소규모의 노동자협동조합의 수가 증가해 왔지만 아직도 정확한 통계는 정리되지 않고 있다. 담당 부서인 기획재정부에서 직원협동조합으로 등록한 업체들의 리스트를 갖고 있으나 주소지나 규모, 심지어 폐업 여부도 업데이트되지 않아서 현 상황을 정확하게 파악할 수 없다. 주기적으로 반복되는 경기침체와 그에 따른 노동자인수의 가능성이 증가하고 있음에도 불구하고 이를 지원할 법률이나 정책이 없음으로 인해서 해당 노동자들의 고충과 사회적 자원의 낭비가 지속되고 있다. 따라서 앞서 살펴보았던 유럽이나 미국처럼 노동자인수를 지원할 수 있는 다양한 정책들이 도입되어야 한다. 노동자인수를 추진하는 노동자들은 물론 새로운 법인, 기존의 대주주나 설립자에 대한 세제·금융상의 지원이 있어야 한다. 또한 장기적인 안목에서 노동자협동조합과 관련된 법률을 정비하는 것도 시급하다. 「협동조합기본법」에 노동자협동조합과 관련된 내용을 추가할 수도 있고 특별법의 형태로 도입할 수도 있을 것이다.

토론해 봅시다

1. 노동자들이 한 기업을 인수하여 주식회사로 남을 때와 협동조합으로 전환할 때 각각은 어떠한 장점과 단점이 있는지 토론해 봅시다.

2. 1970년대 미국 서부에 있었던 많은 합판 협동조합들이 사양산업화를 이유로 외부 투자자들에게 매도한 사례가 있었습니다. 협동조합이 다시 주식회사로 후퇴할 수 있는 경우와 그것을 예방할 수 있는 방법들을 토론해 봅시다.

3. 노동자기업인수를 촉진하기 위해서 정부가 지원할 수 있는 주요 방안들을 논의해 봅시다.

제 9 장

Organizational Democracy

노동자협동조합원과 주식회사 노동자에 대한 설문조사

1. 설문조사 배경

설문조사를 실시하게 된 목적은 노동자협동조합 조합원들과 자본주의 기업(주로 주식회사)에 종사하는 노동자들의 인식과 태도 및 행동을 비교하기 위한 것이었다. 그동안 노동자협동조합에 대한 연구가 많이 이루어지지 않았고, 그 소수의 연구는 1980~90년대 생산성이나 이윤, 생존가능성과 같은 기업성과 측면에서 주로 이루어졌다. 그에 비해 개별 조합원들이 가진 태도나 행동에 대한 연구는 별로 없었다.

노동자협동조합이 보다 민주적인 조직 유형이라는 것이 일반적으로 받아들여지고 있음에도 불구하고, 몇몇 유명한 사례들을 제외하고는 양적으로 적었기 때문에 노동자협동조합의 생존가능성에 대한 이론적 논쟁과 기업성과 위주의 연구가 주로 이루어진 것은 어쩌면 당연해 보인다.

그러나 조직성과에 대한 집착은 노동자협동조합의 다른 긍정적인 측면들이 무시되는 결과를 초래할 수 있다. 현재 노동자협동조합이 많이 존재하지 않기 때문에, 또한 그래서 노동자협동조합의 성과에 대한 데이터가 많지 않기 때문에 노동자협동조합 자체에 대한 관심을 포기하는 것은 노동자협동조합의 장점과 가능성마저 무시하는 우를 범할 수 있다. 실제로, 노동자협동조합의 재무적 성과를 다루지 않는 기사나 논문, 서적을 저평가하거나 폄훼하는 경우가 종종 있는 것 같다.

노동자협동조합에 대한 연구가 조직성과와 생존가능성에 치우쳐 연구된 또 다른 이유는 거시적인 접근방법을 취하는 사회학과 노동경제학에서 주로 다루어졌기 때문일 것이다. 그러나 기업이 성장하고 생존하기 위해서는 여러 가지 요인들에 의해 영향을 받으며, 조직구성원들인 인적자원도 그러한 요인들 중의 하나이다. 따라서 성과에 대한 물적, 사회적 자원의 기여만이 아니라 인적자원의 기여도 면밀히 고려할 필요가 있으며, 이러한 목적으로는 심리학적이고 인사·조직학적인 접근방법이 필요하다. 즉, 그동안의 거시적인 접근방법은 숲은 보려 하였으되 미시적으로 나무는 살펴보지 못했다.

본 설문조사는 2016년 4월부터 6월까지 3개월에 걸쳐 서울과 경기도에 있는 노동자협동조합과 주식회사에서 실시되었다. 노동자협동조합 샘플은 2016년 3월 당시 기획재정부에 등록되어 있는 업체들 중에서 선정되었다. 당시에 서울과 수도권에서는 152개 노동자협동조합이 등록되어 있었으며, 그 중에서 32개 업체에서 128명이 설문조사에 참여하였다. 이 중에서 조합원은 총 112명이었고, 16명은 노동자협동조합에서 일하고 있었지만 조합에 고용된 노동자들이었다. 설문조사에 참여한 노동자협동조합들이 대부분 5명에서 100명 이내의 중소기업이었기 때문에, 주식회사의 샘플도 중소기업청에 등록되어 있는 업체들 중에서 선정하였다. 당시에 서울과 경기지역에는 38만 여 중소기업들이 등록되어 있었으며, 그 중에서 36개 업체에서 177명이 설문조사를 완료하였다. 각 업체에서 1명부터 10명까지 설문조사에 참여하였으며, 업체별로 참여한 평균 인원은 4.5명이었다.

노동자협동조합과 주식회사를 비교하는 과정에서는 노동자협동조합에 고용된 비조합원을 제외하고 조합원만을 포함시켰으며, 조합원과 비조합원을 비교하는 부분에서 비조합원의 응답을 활용하였다.

<표 9-1>은 설문조사에 참여한 노동자협동조합과 주식회사의 일반적인 상황을 정리한 것이다. 평균적인 기업연혁은 노동자협동조합이 5년, 주식회사가 약 13년이었다. 노동자협동조합이 대부분 2012년 「협동조합기본법」이 발효된 이후에 설립되었기 때문에 연혁이 짧은 것으로 보인다. 산업 측면에서 보면 노동자협동조합에서는 도매 및 소매업

〈표 9-1〉 설문조사에 참여한 업체의 현황

구 분		노협	주식회사
기업연혁		5년	13년
산업	제조/건설	6%	31%
	전문서비스	25%	22%
	도매/소매	41%	22%
	기타 서비스	28%	25%
고용규모	조합원	26(79%)	
	비조합원	7(21%)	
	총	33명	23명

이 많았고(41%), 주식회사에서는 제조 및 건설업이 상대적으로 많이 참여하였다(31%). CEO를 포함한 총 직원 수에서는 노동자협동조합이 33명, 주식회사가 23명으로 노동자협동조합의 평균적인 규모가 커 보이지만, 노동자협동조합에서 100인 이상 2개 업체를 제외하면 평균 규모는 16명으로 소기업이 대부분이었다.

<표 9-2>에는 설문조사에 참여한 개인들의 현황이 노동자협동조합 조합원과 주식회사의 노동자들로 분리하여 제시되어 있다. 주식회사에서 노동소득이 약간 높고 노동자협동조합에서 임원급이 좀 더 많이 참여했다는 것을 제외하고는 두 유형에서 커다란 차이는 나타나지 않았다.

〈표 9-2〉 설문조사에 참여한 개인들의 현황

구 분		노협	주식회사
나이		45.0	41.0
성별(여성)		42.9%	51.7%
교육수준	고졸 및 이하	28.6%	30.4%
	대졸	60.7%	64.4%
	대학원졸	10.7%	5.2%
근로소득		약 3,000만 원	약 3,800만 원
직종	사무직	37.5%	44.3%
	생산직	7.1%	14.9%
	판매 및 서비스직	47.3%	37.4%
	연구 및 상담직	8.0%	3.5%
직급	평사원	42.5%	59.2%
	과장급	12.5%	17.8%
	임원급	32.1%	19.5%
	대표	9.8%	3.5%

2. 조합원과 노동자 비교

그동안 노동자협동조합 조합원(이하 '조합원')과 주식회사 노동자(이하 '노동자')들이 가지고 있는 인식, 태도 및 행동 사이의 비교는 거의 이루어지지 않았다. 단지 몇몇 선행연구들(예: Bradley & Gelb, 1981)은 조합원들이 노동자들보다 바람직한 태도를 갖고 있다는 점을 발견하였다. 이 책에서는 위의 설문조사에 기초하여, 보다 다양한 측면에서 조합원과 노동자들의 차이점을 밝히고자 한다.

〈표 9-3〉 조직유형과 스트레스 요인(5점 만점)

스트레스 요인	노협	주식회사	차이(노협-주식)	차이 유의성
업무량	3.46	3.15	0.30	의미있는 차이
일-가정 갈등	2.54	2.44	0.10	의미없는 차이
역할충돌	2.65	2.48	0.17	의미있는 차이
기대충족	3.77	3.60	0.17	약간 의미있는 차이

주: 의미있는 차이는 95% 신뢰수준, 약간 의미있는 차이는 90% 신뢰수준, 의미없는 차이는 90% 이하의 신뢰수준을 의미한다.

1) 스트레스 요인과 정신적 웰빙

<표 9-3>은 개별 구성원들에게 스트레스를 일으킬 수 있는 요인들을 두 조직 유형에 따라 비교하고 있다. 여기에 제시되어 있는 값들은 5점 만점으로 측정되었다. 본 설문조사에서 사용된 변수들은 기존 연구들에서 이미 타당성과 신뢰성이 검증된 질문 문항들만을 이용하였다.

먼저, 조합원들이 노동자들보다 더 많은 일을 하고 있는 것으로 생각하고 있었다(업무량). 이러한 차이는 통계적으로 의미있는 수준(95% 신뢰수준)이었다. 이러한 현상은 왜 발생하고 있을까? 조합원들은 노동자들보다 더 많은 자율성이 주어져 있고, 조합원총회 등을 통해서 조직적 수준의 의사결정에 참여할 수 있기 때문에 초과노동을 하지 않을 수 있음에도 불구하고 실제로는 왜 더 많은 일을 하고 있을까? 두 가지의 가능성이 있는데, 이것은 모두 조합원들이 '자기 회사'라는 의식이 형성됨으로써 비롯될 수 있다.

첫째, 실제로 더 많은 일을 하고 있기 때문일 수 있다. 즉, 자신들의 업무량을 정하는 데 있어 결정권을 갖고 있고, 자기 회사이기 때문에 스스로 더 많은 업무량을 자신들이 선택했을 수 있다. 이는 자영업자들이 자신의 업무량을 스스로 선택할 수 있으면서도 더 장시간 노동을 하고 있는 것으로부터 짐작할 수 있다.

두 번째 가능성은 '자기 회사'라는 인식으로 인해 자신들은 일반회사보다 더 적은 일을 할 수 있다는 기대감 때문일 수 있다. 즉, 실제로는 자본주의 기업의 노동자들보다 더 적거나 유사한 업무량을 하고 있으면서도 이러한 기대감 때문에 더 많은 일을 하고 있는 것처럼 착각을 일으킬 수 있다. 자신들이 주인임에도 불구하고 고용된 노동자들과 똑같이 일해야 하는가에 대한 불만이 이렇게 표출될 수도 있다. 그러나 뒤에 제시되어 있는 직무만족 수준을 살펴보면 두 번째 가능성은 낮아 보인다. 즉, <표 9-6>에 나타나 있는 것처럼, 조합원들의 직무만족 수준이 노동자들보다 통계적으로 의미있게 높았다. 따라서 첫 번째 가능성, 즉 조합원들이 업무량이 많다고 여기는 것은 자신들이 선택하였거나 임원진이 결정한 업무량을 조합원들이 받아들여서 실제로 업무량이 많기 때문이라고 보는 것이 타당해 보인다.

이러한 주장을 뒷받침할 수 있는 선행연구가 있다. Greenberg(1986)는 미국의 합판산업에 있는 276개의 노동자협동조합과 257개의 자본주의 기업에서 설문조사를 실시하였다. 초과노동수당 없이도 초과노동시간에도 최선을 다한다고 답변한 비율이 자본주의 기업의 노동자들 사이에서는 37%이었던 데 반해, 노동자협동조합의 조합원들 사이에서는 55%였다. 즉, 자본주의 기업의 노동자들에 비해서 노동자협동조합의 조합원들이 초과노동시간에도 열심히 일하는 것을 알 수 있다. 물론, 한국에서도 실제로 그러한지에 대한 추가 연구는 필요하다.

약간 다른 측면에서의 접근도 가능하다. 필자가 한 조합원과 인터뷰를 진행하였는데, 조합원들이 각종 위원회 모임과 총회를 업무로 생각할 수 있다는 것이다. 만약 그렇다면 조합원들의 업무량과 노동자들의 업무량이 실제로는 별 차이가 없으면서 이러한 모임과 총회 등으로 인해 자신들의 업무량이 많다고 인식할 수도 있다.

노동자협동조합 조합원들의 업무량이 실제로 많든, 위원회 모임과 총회에 참석하는 것을 업무량이라고 여기든 간에, 어쨌든 조합원들의 종합적인 업무량이 주식회사의 노동자들보다 많기 때문에, 일-가정 갈등을 더 겪고 있을 것으로 예상할 수 있다. 직장에서 많은 시간을 보내고, 퇴근해서도 직장 일에 골몰하다 보면 가정에 소홀해질 수밖에 없으므로 가정에서는 불만이 생길 수 있다. <표 9-3>을 보면, 조합원들이 노동자들보다 일-가정 갈등을 더욱 겪고 있지만 그 차이가 통계적으로 유의하지는 않았다. 이것은 조합원들이 노동자들에 비해서 가정이나 여가생활보다 상대적으로 직장을 중요시하고 있기 때문일 수도 있다.

업무량이 많다 보면 동시에 처리해야 하는 일이 많아지고, 따라서 조합원들은 노동자들보다 여러 가지 일 중에서 무엇을 먼저 해야 하는지에 대한 역할충돌을 자주 경험할 수 있다. 또한 노동자협동조합에서 집단적으로 의사결정을 하다 보면, 명령체계가 확고한 자본주의 기업보다 어떤 일을 어떻게 처리해야 하는지에 대한 판단이 서지 않는 경우가 종종 있을 수 있다. 실제로 조합원들이 노동자들보다 자주 역할충돌을 느끼는 것으로 나타났다.

본 설문조사에서 살펴본 마지막 스트레스 요인은 기대충족 여부이다. 자신의 직장과 업무의 현실이 원래 기대치에 미치지 못한다면, 사람들은 실망하고 스트레스가 쌓일 수 있다. 이러한 기대충족 여부 측면에서 살펴보면, 일반 노동자들보다 조합원들의 기대치가 약간은 더욱 충족되고 있는 것으로 나타났다. 조합원들이 노동자들보다 일반적인 스트레스 요인들(업무량과 일-가정 갈등, 역할충돌)을 더 많이 갖고 있음에도 불구하고, 조합원들의 기대치가 더욱 충족되고 있다는 점은 시사

〈표 9-4〉 심적·정신적 웰빙

정신건강	노협	주식회사	차이(노협−주식)	차이 유의성
스트레스	3.09	3.24	−0.15	의미없는 차이
소진(burnout)	2.99	3.08	−0.10	의미없는 차이

하는 바가 크다.

이와 같은 결과는 <표 9-4>의 심적 · 정신적 웰빙 측면에서도 나타난다. 통계적으로 의미있는 차이는 아니지만 조합원들의 스트레스와 소진(burnout) 수준이 노동자들보다 오히려 낮았다. 이것은 당초 예상과는 반대되는 결과였다. 즉, 조합원들은 자신들이 소유주이기 때문에 불만이 있으면 마음속에 담아두기보다는 불만을 더 표출할 수 있고, 각종 회의와 토론 과정에서 의견이 다를 때 더 강하게 주장할 수 있기 때문에 스트레스와 소진이 쌓일 것으로 예상되었다. 그러나 이러한 예상과는 다르게, 조합원들의 심적 · 정신적 웰빙 수준이 노동자들에 비해 결코 낮지 않게 나타나는 것은 조합원들이 자신의 회사라는 주인의식을 강하게 갖고 있어서 그러한 스트레스 요인들을 자연스럽게 받아들이고 있기 때문인 것으로 풀이된다. 다른 한편으로는 자신들의 의견을 제시할 수 있고 구성원들 사이에 보다 평등한 관계가 형성됨으로써 그러한 스트레스 요인들이 묻힘으로써 심적 · 정신적 웰빙 수준이 높게 유지될 수도 있다.

2) 동기부여

그렇다면 노동자협동조합 조합원들의 동기부여 수준은 주식회사의 노동자들과 비교했을 때 어떨까? 일과 관련하여 조직 구성원들에게 동

〈표 9-5〉 동기부여 수준과 관련된 개념

동기부여	노협	주식회사	차이(노협-주식)	차이 유의성
자율성	3.59	3.23	0.36	의미있는 차이
기대감	3.89	3.80	0.09	의미없는 차이
내적 노동가치관	4.09	3.91	0.18	의미있는 차이
동기부여 수준	3.48	3.12	0.36	의미있는 차이

기를 부여하는 방법은 여러 가지가 있다.

먼저, 자기결정이론(self-determination theory)에 따르면, 모든 사람들은 자율성 욕구를 가지고 있기 때문에 자신의 행동에 대한 통제권, 자율성이 주어졌을 때 동기가 부여된다. <표 9-5>에 따르면, 조합원들이 노동자들에 비해 자율성이 더욱 주어지는 것으로 인식하고 있었다. 이것은 Bradley and Gelb(1981)가 조합원과 자본주의 기업 노동자들을 비교한 연구 결과와 일치한다.

또한 Vroom(1964)의 기대이론에 따르면, 조직구성원들은 자신들이 노력하면 성과가 높아질 것이라고 기대하면 동기가 부여되어 자신의 일에 집중하게 된다. <표 9-5>를 보면, 조합원들의 기대감이 노동자들보다 높긴 하지만 통계적으로 의미있는 수준은 아니었다. 한편으로 Hackman and Oldham(1976)은 일 자체로부터 얻어질 수 있는 성취감과 자아실현을 중요시하는 내적 노동가치관을 가진 사람들이 그렇지 않은 사람들에 비해 더욱 동기가 부여된다고 주장하였다. 즉, 내적 노동가치관을 가진 사람들은 성취감을 얻기 위하여 자신의 일에 더욱 정진하게 된다는 것이다. <표 9-5>에 나타나 있는 것처럼, 조합원들이 노동자들보다 더욱 강한 내적 노동가치관을 가진 것으로 나타났다.

그 외에도 동기부여에 영향을 미치는 요인들이 많지만, 이번 설문에서 조사된 요인들을 바탕으로 판단했을 때, 주식회사의 노동자들에 비해 노동자협동조합 조합원들의 동기부여 수준이 높을 것으로 예상된다. <표 9-5>를 보면 이러한 예상과 일치하게, 실제로 조합원들의 동기부여 수준이 통계적으로 의미있게 높은 것으로 나타났다. 한 일간지 인터뷰 기사에서도 택시 조합원들이 주식회사의 택시운전사들에 비해서 동기부여 수준이 높을 수 있는 이유를 엿볼 수 있다.

> 말이 영업용 택시이지 제 사업체나 마찬가지예요. 예전에 택시회사에서 일할 때 과로와 사납금 부담에 시달렸던 고통이 싹 사라졌어요. …… 우리 택시를 운행한 뒤 월수입이 평균 60만 원이나 올라 생활이 훨씬 윤택해졌어요. …… 과거엔 1인 사주를 위해 일했지만 지금은 나와 동료, 가족들을 위해 일한다는 게 뿌듯해요. …… 출자를 통해 주주가 된 기사들은 신나게 일하면서 노동자로서의 권리를 보장받으니 행복할 수밖에 없어요.
> —경향신문, 2017년 1월 5일자, 「사납금 없는 택시기사들 "난폭운전은 옛말"」

3) 태 도

조직구성원들의 태도와 그에 영향을 미치는 요인들을 살펴보자. 앞서 언급된 것처럼, 조직지원인식은 자신의 회사가 자신들의 기여를 인정하고 자신들의 복지에 관심을 갖고 있다고 느끼는 정도를 의미한다. 조직이 자신을 지원해준다고 여기면 조직에 대해 바람직한 태도를 가질 것은 분명하다. 이러한 논리는 사회적 교환이론(social exchange theory)에 기초하고 있으며, A가 B에게 호혜를 베풀어주면 B도 A에게 호혜를 베풀어줘야 할 의무를 느끼게 되고 실제로 호혜를 베풀 가능성이 증가한다는 것이다. 즉, 조직이 조직구성원들에게 선의를 베풀면,

〈표 9-6〉 태도와 태도에 영향을 미치는 요소

태 도	노협	주식회사	차이(노협−주식)	차이 유의성
조직지원인식	3.53	3.08	0.45	의미있는 차이
사회적 지원	3.65	3.46	0.19	의미있는 차이
직무만족	3.79	3.44	0.35	의미있는 차이
조직몰입	3.90	3.39	0.52	의미있는 차이
이직의도	1.96	2.29	−0.34	의미있는 차이

조직구성원들도 조직에 선의를 베풀 것이다. <표 9-6>에 나타나 있는 것처럼, 조합원들이 노동자들에 비해 조직으로부터 더 많은 지원을 받고 있는 것으로 느끼고 있었다. 조합원들은 공동소유자로서 노동만이 아니라 자본도 투자하고 있기 때문에, 단지 노동만을 기여하는 노동자들에 비해 조직으로부터 더 많은 지원을 받게 될 것이다.

사회적 지원(social support)도 조합원들이 노동자들보다 더 많이 받고 있음이 발견된다. 사회적 지원은 업무나 업무 외적인 문제들에 직면했을 때, 동료나 상사, 부하직원들로부터 지원을 받고 있다고 인식하는 정도를 의미한다(House, 1981). 조합원들은 서로 일종의 동업자들이기 때문에 동료의식(comradeship)이 강할 것이며 이러한 동료의식이 "나"보다는 "우리"라는 의식을 낳게 하여 동료들이 어려운 문제에 직면하면 서로 돕는 분위기가 형성될 것이다.

조합원들과 노동자들 사이의 태도 비교는 태도 중에서 가장 자주 사용되는 개념들인 직무만족(job satisfaction), 조직몰입(organizational commitment) 및 이직의도(turnover intention)를 가지고 비교해 보았다. 직무만족은 크게 외재적 만족(extrinsic satisfaction)과 내재적 만족(intrinsic satisfaction)으로 구분할 수 있다. 외재적 만족은 급여나 근로조건, 동료나 상사와의 관계 등 직무여건에 대한 만족이라고 한다면, 내재적 만족은 직무 자체의 특성, 성취감이나 자아실현 등 직무 자체에 대한 만족이라고 할 수 있다(Saleh & Hyde, 1969). 본 설문조사에서는 내재적 만족 수준만을 측정하였다. <표 9-6>에 나타나 있는 것처럼, 조합원들의 직무만족 수준이 노동자들보다 의미있게 높았다. 노동자협동조합을 포함하여 모든 영리조직의 가장 중요한 목표는 조직성과를 높이는 것이라고 할 수 있지만, 또 다른 목표는 조직구성원들의 직무만족일 것이다. 이러한 점에서 노동자협동조합은 주식회사에 비해서 직무만족이라는 중요한 목표를 충분히 달성하고 있는 셈이다.

조직몰입은 조직구성원들이 그 조직에 애정을 갖고 자신들을 그 조직과 동일시하는 정도를 의미한다. 조직몰입도 감정적 몰입(emotional commitment), 규범적 몰입(normative commitment), 지속적 몰입(continuance commitment) 등으로 나누어 볼 수 있지만, 감정적 몰입이 다른 행동 개념들과 가장 밀접한 관계가 있는 것으로 나타났다(Allen & Meyer, 1996). 감정적 조직몰입은 조직에 대한 충성심과 자부심으로 표현될 수 있다(Mowday, Steers & Porter, 1979). 따라서 본 설문조사에서도 감정적 몰입만을 측정하였다. <표 9-6>을 보면, 조합원들의 조직몰입 수준이 노동자들보다 월등히 높은 것을 확인할 수 있다. 사회적 교환이론에 기초한 연구들을 보면, 조직지원인식과 조직몰입은 매우 밀접한 관계가 있는 것으로 조사되었다. 즉, 자본주의 기업의 노동자들보다 조합원들이 조직으로부터 많은 지원을 받는 것으로 인식하고 있었기 때문에, 그에 대한 보답으로 자신의 조직에 애정을 갖고 조직과 동일시하고 있는 것으로 보인다.

마지막으로 이직의도 또한 태도 연구에서 중요한 변수로서 다루어지고 있는데, 이는 현재의 조직을 떠나려는 의지라고 할 수 있다. 위에서 살펴본 것처럼, 조합원들이 노동자들에 비해서 직무만족 수준이 높고, 자신들의 조직에 대한 애착이 강하기 때문에 이직의도가 낮을 것으로 예측해볼 수 있다. 설문조사 결과도 이를 뒷받침하고 있다. 즉, 조합원들의 이직의도가 노동자들의 이직의도보다 통계적으로 의미있게 적었다.

4) 행 동

경영학의 한 분야인 조직행동론은 조직구성원들의 행동에 초점을 맞추고 있으며, 구성원들의 행동은 결국 기업 성과에 영향을 미친다는 전제하에서, 행동에 영향을 미치는 요인들을 주로 연구한다. 이러한 행동에는 조직성과 향상에 기여하는 바람직한 행동과 조직성과 향상에 방해가 되는 바람직하지 않은 행동으로 구분해볼 수 있다. 바람직한 행동에는 직무헌신행동, 조직시민행동 등이 있으며, 바람직하지 않은 행동에는 다른 직장 탐색과 지각, 결근 및 직무태만 등이 있다.

박노근(2014)은 직무헌신행동(job devotion behavior)을 “자신의 직무에 열정과 능력을 헌신함으로써 자신의 직무성과를 향상시키려는 개별 노동자들의 행위(p. 308)”라고 정의하고 있다. 그는 국내 한 대기업에서 보험설계사들을 대상으로 연구한 결과 직무헌신행동을 보여주는 설계사들의 매출실적이 통계적으로 의미있게 높았음을 발견하였다. 조직구성원들이 자신들의 직무에 열정을 갖고 직무성과를 향상시키기 위해서 노력하면, 자신들의 성과와 더불어 조직의 성과 또한 높아지리라는 것을 예측할 수 있다. <표 9-7>에서 보는 것처럼, 조합원들의 직무헌신행동 수준이 노동자들보다 통계적으로 의미있게 높은 것을 알 수 있다.

조직시민행동(organizational citizenship behavior)은 Organ(1988)에 의

〈표 9-7〉 조직구성원들의 행동

행 동	노협	주식회사	차이(노협-주식)	차이 유의성
직무헌신행동	3.92	3.68	0.24	의미있는 차이
조직시민행동	4.03	3.50	0.53	의미있는 차이
다른 직장 탐색	0.35	0.53	−0.18	약간 의미있는 차이
지각	1.36	1.56	−0.20	약간 의미있는 차이
결근	1.07	1.14	−0.07	의미없는 차이

해 정리된 개념으로, 조직에 의해 공식적으로 요구되는 행동은 아니지만 조직의 효과성에 기여하는 자발적인 행동으로 정의된다. 이러한 정의는 이후에 약간 변경되었고, 조직시민행동과 유사한 개념들이 제시되어 왔지만, 어쨌든 조직시민행동은 동료나 상사, 조직을 돕는 바람직한 행동을 의미한다. <표 9-7>에서 보면, 조합원들이 노동자들보다 통계적으로 의미있게 더욱 자주 조직시민행동을 보여주는 것을 알 수 있다. 이는 노동자협동조합 조합원들은 동업자정신이 강해서 다른 조합원들과 자신의 협동조합에 바람직한 행동을 자발적으로 수행할 유인이 있다는 측면에서 충분히 예견될 수 있는 결과이다.

이제 조직에 바람직하지 않은 행동들을 살펴보자. 조직구성원들이 다른 직장을 계속 알아보는 직무탐색행동(job search behavior)은 그 조직에 매우 부정적인 영향을 미칠 수 있다. 근무시간에 새로운 취직자리를 찾느라 마음이 딴 곳에 가 있고 자신의 업무에 집중하지 못할 것이다. 이러한 행동은 동료나 상사, 부하직원들에게도 영향을 미칠 수 있다. 자신의 업무를 제대로, 제때 완료하지 못하여 주변 사람들의 업무진척에도 방해가 될 수 있으며, 부서나 조직의 전반적인 분위기를 해칠 수 있다. 본 설문에서는 새로운 직장을 구하기 위하여 최근에 이력서를 제출했거나, 직업소개소나 취업알선회사를 방문한 적이 있는지, 구인

광고를 유심히 살펴보고 있는지, 친구나 친척을 통해서 새로운 직장을 알아보고 있는지 등 4개 문항으로 조사하였다. 모든 응답자의 4분의 3 정도(74%)가 그런 경험이 전혀 없다고 답변했으나, 그런 경험이 있는 사람들의 비율은 조합원들(22%)보다 노동자들(29%)이 더 많았다. 이것은 <표 9-7>에서도 확인할 수 있다. 즉, 조합원들은 평균적으로 0.35회 직무탐색행동을 했지만 노동자들의 평균은 0.53회이며 이는 통계적으로 약간 믿을 수 있는(90% 신뢰수준) 차이였다.

직무탐색행동과 더불어 자신과 동료, 조직에 바람직하지 않은 대표적인 행위는 지각과 결근이다. 본 설문조사에서 지각은 지난 한 주 동안에 지각한 횟수로, 결근은 지난 한 달 동안 연차휴가를 제외하고 결근한 횟수로 질문하였다. <표 9-7>을 보면, 조합원들은 노동자들에 비해서 지각을 약간 덜 하는 것을 알 수 있다. 결근도 조합원들이 적게 하지만 통계적으로 의미있는 차이는 아니었다. 자본주의 기업의 경우 회사방침이나 규정이 엄격한 데 비해서, 노동자협동조합은 모두가 주인이기 때문에 규정이 느슨하고 쉽게 변명하려고 해서 지각과 결근이 더 자주 발생할 수 있을 거라고 예상할 수도 있는데, 이러한 예상은 전혀 근거가 없음이 확인되었다.

지금까지 노동자협동조합의 조합원과 주식회사의 노동자들을 정신적 웰빙과 동기부여 수준, 태도, 행동 측면에서 비교해 보았다. 대체적인 결론은 첫째, 조합원들이 많은 스트레스 요인들을 갖고 있음에도 불구하고, 그들의 정신적 웰빙 수준은 노동자들보다 결코 낮지 않았다는 것이다. 둘째, 조직구성원들에게 동기를 부여할 수 있는 요소들을 살펴보면 조합원들이 더 많은 자율성이 주어지고, 보다 강한 내적 노동가치관을 갖고 있었으며, 이것들이 노동자들보다 높은 동기부여 수준으로 이어졌다는 것이다. 셋째, 조합원들이 노동자들보다 조직으로부터 많은 지원을 받고 있고, 동료나 상사, 부하직원으로부터도 많은 지원을 받고 있는 것으로 인식하고 있었다. 이러한 다양한 지원은 결국 조합원들이 노동자들보다 더욱 긍정적인 태도를 갖게 하는 데 기여하는 것으로 보인다. 그들의 직무만족과 조직몰입 수준이 높았고, 이직의도는 적은 것으로 드러났다. 마지막으로, 조합원들이 노동자들보다 조직에 더욱 바람직한 행동을 하는 것을 알 수 있다. 그들이 자신의 업무에 더욱 열정을 갖고 열심히 일하고 있었으며, 동료와 조직을 위해 서로 돕는 행동에 자주 참여하는 것으로 나타났다. 반대로 조직에 부정적인 행동인 직무탐색행동과 지각 및 결근은 조합원들이 노동자들에 비해 대체로 적게 하고 있다는 것을 알 수 있었다.

이러한 조합원들과 노동자들 사이의 비교는 단순히 평균만을 비교한 것이며, 다음 주제는 어떠한 특성을 가진 사람들이 노동자협동조합에 적합한지, 어떠한 상황에 처한 사람들이 노동자협동조합에 적합한지를 살펴보는 것이다. 3절에서는 어떤 특성을 가진 사람들이 자본주의 기업보다 노동자협동조합에서 더 바람직한 태도를 갖고 더 바람직한 행동을 보여주는지 살펴보고, 4절에서는 어떠한 상황에 처한 사람들이 노동자협동조합에서 더 바람직한 태도와 행동을 보여주는지 살펴볼 것이다.

3. 개인 특성과 노동자협동조합

개인-조직 적합성 이론(person-organization fit theory)에서는 개인의 특성이나 가치가 조직의 문화나 가치와 일치할수록, 그 개인이 바람직한 태도를 갖고 바람직한 행동을 하여 직무성과가 높아지게 된다고 주장한다(Schneider, Goldstein & Smith, 1995). 여기서는 어떠한 특성을 가진 사람들이 자본주의 기업보다는 노동자협동조합에 더 적합한지를 살펴보고자 한다. 개인의 특성 측면에서 의미있는 차이를 보여준 것은 성별과 자신감, 노동가치관이었다. 개인 특성과 조직유형(노동자협동조합 또는 주식회사) 사이의 적합성에 거의 차이가 없는 경우에는 여기에 소개하지 않았다.

1) 성 별

일반적으로는 여성들이 남성들보다 스트레스 수준이 높은 것으로 알려져 있다. [그림 9-1]에서 성별과 조직유형에 따른 스트레스 차이를 살펴보면, 남성들의 경우 자본주의 기업보다 노동자협동조합에서 스트레스 수준이 높았지만, 그 차이를 검증해본 결과 통계적으로 유의하지

[그림 9-1] 성별과 스트레스

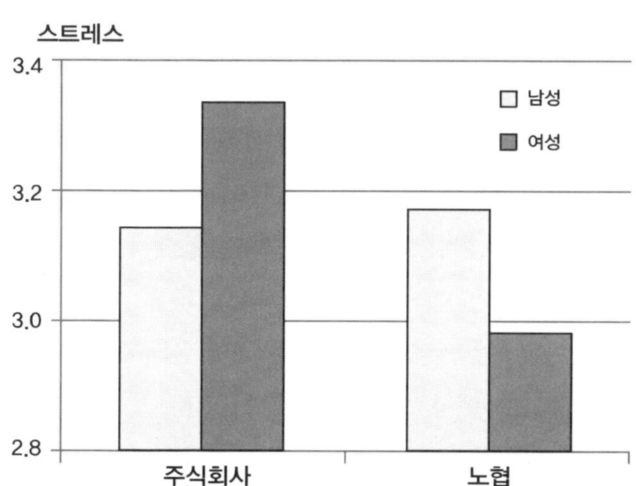

[그림 9-2] 성별과 소진

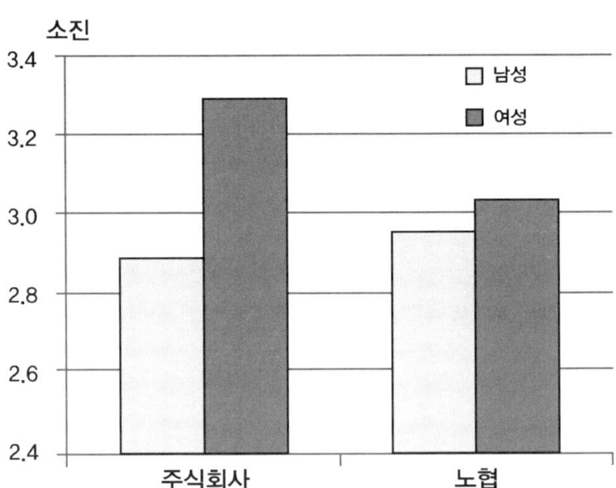

는 않았다. 반면에 여성들은 주식회사에 비해 노동자협동조합에서 스트레스 수준이 현저하게 낮음을 알 수 있고, 이러한 차이는 통계적으로도 유의했다. 더군다나 노동자협동조합에서는 여성들의 스트레스 수준이 남성보다도 낮게 나타났다.

[그림 9-2]는 성별과 조직유형에 따른 정신적 · 육체적 소진(burnout)의 상황을 보여주고 있다. 성별에 따른 소진의 정도는 스트레스와 유사한 패턴을 보이고 있다. 즉, 남성들은 주식회사보다 노동자협동조합에서 좀 더 소진되어 있는 것을 알 수 있다(통계적으로 유의하진 않았다). 반면에 여성들은 주식회사보다 노동자협동조합에서 통계적으로 유의하게 덜 소진되어 있는 것으로 나타났다.

다음으로 직무만족을 성별 및 기업유형별로 나누어 살펴보면 [그림 9-3]과 같다. 남성과 여성 모두 주식회사보다는 노동자협동조합에서 자신의 직무에 더욱 만족하고 있는 것으로 나타났지만, 남성들에 비해

[그림 9-3] 성별과 직무만족

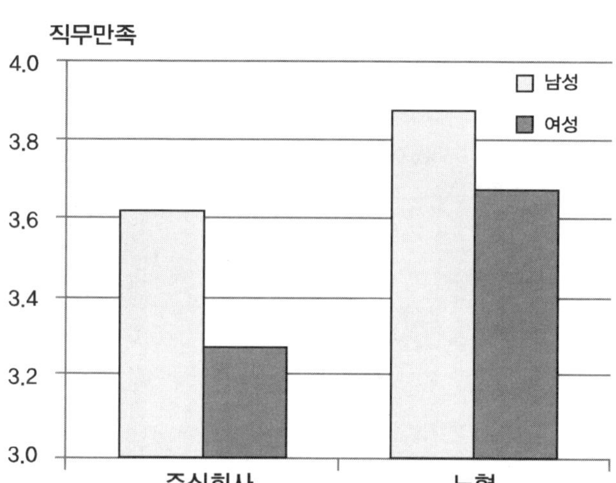

여성들의 직무만족 수준이 어디에서든 낮은 것을 알 수 있다. 그러나 그러한 격차는 주식회사보다는 노동자협동조합에서 줄어들었다. 남성들은 주식회사보다 노동자협동조합에서 통계적으로 약간 의미있게 더욱 만족하는 것으로 나타났으나, 여성들은 노동자협동조합에서 매우 만족하는 것으로 나타났다.

[그림 9-4]는 성별 및 기업유형에 따른 직무헌신행동을 보여주고 있다. 남성들은 주식회사보다 노동자협동조합에서 직무헌신행동을 자주 보여주었으나 그 차이는 통계적으로 의미있는 수준은 아니었다. 그러나 여성들의 경우 통계적으로 의미있게 주식회사보다는 노동자협동조합에서 직무헌신행동을 더욱 자주 보여주었다. 주식회사에서는 직무헌신행동의 남녀 차이가 있었지만, 노동자협동조합에서는 그 차이가 없었다.

따라서 성별 측면에서 살펴보면, 대체적으로 여성들은 주식회사보

[그림 9-4] 성별과 직무헌신행동

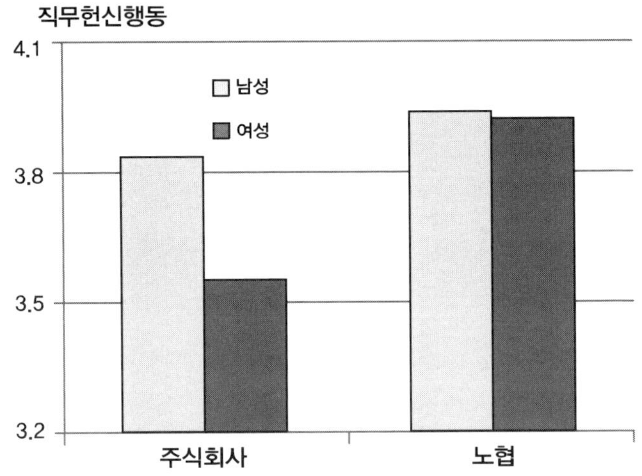

다는 노동자협동조합에서 정신적·심리적으로 건강한 것으로 보이며, 자신의 직무에 만족하면서 자신의 직무에 헌신하고 있다는 것을 알 수 있다. 남성의 경우 정신적·심리적 웰빙과 직무헌신행동 측면에서 주식회사와 노동자협동조합 사이에 별다른 차이가 없었으나, 주식회사보다는 노동자협동조합에서 자신의 직무에 더욱 만족하는 것으로 보인다.

조직유형과 성별에 따라 이러한 차이가 왜 발생하고 있을까? 즉, 왜 남성들에 비해 여성들이 주식회사보다는 노동자협동조합에 적합할까? 여기에서 명확한 답변을 제공하기는 어렵지만, 성 평등과 수평적 조직구조에서 그 원인을 찾을 수도 있다. 노동자협동조합에서는 여성들 또한 소유주이기 때문에 성적 차별이 최소화될 수 있다. 또한 노동자협동조합은 주식회사보다 상대적으로 수평적인 위계체계를 갖고 있기 때문에, 상명하복적인 기업문화를 남성들보다는 여성들이 더 싫어한다면 여성들이 노동자협동조합을 더 선호할 만한 이유가 될 수 있다.

이러한 추론을 뒷받침할 수 있는 연구결과들이 있다. Sobering(2016)이 조합원의 대다수가 여성들인 아르헨티나의 한 노동자협동조합 호텔에서 연구를 진행하였다. 이 협동조합은 수평적 조직구조를 갖추었고, 누구나 의사결정에 참여할 수 있도록 했으며, 성별 임금격차와 노동분업을 최소화함으로써 성적 불평등을 줄여 나갔다. 이 노동자협동조합에서 여성들이 남성들보다 상대적으로 스트레스를 덜 느끼고 자신의 조직과 직무에 만족하고 있었다. 그러나 노동자협동조합이라고 해서 모든 여성들의 정신건강이 자동적으로 높아지는 것은 아닌 것 같다. Meyers and Vallas(2016)는 미국 캘리포니아에 있으면서 성격이 매우 다른 두 노동자협동조합을 연구하였다. 제빵협동조합은 남성들이 조합원의 대부분(85%)을 차지하고 있었고, 수직적으로 위계적인 조직구조를 갖고 있었으며, 성적 · 인종적 분리가 확연하게 드러났다. 백인들이 대부분 관리 · 사무직과 서비스직에 종사한 반면, 유색인종들이 육체노동의 대부분을 담당하고 있었다. 반면에, 식료품협동조합에서는 여성들의 비율(54%)이 약간 높았고, 수평적인 조직구조를 갖고 있었으며, 역할이나 직무, 직급에 있어서 성적 · 인종적으로 별다른 차이가 없었다. 여성들의 웰빙은 식료품협동조합에서 당연히 높았다. 따라서 노동자협동조합이라고 해서 자동적으로 여성들의 웰빙이나 만족 수준이 높아지는 것은 아니며, 조직정책이나 조직구조가 협동조합 원칙에 맞게 구성되었을 때 여성들의 웰빙과 만족 수준이 높아지는 것으로 보인다.

2) 자신감(self-efficacy)

Bandura(1977)가 제시한 사회인지이론(social cognitive theory)에 따르면, 자신감(또는 자기효능감)은 자신이 의도하는 결과를 성취할 수 있다는 자신의 능력에 대한 믿음을 의미한다. 자신감이 높은 사람들은 자신의 업무를 잘 수행할 수 있다는 확신을 갖고 있기 때문에, 어려운 업무도 회피하기보다는 해결하기 위해서 노력한다. 따라서 그들은 높은 성과를 달성하며 직무만족 수준도 높아지게 된다. 그러나 Smith et al. (2011)은 자신감이 높다고 해서 반드시 직무만족 수준이 높아지진 않을 수 있고, 자율성과 업무에 사용할 수 있는 자원(resource) 등의 요인에 따라 달라질 수 있다고 주장하였다. 자신감이 높은 사람들에게 자율성을 부여하게 되면 자신의 가치와 아이디어에 따라 자신의 업무를 수행할 수 있는 기회를 제공함으로써(Skaalvik & Skaalvik, 2014), 그들의 성과와 직무만족 수준이 더 높아질 수 있다는 것이다. 따라서 노동자협동조합에서 조합원들에게 제공되는 자율성과 의사결정 권한은 자신감이 높은 사람들에게 자신감을 실현할 수 있는 수단을 제공함으로써 그들의 직무만족 수준을 더욱 높여줄 수 있을 것이다.

이러한 주장에 근거하여 데이터를 분석한 결과가 [그림 9-5]에 제시되어 있다.[1] 자신감은 조직유형에 관계없이 직무만족과 통계적으로 유의한 양(+)의 관계를 갖고 있으나, 그 관계는 주식회사보다 노동자협동조합에서 더욱 강하게 나타났다. 즉, 자신감이 적은 사람들에게는 주식회사의 노동자들과 노동자협동조합의 조합원들 사이에 직무만족 수준이 큰 차이를 보이지 않았지만, 자신감이 강한 사람들 중에서는 노동

1) 가로축의 자신감은 자신감의 평균에서 1 표준편차 낮은 값과 평균에서 1 표준편차 높은 값을 기준으로 하였다(Aiken & West, 1991).

[그림 9-5] 자신감과 직무만족

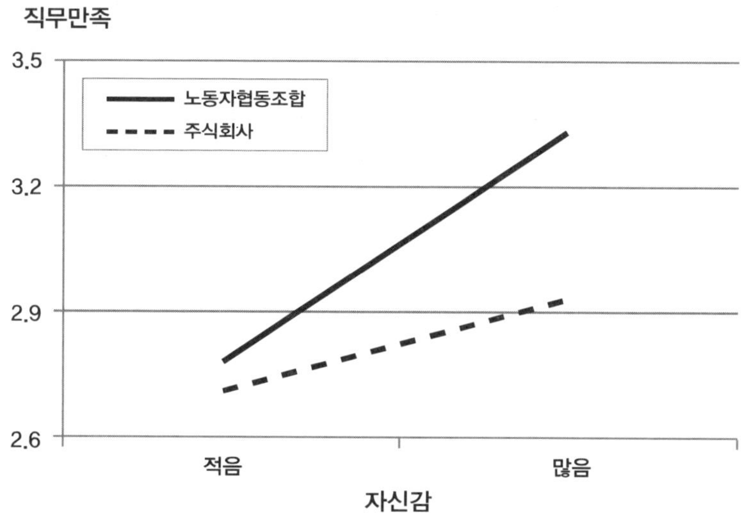

자들보다는 조합원들의 직무만족 수준이 훨씬 높은 것을 알 수 있다.

이러한 결과는 모든 업체들이 새로운 직원을 뽑을 때 자신감이 높은 사람들을 선발해야 함을 시사하고 있으며, 특히 노동자협동조합들은 새로운 조합원들을 선발할 때 그들의 자신감 수준을 확인해야 할 필요성을 말해준다. 양질의 교육과 훈련을 제공하거나, 관리자나 동료들이 지원해주거나 용기를 북돋아 줌으로써 기존의 조합원들이나 노동자들에게 자신감을 심어줄 수도 있지만(Bandura, 1977), 이미 자신감을 갖고 있는 지원자들을 선발하는 것도 직원들의 전반적인 자신감 수준을 높이는 방법일 수 있다.

3) 내적 노동가치관(intrinsic work value)

내적 노동가치관은 직원들이 일의 의미성이나 자아실현과 같이 업무

자체로부터 발생하는 결과에 중요성을 부여하는 정도를 의미한다. 즉, 내적 노동가치관이 강한 사람들은 일의 의미성이나 성취감, 자아실현 등을 중요하게 여기는 사람들이다. 반대로 외적 노동가치관(extrinsic work value)은 급여나 복지후생, 고용안정과 같이 직무 외적으로 발생하는 결과에 중요성을 부여하는 정도를 의미한다. 따라서 강한 외적 노동가치관을 가진 직원들은 급여나 복지후생, 고용안정 등을 중요시하는 사람들이다(박노근, 2017; Park & Jang, 2017; Vansteenkiste et al., 2007). 기존의 연구결과들에 따르면, 특히 내적 노동가치관이 동기부여와 직무만족에 강한 영향을 미치는 것으로 나타났다(Park & Jang, 2017; Vansteenkiste et al., 2007). 따라서 여기에서는 내적 노동가치관을 중심으로 살펴본다.

동기부여와 관련하여, Hackman and Lawler(1971)는 사람들은 자신이 중요하게 여기는 결과를 얻을 수 있다고 믿을 때 동기가 부여된다고 주장한다. 즉, 강한 내적 노동가치관을 갖고 있는 사람들은 일에서 의미를 찾고 성취감을 얻을 수 있다고 믿을 때 동기가 부여될 것이다. 따라서 이러한 사람들은 내적 노동가치관을 실현할 수 있는 수단이 충분히 주어지느냐 주어지지 않느냐에 따라 동기부여 수준이 달라질 수 있다. 예로서, 노동자협동조합에서 주어지는 자율성과 의사결정 권한은 강한 내적 노동가치관을 가진 사람들에게 일의 의미성이나 자아를 실현할 수 있는 중요한 수단이 된다(Deci & Ryan, 2000; Park & Jang, 2017). 따라서 강한 내적 노동가치관을 가진 사람들은 주식회사보다는 많은 자율성과 의사결정 권한이 부여되는 노동자협동조합에서 더욱 동기가 부여될 수 있을 것이다.

[그림 9-6]은 이러한 내용을 뒷받침해준다. 내적 노동가치관이 약한 사람들 사이에서는 노동자협동조합의 조합원들과 주식회사의 노동자

[그림 9-6] 노동가치관과 동기부여

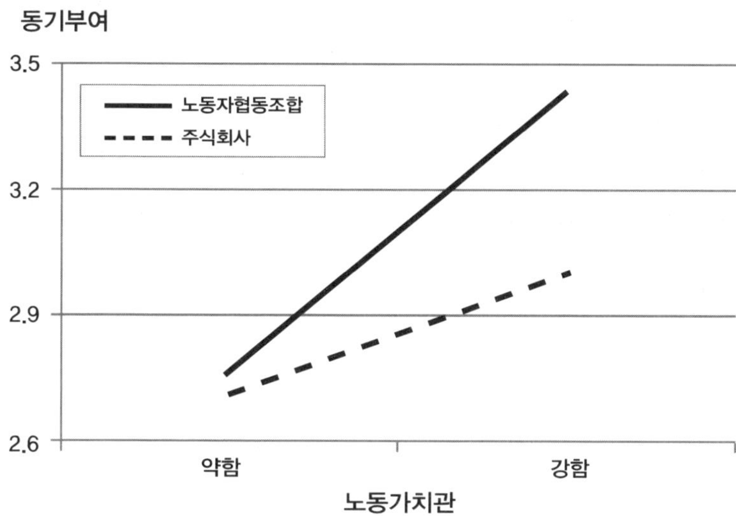

[그림 9-7] 노동가치관과 직무만족

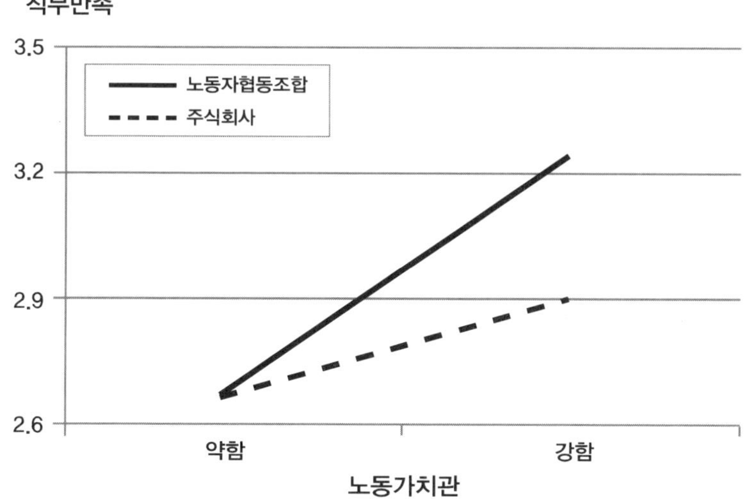

들 사이에 동기부여 수준에서 별다른 차이가 없었다. 하지만 강한 내적 노동가치관을 가진 사람들 사이에서는 조합원들이 노동자들보다 동기부여 수준이 매우 높은 것을 알 수 있다.

이러한 차이는 [그림 9-7]에서 보는 것처럼 직무만족과의 관계에서도 그대로 나타난다. 즉, 내적 노동가치관이 약한 사람들 사이에서는 노동자들과 조합원들 사이에 직무만족 수준이 별반 다르지 않았다. 그러나 강한 내적 노동가치관을 가진 사람들 사이에서는 노동자들보다 조합원들의 직무만족 수준이 상당히 더 높은 것을 알 수 있다(박노근, 2017).

이러한 결과들은 내적 노동가치관이 동기부여와 직무만족에 긍정적인 영향을 미치며, 그러한 영향의 정도는 주식회사보다는 노동자협동조합에서 더욱 강하다는 것을 말해준다. 노동가치관은 선천적으로, 또는 장기간에 걸쳐 형성되기 때문에(Dose, 1997; Meglino, Ravlin & Adkins, 1989), 이미 강한 내적 노동가치관을 가진 지원자들을 선발하는 것이 중요하다. 물론, 이러한 중요성은 주식회사보다 노동자협동조합에서 증가한다.

4. 개인 상황과 노동자협동조합

앞 절에서는 개인의 특성과 노동자협동조합 사이의 적합성을 살펴보았고, 이 절에서는 직급과 직무요구 및 스트레스 등 개인이 처한 상황과 노동자협동조합 사이의 적합성을 살펴보고자 한다. 이러한 적합성에 따라, 개인이 처한 상황이 각 조직유형별로 구성원들의 동기부여와 태도, 행동에 있어서 어떻게 달리 나타나는지를 살펴본다.

1) 직 급

먼저 조직 내 직급이나 지위가 높아짐에 따라 업무량과 정신건강, 태도에 어떠한 영향을 미치는지를 조직유형에 따라 살펴보았다. [그림 9-8]은 직급이 올라감에 따라 업무량이 어떠한지 노동자협동조합과 주식회사로 구분하여 살펴보고 있다. 흥미롭게도 직급이 높아질수록 조직유형에 따라 업무량이 상반된 방향으로 흘러가고 있었다. 즉, 주식회사의 경우 직급이 올라감에 따라 업무량이 약간 감소하지만(통계적으로 유의하진 않았다), 노동자협동조합에서는 직급이 올라감에 따라 업무량이 상당히 증가하고 있었다. 노동자협동조합의 임원진은 자신의 일상적인 업무만이 아니라 일반 조합원들과 더 자주 대화하고 그들의 의견을 듣고, 총회를 조직하는 등 주식회사의 임원진보다 해야 할 일이 더 많다는 것을 보여주고 있다.

[그림 9-8] 직급과 업무량

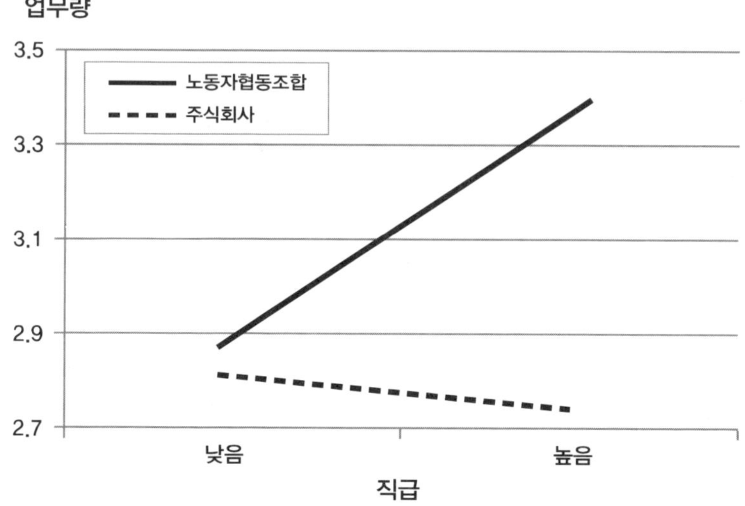

[그림 9-9] 직급과 스트레스

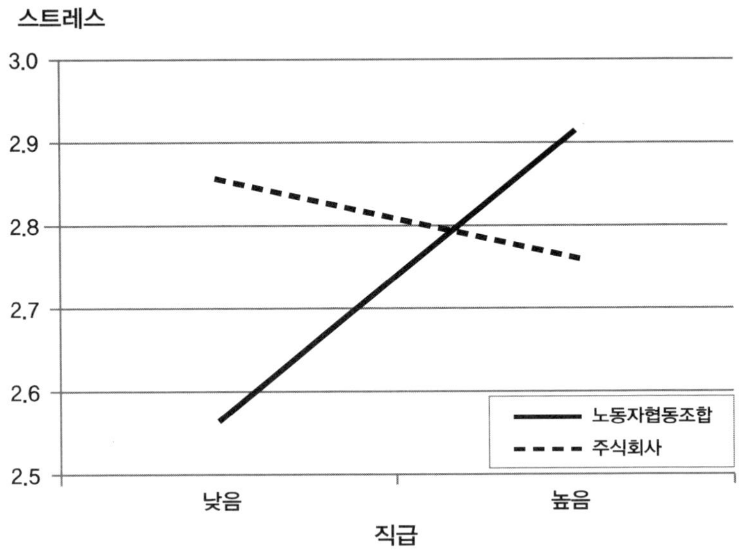

[그림 9-10] 직급과 소진

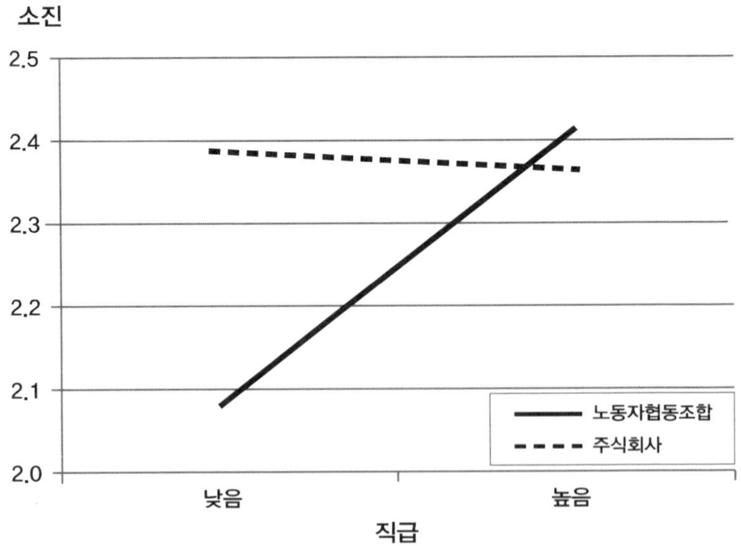

이러한 업무량의 차이는 [그림 9-9]와 [그림 9-10]에서 보는 바와 같이, 정신건강에도 영향을 미치는 것으로 보인다. 즉, 주식회사의 경우 낮은 직급에 비해 높은 직급에 있는 사람들의 스트레스 수준이 낮았다(그림 9-9). 그러나 노동자협동조합의 경우 반대로 직급이 낮은 사람들에 비해 직급이 높은 사람들의 스트레스 수준이 매우 높았다. [그림 9-10]은 직급에 따른 육체적 · 정신적 소진 정도를 보여주고 있는데 양상은 스트레스와 유사하다. 즉, 주식회사에서는 직급이 높아짐에 따라 육체적 · 정신적 소진 수준이 미묘하게 감소하고 있으나, 노동자협동조합에서는 반대로 직급이 높아질수록 소진 수준이 증가함을 확인할 수 있다.

이러한 결과들에 비추어볼 때, 노동자협동조합에서 높은 직급에 있는 조합원들은 주식회사의 높은 직급에 있는 사람들뿐만 아니라 노동자협동조합의 낮은 직급에 있는 조합원들보다도 부정적인 태도를 가지고 있을 것으로 추측해볼 수 있다. 그러나 [그림 9-11]을 보면 이러한 추측은 완전히 빗나가고 있음을 알 수 있다. 실제로는 노동자협동조합의 고위급 조합원들은 낮은 직급의 조합원들뿐만 아니라 주식회사의 고위급 관리자들보다도 높은 조직몰입 수준을 보여주고 있다.

노동자협동조합에서 직급이 높아질수록 업무량이 많아지고, 더욱 많은 스트레스를 경험하며, 육체적 · 정신적으로 소진되고 있음에도 불구하고, 조직몰입 수준이 높은 이유는 뭘까? 여기서 그 원인을 명쾌하게 제시할 수는 없지만, 원래 조직몰입 수준이 높은 조합원들이 높은 직급을 맡고 있기 때문일 수도 있다. 노동자협동조합에서는 직급이 높아짐에 따라 업무량은 많아짐에 비해서 주식회사에서보다 임금 격차는 크지 않은 것이 일반적이다. 그럼에도 불구하고 직급이 높은 조합원들의 조직몰입 수준이 높은 것은 자신의 협동조합에 많은 애착을 가진 조합

[그림 9-11] 직급과 조직몰입

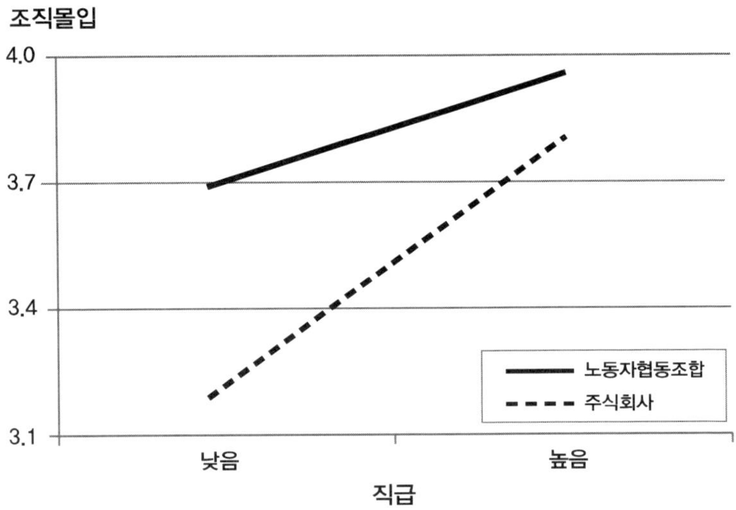

원들이 그런 역할을 기꺼이 떠맡으려고 하기 때문일 수 있다. 즉, 원래 조직몰입 수준이 높은 조합원들이 급여는 조금 높지만 할 일이 많고 스트레스가 많은 고위직을 떠맡으려 하기 때문에 이러한 결과가 나왔을 수 있다. 물론 이에 대한 추가적인 연구도 필요하다.

2) 직무요구(job demand)

직무에서 요구하는 업무량이 많아지게 되면 그 담당자는 그 업무를 완료하기 위하여 육체적으로나 심리적으로 지속적으로 노력해야 한다. 따라서 과도한 직무요구는 스트레스나 소진으로 이어질 수 있으며, 동기부여와 조직에 대한 태도에 부정적인 영향을 미칠 수 있다(Maslach, Schaufeli & Leiter, 2001). 이러한 직무요구는 과도한 업무량이나 시간 압박 등의 형태를 띨 수 있다.

[그림 9-12] 직무요구와 동기부여

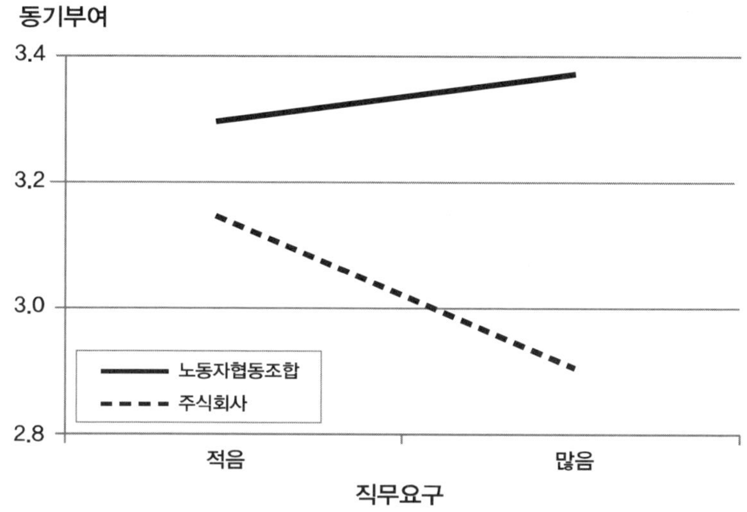

노동자협동조합에서는 조합원들이 다양한 의사결정에 참여할 수 있고, 업무량을 결정하는 데 있어서도 어느 정도 영향을 미칠 수 있다. 또한 조합원들은 자신의 기업을 공동으로나마 소유하고 있기 때문에 직무요구가 많다고 하더라도 주식회사의 노동자들보다는 불만이 적을 수 있다. 이러한 상황은 [그림 9-12]와 [그림 9-13]에서도 드러난다.

[그림 9-12]를 보면, 주식회사의 노동자들은 업무량이 많아짐에 따라 일에 대한 동기가 하락하였다. 반면에, 노동자협동조합의 조합원들의 경우 업무량이 많아져도 동기가 하락하지 않았으며, 오히려 증가하는 모습을 보여준다(그 증가폭이 통계적으로 유의하진 않았다). 노동자협동조합에서의 이러한 결과는 오히려 동기가 부여되어 있는 경우 더 많은 업무량을 스스로 알아서 하고 있다고 해석할 수도 있다. 이것은 마치 기업주나 자영업자들이 강하게 동기가 부여되어 있기 때문에 스스로 많은 일을 하고 있는 것과 유사한 이유일 수 있다.

[그림 9-13] 직무요구와 조직몰입

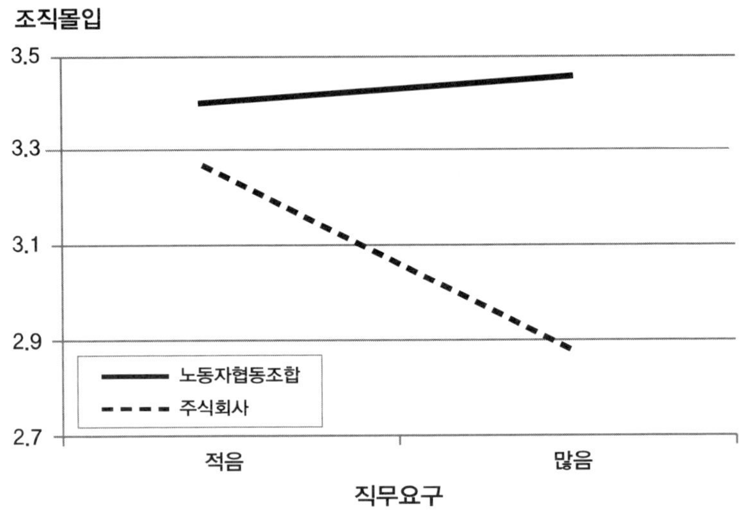

이러한 양상은 업무량과 조직몰입 사이의 관계를 보여주고 있는 [그림 9-13]에서도 유사하게 나타난다. 즉, 노동자들의 경우 업무량이 많아지면 조직과 자신을 동일시하는 조직몰입이 현저하게 감소하고 있는 것을 알 수 있다. 하지만, 조합원들의 경우 직무요구가 증가함에도 불구하고 조직몰입 수준은 전혀 떨어지지 않고 있다. 이러한 결과들은 조합원 자신들이 협동조합의 주인이며, 따라서 더 많은 업무도 기꺼이 받아들이려고 하는 자세에서 비롯된 것으로 해석할 수 있다.

3) 일-가정 갈등(work-family conflict)

과도한 직무요구는 일-가정 갈등으로 이어질 수 있다. 특히 최근에 맞벌이부부나 한부모가정이 증가함에 따라 일-가정 갈등의 문제는 더욱 심각한 사회적 이슈가 되고 있다. 직장에서 장시간 일하게 되면 퇴근시간이 늦어질 수밖에 없다. 또한 퇴근해서도 이미 정신적으로나 육체적으로 지쳐 있어서 가정을 돌볼 시간과 정신이 부족해질 수 있다.

일과 가정 사이의 갈등은 가정-일 갈등(family-work conflict)과 일-가정 갈등(work-family conflict)으로 구분해볼 수 있다. 가정-일 갈등은 가정에서의 과도한 요구들 때문에 직장에서의 업무요구사항들을 효과적으로 수행하지 못하는 것을 말하며, 일-가정 갈등은 반대로 직장에서의 과도한 업무들 때문에 가정에서 해야 할 일들을 효과적으로 처리하지 못하는 것을 의미한다. 직장에서의 태도와 행동은 가정-일 갈등보다는 일-가정 갈등과 더욱 관련되어 있기 때문에(Mauno, Kinnunen & Ruokolainen, 2006), 본 설문조사에서는 일-가정 갈등만을 다루었다.

[그림 9-14]에서는 일-가정 갈등과 조직몰입 사이의 관계를 다룬다. 주식회사의 노동자들의 경우 일-가정 갈등이 많이 발생하게 되면 조직몰입 수준이 현저하게 떨어지는 것으로 나타났다. 이는 직장에서 과도한 업무요구 때문에 가정 일에 소홀하게 되고, 그럼으로써 기업이 자신의 가정생활을 고려해 주지 않는다고 해석할 수 있기 때문에 나타날 수 있는 일반적 현상이다. 그에 반해 조합원들은 상당한 일-가정 갈등이 발생하는 경우에도 조직몰입 수준은 떨어지지 않고 유지되었다. 앞서 [그림 9-13]에서 설명한 것처럼, 상당한 업무량을 자신들이 선택했거나 기꺼이 수용했기 때문에 일-가정 갈등이 발생한 것으로 인식한다면 조합원들이 조직이나 상사들을 탓하지는 않기 때문에 이런 결과가

[그림 9-14] 일-가정 갈등과 조직몰입

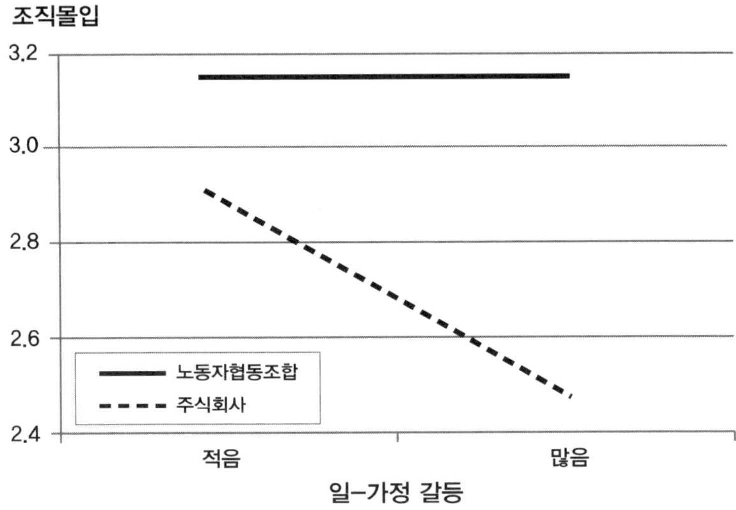

[그림 9-15] 일-가정 갈등과 이직의도

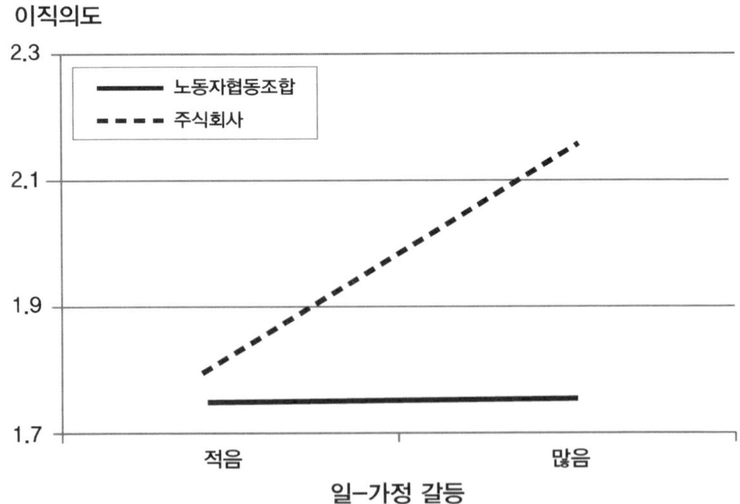

나왔을 가능성이 있다.

일-가정 갈등과 조직몰입 사이의 관계는 조직구성원들의 이직의도로 연결될 수 있다. 조직을 자신과 동일시하고 자신의 조직에 애착을 갖고 있다면 이직의도는 낮아질 것이다(Van Hooft et al., 2004). [그림 9-15]에 나타나 있는 것처럼, 주식회사의 노동자들은 상당한 일-가정 갈등이 발생하면 현 직장을 그만두려는 이직의도가 높아지고 있다. 그에 반해 노동자협동조합의 조합원들은 상당한 일-가정 갈등이 발생하더라도 여전히 낮은 이직의도를 갖고 있는 것을 알 수 있다.

4) 스트레스

스트레스는 정신건강 측면에서 가장 많이 다루어지는 주제이다. 그러나 스트레스는 정신적인 측면만이 아니라 실제 육체적 질병으로까지 이어질 수도 있어서 현대 사회에서 커다란 이슈로 떠오르고 있다. 2,000명 이상의 영국인들을 대상으로 한 여론조사(Mind, 2013)에 따르면, 스트레스의 가장 주된 원인으로서 직장(34%)을 꼽았다. 1,880명의 미국인들을 대상으로 한 설문조사(ComPsych Corporation Press, 2012)에서도 3분의 2 정도(63%)의 직장인들이 육체적 증상을 동반하는 상당한 수준의 스트레스를 겪고 있는 것으로 응답하였다. 직장에서 스트레스의 원인은 앞서 살펴보았던 과도한 직무요구와 더불어 동료나 상사와의 인간관계 등에서 비롯될 수 있다. 2014년 잡코리아가 직장인 917명을 대상으로 실시한 설문조사 결과에 따르면 88%의 직장인들이 신체적 · 심리적 이상을 경험한 것으로 응답하였다. 그 중에서 과도한 업무량이 35%로 가장 많은 비중을 차지하였으며, 회사 정책이나 상사로부터 32%의 사람들이 스트레스를 받고 있다고 답변하였다.

직장인들이 스트레스를 경험하게 되면 두통이나 고혈압과 같은 육체적 증상(Schaubroeck, Jones & Xie, 2001)과 불안이나 우울증, 직무만족도 감소 등 심리적 증상(Ilies, Dimotakis & DePater, 2010)으로 나타날 수 있다. 또한 생산성이 감소하고 결근률이나 이직률이 증가하는 행동 증상(Cropanzano, Rupp & Byrne, 2003)으로까지 다양하게 표출된다.

그런데 본 설문조사에서 스트레스에 대한 반응은 주식회사의 노동자들과 노동자협동조합의 조합원들 사이에서 다른 양상을 보여준다. 노동자들은 현 직장에서 스트레스를 많이 받으면 새로운 직장을 구하기 위한 직무탐색행동을 더 많이 하는 것으로 나타났다. 이러한 직무탐색행동은 새로운 직장을 구하기 위해서 이력서를 제출하거나 친지나 직업소개소에 연락하는 등의 행동 횟수로 측정되었다. 현 직장의 스트레스 상황을 벗어나기 위해서 새로운 직장을 찾게 되는 것이다. 그런데 조합원들은 스트레스가 많아진다고 해서 직무탐색행동을 더 하지는 않는 것으로 나타났다. [그림 9-16]에 제시되어 있는 것처럼, 주식회사의 노동자들은 스트레스가 많이 쌓일수록 직무탐색행동을 더 하지만, 조합원들은 스트레스가 많이 쌓여도 직무탐색행동을 더 하지는 않았다.

이러한 양상은 동료나 상사, 조직을 자발적으로 돕는 행동인 조직시민행동의 경우에도 비슷하게 나타났다. [그림 9-17]을 보면, 노동자들은 많은 스트레스를 느낌에 따라 조직시민행동을 현격하게 적게 하는 반면, 조합원들은 많은 스트레스를 느껴도 통계적으로 유의할 만큼 조직시민행동을 줄이지는 않았다. 조합원들의 이러한 행동 양상은 다른 조합원들이 '동업자'라는 의식이 깔려 있기 때문이라고 볼 수도 있다. 비록 스트레스를 느끼고는 있지만 동료나 부하, 상사 조합원들을 도와야 한다는 의무의식과 그래야만 자신의 협동조합이 생존·발전할 수

[그림 9-16] 스트레스와 직무탐색행동

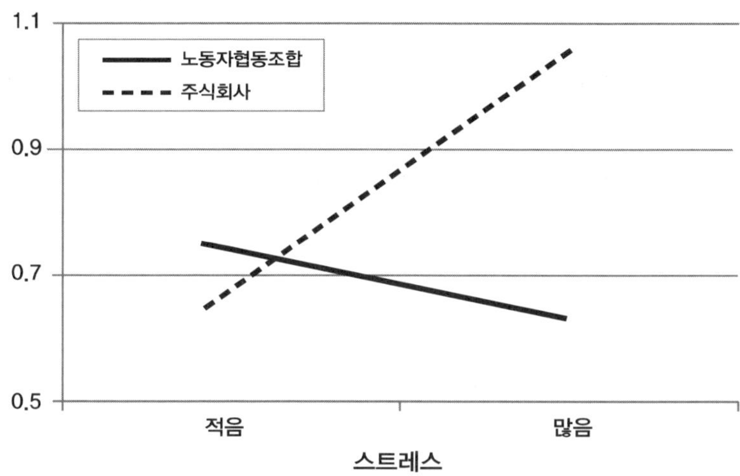

[그림 9-17] 스트레스와 조직시민행동

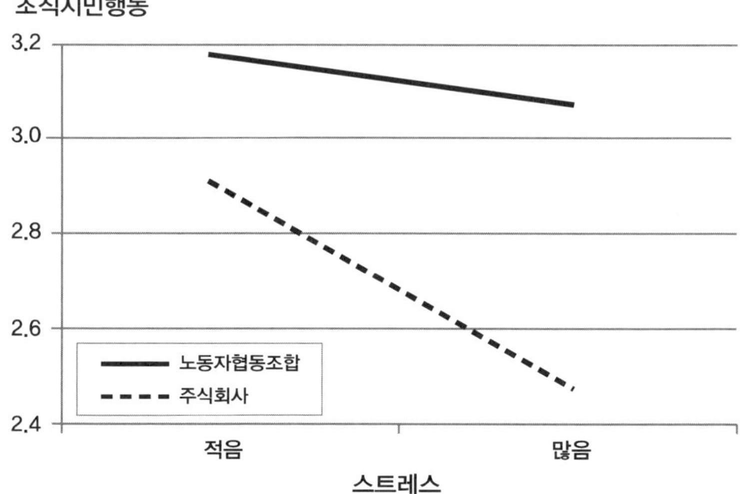

있을 거라는 주인의식이 주식회사의 노동자들보다 더 강하기 때문에 비롯된 현상이라고 해석할 수 있다.

5) 소진(burnout)

소진은 스트레스와 더불어 정신건강 측면에서 자주 다루어지는 주제이다. 소진은 만성적이고 지속적인 심리적 긴장 상태(최수정 · 정기주, 2016)를 의미하며, 이러한 소진은 탈진(exhaustion)이나 냉소주의(cynicism), 자신감 결여(reduced efficacy) 등으로 나타날 수 있다(Maslach et al., 2001). 이 중에서 탈진이 소진을 대표하는 중심적인 개념이다. 탈진은 자신의 능력 이상으로 일을 하고 있으며, 자신의 감정적 · 육체적 자원들이 고갈되고 있다는 느낌을 의미한다(Maslach et al., 2001).

따라서 직장인들이 소진 또는 탈진되고 있다고 느끼게 되면, 그들의 태도와 행동이 부정적으로 변할 것이다. [그림 9-18]과 [그림 9-19]에 나타난 바와 같이, 주식회사의 노동자들은 이러한 예상과 일치하는 태도를 가진다. 즉, 그들은 점점 소진되어 감에 따라 조직과 동일시하는 수준이 떨어지고, 이직의도는 크게 증가한다. 정신적으로, 육체적으로 탈진하게 되면 조직에 대한 애착이 감소하고, 그러한 상황을 벗어나기 위하여 현 직장을 그만두거나, 다른 직장으로 이직하려는 의도가 증가할 것이다. 그러나 조합원들의 경우 그들이 소진된다 하더라도 조직과의 동일시 수준은 거의 그대로 유지되었으며, 이직의도가 증가하긴 하였으나 노동자들에 비해서는 덜 증가한 것으로 나타났다.

[그림 9-18] 소진과 조직동일시

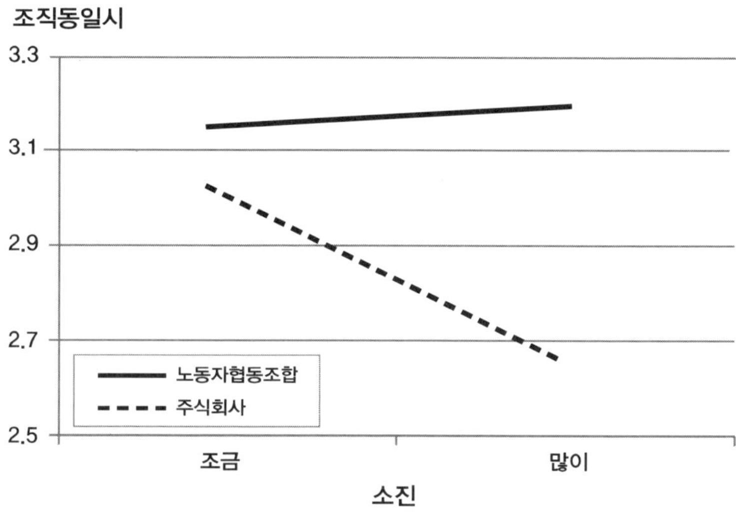

[그림 9-19] 소진과 이직의도

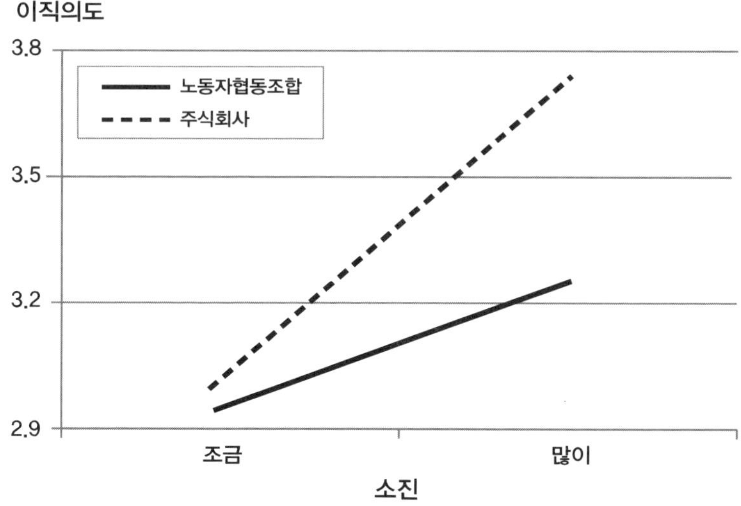

6) 직무만족

직무만족은 조직구성원들이 자신이 담당하고 있는 직무의 특성을 스스로 평가한 결과 긍정적으로 느끼는 정도이다. 그러한 직무의 특성을 평가하는 기준으로는 직무 자체에 대한 흥미나 선호, 성취감 등이 있고, 급여나 감독, 승진제도와 같은 회사의 전반적 정책이 될 수도 있고, 동료나 상사와의 인간관계 등이 될 수도 있다. 직장인들이 자신의 직무에 만족하게 되면 조직시민행동을 자주 보여주며, 직무성과가 높아지고, 결근과 이직이 줄어들게 된다. 반대로 자신의 직무에 불만을 갖게 되면, 자신의 업무를 게을리 하고(직무태만), 지각이나 결근을 더욱 자주 하게 되며 높은 이직의도를 갖게 된다(Kidwell & Bennett, 2001).

[그림 9-20]은 직무만족과 직무태만 사이의 관계가 조직 유형에 따라 어떻게 달리 나타나는지를 보여준다. 예상대로, 노동자들이든 조합

[그림 9-20] 직무만족과 직무태만

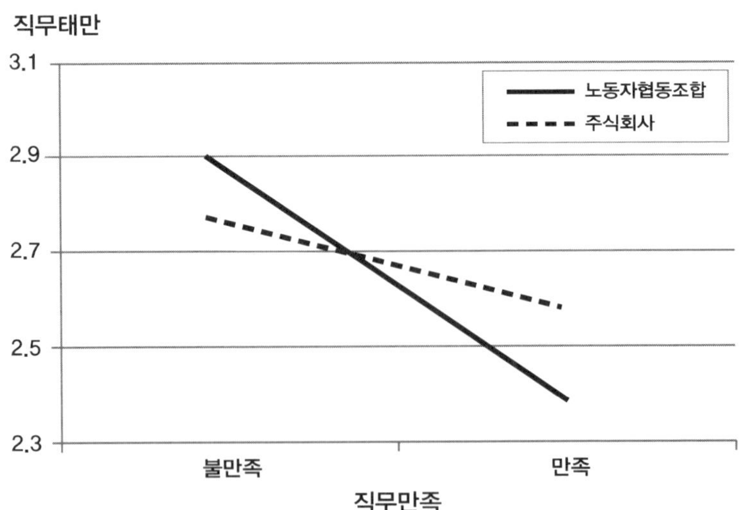

원들이든 자신의 직무에 만족할수록 직무태만이 적어지는 것으로 나타났다. 그러나 그 정도는 두 유형의 조직에서 달랐다. 자신의 직무에 불만족할 경우 조합원들이 노동자들보다 오히려 직무태만이 많이 나타나는 데 비해서, 자신의 직무에 만족하는 경우에는 조합원들이 노동자들보다 직무태만을 적게 하고 있는 것을 알 수 있다.

이러한 차이는 노동자협동조합에서 개별 조합원들에게 부여되는 자율성으로 설명할 수 있다. 주식회사의 노동자들은 그들의 행동이 감독관이나 상사에 의해 통제되기 때문에 불만족스럽다고 하더라도 태만하기 쉽지 않을 것이다. 그러나 조합원들은 소유자임에도 불구하고 자신의 직무가 만족스럽지 못하다면, 그들은 자신들에게 주어진 자율성을 이용하여 자신들의 업무를 게을리할 것이다.

한편, 주식회사의 노동자들은 자신의 직무에 만족스러워한다고 하더라도, 그들은 회사의 소유주도 아니고 감독관이나 상사에 의한 통제는 업무의 최소 요구 수준에 한정되어 있기 때문에 자발적으로 필요 이상으로 열심히 일하려고 하지는 않을 것이다. 반면에 조합원들은 자신의 직무에 만족한다면 그들에게 주어진 자율성을 이용하여 어려운 일도 스스로 떠맡고, 문제를 해결하기 위하여 스스로 노력할 것이다. 결국 이러한 차이는 조합원들이 소유주이고, 그로 인해 자율성이 많이 주어지기 때문에 발생하는 것으로 보인다.

이상으로 4절에서는 개인이 처한 상황과 조직 적합성을 살펴보았다. 요약해보면, 직급이 높아질수록 노동자협동조합에서는 주식회사와 다르게 업무량이 많아지고, 스트레스를 많이 경험하며, 육체적으로나 정신적으로 소진되는 것을 알 수 있었다. 직급이 높아질수록 노동자협동조합보다는 주식회사에서 조직몰입 수준이 빠르게 상승하지만, 어느 직급에서나 조직몰입 수준은 노동자협동조합에서 높았다. 업무량이 많을수록 주식회사에서는 동기부여와 조직몰입 수준이 하락했지만, 노동자협동조합에서는 업무량이 많아진다고 하더라도 동기부여와 조직몰입 수준에서 별다른 차이가 없었다. 유사하게, 일-가정 갈등이 많아지면 주식회사에서는 조직몰입 수준이 하락하고 이직의도가 높아졌지만, 노동자협동조합에서는 별다른 차이가 발생하지 않았다. 스트레스를 많이 느끼게 되면, 자본주의 기업의 노동자들은 직무탐색행동에 나서며 조직시민행동을 별로 하지 않았다. 하지만 조합원들은 스트레스를 느낀다고 해도 직무탐색행동을 더 하거나 조직시민행동을 덜 하지는 않았다. 마찬가지로 노동자들은 육체적으로, 심리적으로 소진되면 조직몰입 수준이 하락하고 이직의도가 증가했지만, 조합원들은 소진되더라도 크게 변하지 않았다. 마지막으로, 노동자들은 자신의 직무에 만족하거나 만족하지 못하더라도 직무태만에 큰 차이가 없었으나, 조합원들은 자신의 직무에 불만족할 경우 노동자들보다 더욱 직무에 태만했으나 만족했을 때에는 노동자들보다 직무태만 수준이 크게 줄어들었다.

5. 조합원과 비조합원 비교

지금까지는 주식회사의 노동자들과 노동자협동조합의 조합원들 사이에 어떠한 차이가 있는지를 중심으로 살펴보았다. 그렇다면 노동자협동조합에 근무하고 있는 비조합원들은 조합원들과 비교했을 때 인식과, 태도, 행동 측면에서 어떠한 차이가 있을까? 그러나 아쉽게도 이러한 차이를 통계적으로 검증할 만큼 설문조사에 참여한 비조합원들의 수가 많지 않았다. 이는 설문조사의 목적이 주식회사의 노동자들과 노동자협동조합의 조합원들 사이의 차이를 살펴보는 데에 있었고, 노동자협동조합에 고용된 비조합원이 그리 많지 않았기 때문이었다. 실제로도 설문조사에 참여한 노동자협동조합에 근무하고 있었던 사람들 중에서 조합원이 79.5%, 비조합원이 20.5%였다.

설문조사에는 32개 노동자협동조합에서 총 128명이 참여했는데, 그중에서 조합원이 112명이었고 비조합원이 16명이었다. 하지만 지금까지 동일 노동자협동조합에 근무하고 있는 조합원과 비조합원 사이의 비교연구가 전무했다는 점에서 대략적인 차이를 살펴보는 것도 의미가 있다고 생각한다.

1) 스트레스 요인과 심적 · 정신적 웰빙

<표 9-8>을 보면, 비조합원에 비해서 조합원들의 업무량이 대체로 많은 것으로 나타났다. 이는 비조합원들이 아직 수습기간에 있는 신입사원들이 많기 때문인 것으로 해석된다. 실제로 설문조사에 참여했던 한 협동조합의 경우, 모든 비조합원들은 수습기간(3년) 중이었기 때문에 비조합원으로 남아 있었고, 입사한 지 3년이 지난 사람들은 모두 조합원으로 전환되고 있었다.

〈표 9-8〉 조합원 여부와 스트레스 요인

스트레스 요인	조합원	비조합원	차이(조합원-비조합원)	차이 유의성
업무량	3.46	2.98	0.48	의미있는 차이
일-가정 갈등	2.54	2.18	0.37	의미없는 차이
역할 충돌	2.65	2.53	0.11	의미없는 차이
기대 충족	3.77	3.61	0.16	의미없는 차이

〈표 9-9〉 심적·정신적 웰빙

정신건강	조합원	비조합원	차이(조합원-비조합원)	차이 유의성
스트레스	3.09	3.02	0.08	의미없는 차이
소진	2.99	2.96	0.03	의미없는 차이

또한 비조합원들에 비해서 조합원들이 일-가정 갈등을 더욱 자주 경험하는 것으로 나타났다(통계적으로 의미있는 수준은 아니지만). 조합원들의 업무량이 많기 때문에 이러한 결과로 이어진 것으로 보인다. 한편으로는, 아마도 비조합원들에 비해서 조합원들이 보다 다양한 역할을 수행해야 하기 때문에 역할 충돌도 많이 일어나고 있었지만 통계적으로 유의하지는 않았다. 입사 이전의 기대가 충족되는 수준도 조합원과 비조합원 사이에 크지 않은 것으로 나타났다.

조합원들의 업무량과 일-가정 갈등, 역할 충돌이 비조합원들보다 많은 편이었지만, 이것이 심적 · 정신적 악화로 이어지지는 않았다. <표 9-9>에 제시된 것처럼, 조합원들의 스트레스와 소진이 약간 높은 편이었지만 통계적으로 의미있는 차이는 아니었다.

2) 동기부여

<표 9-10>은 구성원들에게 동기를 부여할 수 있는 요소들과 실제 동기부여 수준을 비교하고 있다. 흥미로운 점은 동기를 부여할 수 있는 요소들에서는 조합원과 비조합원 사이에 의미있는 차이가 없었으나, 실제 동기부여 수준에서는 의미있는 차이가 있었다는 것이다. 동기를 부여하는 요소로서 자율성도 거의 비슷하게 주어져 있었으며, 자신들이 노력하면 성과를 높일 수 있다는 기대감도 별 차이가 없었다. 또한

〈표 9-10〉 동기부여 수준과 관련된 개념

동기부여	조합원	비조합원	차이(조합원-비조합원)	차이 유의성
자율성	3.59	3.50	0.09	의미없는 차이
기대감	3.89	3.94	-0.05	의미없는 차이
내적 노동가치관	4.09	3.98	0.12	의미없는 차이
동기부여 수준	3.48	3.04	0.44	의미있는 차이

내적 노동가치관에서도 양 집단은 큰 차이를 보이지 않았다. 그러나 동기부여 수준은 조합원들이 비조합원들보다 상당히 높게 나타났다. 이것은 내재적(intrinsic) 동기부여가 자율성이나 기대감, 내적 노동가치관과 같은 내재적 요인만이 아니라 외재적(extrinsic) 요인에 의해서도 영향을 받을 수 있음을 보여주는 것으로 해석될 수 있다. 즉, 일 자체로부터의 동기부여와 더불어 조합원이라는 자긍심, 소유의식, 배당 또는 고용안정성에 대한 인식 등이 내재적 동기부여로까지 연결되었을 수 있다.

3) 태도 및 영향 요인

태도에 영향을 미치는 요소들로는 노동자협동조합 조합원과 주식회사 노동자들 사이의 비교에서처럼, 조직적 지원과 사회적 지원에 대한 인식을 가지고 비교하여 보았다. 조합원들이 인식하는 조직적, 사회적 지원이 비조합원들보다 높게 나타났으나, 모두 의미있는 차이는 아니었다. 반면에 실제 태도를 비교하였을 때는 어느 정도는 의미있는 차이들이 나타났다. 직무만족 측면에서 조합원들이 비조합원들보다 자신의 직무와 협동조합에 더욱 만족하고 있는 것으로 나타났다. 또한 조합원들이 비조합원들보다 자신의 협동조합에 더 많은 애착(조직몰입)을 가

〈표 9-11〉 태도와 태도에 영향을 미치는 요소

태 도	조합원	비조합원	차이(조합원-비조합원)	차이 유의성
조직적 지원	3.53	3.38	0.16	의미없는 차이
사회적 지원	3.65	3.47	0.18	의미없는 차이
직무만족	3.79	3.42	0.37	약간 의미있는 차이
조직몰입	3.90	3.60	0.30	약간 의미있는 차이
이직의도	1.96	2.31	-0.35	약간 의미있는 차이

지고 있었고, 협동조합을 떠나고자 하는 의도는 더욱 낮았다.

태도에 영향을 미치는 요소에서는 조합원과 비조합원 사이에 큰 차이가 없었으나, 실제 태도에서는 상당한 차이가 있음을 알 수 있다. 이러한 차이는 위에서 설명한 바와 같이, 조합원이라는 자긍심과 소유의식, 배당 또는 고용안정성에 대한 확신 등이 보다 긍정적인 태도를 갖게 된 이유일 수 있다.

4) 행 동

조합원과 비조합원 사이의 행동을 비교해 보면 <표 9-12>에 나와 있는 것처럼, 대체로 조합원들이 비조합원들보다 더욱 바람직한 행동을 많이 하고 있는 것으로 나타났다. 동료나 조직을 돕는 조직시민행동은 조합원들이 비조합원들보다 통계적으로 의미있는 수준까지 더 자주 보여주는 것을 알 수 있다. 다른 행동들은 통계적으로 의미있는 수준은 아니지만, 조합원들이 직무헌신행동을 더욱 자주 보여주고, 다른 직장을 탐색하는 행동은 적게 하며, 결근을 적게 하는 것으로 나타났다. 다만, 지각은 조합원들이 비조합원보다 더욱 자주 하는 것으로 보인다.

〈표 9-12〉 조직구성원들의 행동

행 동	조합원	비조합원	차이(조합원-비조합원)	차이 유의성
직무헌신행동	3.92	3.71	0.21	의미없는 차이
조직시민행동	4.03	3.61	0.42	의미있는 차이
다른 직장 탐색	0.35	0.67	-0.32	의미없는 차이
지각	1.36	1.06	0.29	의미없는 차이
결근	1.07	1.13	-0.05	의미없는 차이

5) 요 약

제한된 자료(너무 적은 비조합원 샘플 수)이긴 하지만, 조합원과 비조합원들을 비교해 보았을 때, 조합원들의 업무량이 더 많았으며, 그로 인해 일-가정 갈등과 역할 충돌을 어느 정도 더 겪고 있는 것으로 보인다. 이러한 결과는 노동자협동조합에서 조합원이 아닌 노동자(비조합원)들을 고용하는 이유가 그들에게 더 많은 일을 시키기 위해서는 아니라는 사실을 말해준다. 스트레스 요인들은 조합원들이 더 많이 갖고 있음에도 불구하고, 심적 · 정신적 건강 측면에서는 조합원과 비조합원 사이에 별다른 차이가 드러나지 않았다. 동기부여에 영향을 미칠 수 있는 자율성과 기대감, 노동가치관에서는 두 부류의 사람들 사이에서 별다른 차이가 없었으나 동기부여 수준은 조합원들이 더 높았다. 조직적 지원과 사회적 지원 측면에서는 조합원들이 어느 정도는 더 많은 혜택을 누리고 있었으며, 직무만족과 조직몰입 수준이 높았고, 이직의도는 비조합원보다 낮았다. 대체로 조직에 바람직한 행동은 비조합원보다 조합원들이 더 자주 보여주는 것을 알 수 있었다.

추가적으로, 노동자협동조합의 비조합원들과 주식회사의 노동자들 사이에 차이가 있는지도 다각도로 비교하여 보았다. 그런데 놀랍게도 노동자협동조합에 근무하고 있는 비조합원들이 주식회사의 노동자들보다 지각을 더 적게 한다는 것을 제외하고 다른 측면들에서는 통계적으로 의미있는 차이를 보이지 않았다. 이러한 결과는 시사하는 바가 크다. 모든 조직에는 자체의 문화와 규범이 있기 마련이고, 더군다나 노동자협동조합은 주식회사와 상당히 다른 문화와 규범을 갖고 있을 것이다. 즉, 비조합원들은 조합원들과 같은 조직에 근무하고 있고 주식회사의 노동자들과 다른 문화와 규범을 가진 조직에 근무하고 있음에도 불구하고, 그들은 조합원들보다는 주식회사의 노동자들과 더욱 유사한 태도와 행동을 보여주고 있다는 점이다. 노동자협동조합의 비조합원들도 주식회사의 노동자들처럼 소유주가 아니라 고용된 것이기 때문에 이러한 결과가 나타난 것으로 해석할 수 있다. 물론 비조합원에 대한 표본이 너무 적기 때문에 일반적인 결론을 내리기는 어렵고, 추후에 보다 많은 비조합원들을 대상으로 연구를 진행할 필요가 있다.

6. 허니문 효과?

정치학에서 허니문 효과는 대통령이 당선된 직후 국정운영에 대한 기대감으로 인해서 국민들로부터 얼마동안 높은 지지율을 기록하고, 언론에서도 취임 초기에 대통령에 대한 비난을 삼가는 현상을 의미한다(가상준 · 노규형, 2010; Mueller, 1970). 조직심리학에서 허니문 효과는 허니문-후유증(honeymoon-hangover) 효과로 사용되고 있으며, 이는 노동자들의 이직과 직무만족 사이의 관계를 표현한다. 즉, 직무만족 수준이 낮은 노동자들이 직장을 옮기고, 직장을 옮긴 직후에 직무만족 수준이 높아지지만(허니문 효과), 시간이 지남에 따라 다시 직무만족 수준이 낮아지게 되는 현상(후유증 효과)을 의미한다(Boswell, Boudreau & Tichy, 2005).

이러한 허니문-후유증 효과가 노동자협동조합에서도 나타날 것인가? 즉, 노동자협동조합이라는 비교적 생소한 조직에 입사하여 초기에는 열정과 에너지, 사기가 높고 직무만족 수준도 높다가 일정 시간이 지나면 이러한 열정과 직무만족 수준이 낮아지는 현상이 발생할 수도 있을 것이다. 이번 설문조사는 한 번만 실시되었기 때문에 시간에 따른 변화를 추적해볼 수는 없다. 하지만 설문조사에 설립연도가 포함되어 있었기 때문에 설립된 지 오래된 기업일수록 이러한 현상이 나타나고 있는지는 확인해볼 수 있다. 최근에 설립된 기업의 경우 모든 구성원들이 입사 초기일 것이고, 설립된 지 오래된 기업일수록 입사한 지 오래된 구성원들이 많을 것이다. 오래된 기업에 최근에 입사한 직원들이 있더라도 그들은 기업 전반적인 문화에 쉽게 동화되어 기존의 직원들과 유사한 태도와 행동을 보일 수 있다. 물론 입사한 직후부터 지속적으로 추적하면서 살펴보지 못한다는 점에서 한계가 있으나 이러한 허니문-후유증 효과를 가늠해볼 수 있는 기회는 제공할 수 있을 것으로 생각된다.

일반적으로 설립된 지 오래된 조직일수록 구성원들이 허니문-후유증 효과를 보이는지를 확인하기 위하여 주식회사와 노동자협동조합 구분 없이 설립연도와 구성원들의 인식과 태도, 행동 사이의 상관관계를 살펴보았다. 통계적으로 유의한 결과(95% 신뢰수준에서)들을 살펴보면, 대체적으로 설립된 지 오래된 기업일수록 구성원들의 인식과 태도, 행동은 점차적으로 부정적으로 바뀌고 있었다. 반대로 설립된 지 얼마 되지 않은 기업들일수록 구성원들이 좀 더 긍정적인 인식과 태도, 행동을 보여주고 있었다. 예로서, 오래된 기업일수록 구성원들은 조직이 자신들의 기대수준을 충족시켜 주지 못하는 것으로 인식하고 있었으며(상관계수, $r = -0.13$), 조직이 자신들의 가치를 인정하지 않고 자신들의 복지에 신경(조직지원인식)쓰지 않는 것으로 인식하고 있었다($r = -0.26$). 또한 오래된 조직일수록 신생기업에 비해 동기부여 수준이 낮았으며($r = -0.20$), 조직에 대한 애착과 동일시(조직몰입) 수준이 현저히 낮았다($r = -0.27$). 오래된 조직에서 직무만족 수준이 낮았고($r = -0.22$), 이직의도는 높았다($r = 0.19$). 마찬가지로 오래된 기업의 구성원들이 바람직하지 않은 행동을 더욱 자주 하는 것으로 보인다. 오래된 기업일수록 조직시민행동을 별로 하지 않았으며($r = -0.27$), 직무헌신행동도 덜 하는 것으로 나타났다($r = -0.11$).

그렇다면, 노동자협동조합이 새로운 조직형태이고 대부분 설립된 지 얼마 되지 않았기 때문에 이러한 허니문-후유증 효과가 주식회사보다 더욱 강하게 나타나기 시작할 것인가? 노동자협동조합의 주요 장점은 근본적으로 공동소유와 민주적 통제에서 비롯되며, 이러한 장점은 인적자원(구성원들)에 의해 구현되기 때문에 노동자협동조합에서 허니문-후유증 효과가 존재하는지를 살펴보는 것은 중요하다. 많은 노동자협동조합들이 2012년 「협동조합기본법」이 발효된 이후에 설립되었고 연혁이 얼마 되지 않기 때문에 만약에 허니문-후유증 효과가 강하게 나타난다면 노동자협동조합의 장기적 생존에도 커다란 문제가 될 수 있다.

이러한 의문에 대한 실마리를 찾아보기 위해, 최근 5년(2012년부터 2016년) 사이에 설립된 기업들만을 대상으로, 그리고 7년 이상 20년 이하인 업체들만을 대상으로, 주식회사와 노동자협동조합을 비교하여 보았다(설립된 지 6년이 되었거나 20년 이상된 노동자협동조합은 거의 없었다). 먼저, 최근 5년 사이에 설립된 기업만을 대상으로 비교했을 때 통계적으로 유의한 차이가 있는 항목은 동기부여, 조직몰입, 직무헌신행동, 조직시민행동 등이었고 이러한 항목들에서 노동자협동조합의 조합원들이 주식회사의 노동자들보다 보다 바람직한 태도와 행동을 보여주고 있었다. 나머지 항목들은 통계적으로 의미있는 차이는 아니었지만, 일관되게 노동자협동조합의 조합원들이 주식회사의 노동자들보다 바람직한 인식과 태도, 행동을 보여주고 있었다. 그리고 7년 이상 20년 이하인 업체들만을 대상으로 했을 때, 통계적으로 유의한 차이를 보인 항목은 조직지원인식, 조직동일시, 조직몰입, 직무만족, 이직의도, 조직시민행동 등이었고 조합원들이 노동자들보다 바람직한 인식과 태도, 행동을 보여주고 있었다. 통계적으로 유의하지 않은 나머지 항목들에서도 조합원들이 노동자들보다 더 긍정적인 인식과 태도, 행동을 보여주고 있었다.

이상의 결과들을 종합했을 때, 주식회사나 노동자협동조합에서나 일종의 허니문-후유증 효과가 있었지만, 노동자협동조합이 새로운 형태의 조직이라고 해서 이러한 효과가 두드러지지는 않았다. 즉, 신생기업에서나 비교적 오래된 업체에서나 노동자협동조합의 조합원들이 주식회사의 노동자들에 비해서 바람직한 인식과 태도, 행동을 유지하고 있다는 것을 알 수 있었다. 따라서 최소한 인적자원 측면에서는 노동자협동조합의 생존율에 부정적인 영향을 미칠 요소들은 발견되지 않았다.

7. 한계와 과제

1) 전반적인 결과 요약

이번 설문조사에서 밝혀진 주요 사실들은 주식회사보다 노동자협동조합에서 업무량이 많고 역할충돌이 많았지만, 이러한 요인들이 스트레스나 소진으로 연결되지 않았고, 오히려 조합원들이 동기부여 수준이 높고, 보다 긍정적인 태도를 갖고 있으며 조직에 보다 바람직한 행동을 하고 있다는 점이다.

개인이 가진 특성적인 측면에서 비교해본 결과에 따르면, 주식회사에 비해서 노동자협동조합은 남성들보다는 여성들에게 더욱 적합하다는 사실을 알 수 있었다. 스트레스와 소진 측면에서 남성들은 조직유형에 따라 별다른 차이가 없었지만 여성들의 스트레스와 소진은 노동자협동조합에서 현저히 감소하였다. 직무만족 측면에서는 남성들도 노동자협동조합에서 높긴 했지만, 여성들의 직무만족 수준이 주식회사에 비해서 노동자협동조합에서 현격하게 증가하는 것으로 나타났다. 한편, 자신감을 갖고 있는 사람들은 주식회사보다는 노동자협동조합에서 더욱 자신의 직무에 만족하는 것으로 나타났다. 또한, 일에서 의미성과 성취감을 느끼는 것을 중요시하는 내재적 노동가치관을 가진 사람일수록 노동자협동조합에서 더욱 동기가 부여되었고, 직무만족 수준도 높았다.

개인이 처한 상황에 따라 분석한 결과에 따르면, 직급이 높아짐에 따라 노동자협동조합과 주식회사가 서로 다른 양상을 보여주었다. 노동자협동조합에서는 직급이 높아질수록 업무량이 증가했고, 스트레스와 소진도 따라서 증가하였다. 반대로 주식회사의 경우 직급이 높아지면서 업무량과 스트레스, 소진 수준이 완만히 감소하는 추세를 보여주었다. 그렇지만 노동자협동조합의 조합원들은 업무량이 많을지라도 높은 수준의 동기부여와 조직몰입 수준을 유지했고, 일-가정 갈등이 발생하더라도 조합원들은 높은 수준의 조직몰입과 낮은 수준의 이직의도를 갖고 있었다. 또한 조합원들은 소진된다 하더라도 높은 수준의 조직동일시와 낮은 수준의 이직의도를 갖고 있었다. 마찬가지로, 조합원들은 많은 스트레스를 느껴도 주식회사의 노동자들보다 직무탐색행동을 적게 하며 조직시민행동을 자주 보여주었다.

마지막으로, 주식회사와 노동자협동조합을 막론하고 설립된 지 오래된 기업일수록 구성원들의 인식과 태도, 행동이 악화되는 현상이 발견되었으나, 이러한 후유증(hangover) 효과는 노동자협동조합에 국한된 특이한 현상은 아닌 것으로 보여진다. 최근에 설립되었든, 설립된 지 오래되었든 상관없이 일관되게 노동자협동조합의 조합원들이 주식회사의 노동자들에 비해 보다 바람직한 인식과 태도, 행동을 보여주고 있었다.

2) 한계와 향후 과제

이러한 다양한 흥미로운 발견들에도 불구하고 이번 설문조사는 몇 가지 한계점들을 갖고 있다. 먼저, 한국을 대표할 만큼 충분히 많은 업체들을 포함시키지 못했다는 점이다. 샘플 자체가 서울과 경기지역에 한정되었고, 총 68개 업체가 참여했으나 대상이 중소기업이다 보니 300명 정도만이 설문에 참여하였다. 둘째, 설문조사가 한 번에 그쳐서 장기적인 관점을 제시할 수 없었다는 점이다. 그로 인해 변수들 사이의 인과관계를 밝힐 수 없었으며, 특히 허니문-후유증 효과는 동일한 구성원을 추적하면서 변화 양상을 살펴보아야 하는데, 설립연도에 따른 인식과 태도, 행동의 차이로 대신하였다. 또한 설문대상 업체들이 소기업들이 많다 보니 조직성과 데이터를 구하기 어려웠다.

물론, 한 번의 설문조사로 모든 이슈와 궁금증을 해결할 수는 없다. 이번 설문조사는 개별 구성원들이 갖고 있는 인식과 태도, 행동에 초점을 맞추었다. 그러나 조직의 성장과 발전, 생존을 위해서는 이러한 인적자원 요소만이 아니라 자금으로 대표되는 물적 자원, 다른 조직과의 관계, 판매망과 같은 네트워크도 중요한 역할을 한다. 따라서 앞으로의 연구는 물적 자원과 유통, 공급자 · 소비자와의 관계 등에 대한 연구도 필요하다. 노동자협동조합들이 좀 더 규모가 커지고 성과지표들을 축적하게 되면, 주식회사와의 비교가 가능해질 것이다. 노동자협동조합 조합원들의 바람직한 태도와 행동이 실제로 성과향상으로 이어지는지를 살펴보는 것도 흥미로운 주제일 수 있다.

토론해 봅시다

1. 위의 설문조사 결과에 따르면, 노동자협동조합의 조합원들이 주식회사 노동자들보다 더 많은 일을 하고 있는 것으로 여기고 있음에도 불구하고 더욱 바람직한 태도(예: 직무만족, 조직몰입)를 갖고 있는 것으로 나타났습니다. 그 원인을 추론해 보고, 노동자협동조합의 조합원들과의 인터뷰를 통해서 그 이유를 알아봅시다.

2. 위의 설문조사 결과에 따르면, 주식회사보다 노동자협동조합을 선호하는 정도는 여성들이 남성들보다 훨씬 강한 것으로 나타났습니다. 그 원인을 토론해 봅시다. 그리고 노동자협동조합의 조합원들과의 인터뷰를 통해서 그 이유를 알아봅시다.

3. 위의 설문조사 결과에 따르면, 주식회사나 노동자협동조합에서나 허니문-후유증 효과가 나타나고 있었습니다. 노동자협동조합에서 이러한 효과를 줄이기 위한 방법들을 토론해 봅시다.

제 10 장

Organizational Democracy

노동자협동조합의 조직적 성과

1. 조직성과의 자원적 측면

노동자협동조합의 조합원들이 자본주의 기업의 노동자들보다 조직에 대해 바람직한 태도를 갖고 있고, 바람직한 행동을 한다면 노동자협동조합의 경제적 성과가 자본주의 기업보다 높을 것으로 추측해볼 수 있다. 그러나 여기에는 단서가 있다. 다른 모든 조건이 동일하다면 그럴 것이다. 하지만 노동자협동조합은 자본주의 기업과 동일한 조건에 있지 않다.

기업의 경제적 성과에 영향을 미치는 요인들은 크게 인적자원과 물적자원으로 구분해볼 수 있다. 인적자원은 한 조직의 구성원들을 의미하며 인적자원이 조직성과에 영향을 미칠 수 있는 요소들을 단순화하면 조직 구성원들이 가진 능력과 동기부여 수준으로 가늠해볼 수 있다. 물적자원은 운영·투자자금을 비롯해서 설비, 기계 등을 포괄하는 자원이다.

앞장에서 살펴본 설문조사 결과에 의하면, 최소한 중소기업 수준에서는 노동자협동조합이 주식회사에 비해서 인적자원의 동기부여 수준에서는 우월하다. 노동자들에 비해서 조합원들이 보다 바람직한 태도를 갖고 바람직한 행동을 보여준다. 하지만 설문조사에서는 동기부여와 태도, 행동 측면만이 다루어졌고, 조합원들의 능력적인 측면은 다루어지지 않았다. 따라서 인적자원 측면에서 노동자협동조합이 주식회사보다 우월하다고 단정적으로 말하기는 어렵다. 한편, 기존의 많은 연구들에서 능력의 대리변수로서 교육(학력) 수준을 사용하기도 했다. 학력 수준이 능력의 가늠자라고 단언하기는 어렵지만, 다른 지표가 없기 때문에 조합원들과 노동자들 간의 학력 수준을 비교해 보았다. 통계적으로 유의하진 않지만 조합원들의 학력 수준이 주식회사의 노동자들보다 약간 높았음을 확인하였다. 그러나 인적자원의 능력적인 측면에서는 더 많은 연구가 필요하다.

그렇다면, 물적자원 측면에서는 어떠한가? 2012년 「협동조합기본법」이 제정되면서 노동자협동조합도 하나의 조직형태로 인정을 받고 있으나 노동자협동조합이 여전히 불리한 위치에 있다. 가장 먼저 생각할 수 있는 것은 자금조달이 어렵다는 것이다. 노동자협동조합은 생소한 형태의 조직이기 때문에 금융권으로부터 대출이나 투자를 받기 어렵다. 따라서 노동자협동조합이 물적자원 측면에서는 자본주의 기업보다 어려운 상황에 처해 있다.

이러한 인적자원과 물적자원 측면을 모두 고려했을 때, 노동자협동조합의 조직적 성과는 자본주의 기업에 비해서 어떨까? 그동안 노동자협동조합에 대한 논의에서 중요한 비중을 차지한 것은 자본주의 사회에서 과연 노동자협동조합이 살아남을 수 있는가였다. 이것은 결국 노동자협동조합의 조직성과와 관련된다. 경제적으로 성공해야 오랫동안 생존할 수 있을 것인데, 조직성과가 낮기 때문에 노동자협동조합의 수가 얼마 되지 않는 것 아니냐고 반문할 수 있다. 실제로 노동자협동조합의 수가 많지 않고, 그나마 중소기업이 대부분이다. 저자 또한 조직성과에 매우 많은 관심을 갖고 있음에도 불구하고, 설문조사에서 조직성과 데이터를 모을 수 없었던 이유이기도 하다. 그러나 노동자협동조합의 조직성과를 자본주의 기업과 비교한 기존 문헌들이 있다. 따라서 이 장에서는 자본주의 기업과 노동자협동조합의 경제적 성과를 다룬 기존 문헌들을 살펴보고자 한다.

2. 경제적 성과와 생존율

노동자협동조합의 경제적 성과와 생존가능성을 부정적으로 제시한 사람들은 주로 신고전학파 경제학자들이었다. 그들은 자본주의 기업은 이윤극대화를 추구하는 반면 노동자협동조합(또는 노동자소유기업)은 소득극대화를 추구한다고 가정한다(박노근, 1997). 노동자협동조합에서 미래를 위한 투자보다는 단기적인 소득극대화를 추구하기 때문에, 결국 과소투자가 이루어져 장기적으로 생산성이 떨어지고 경쟁력이 하락할 수밖에 없다는 것이다. 하지만 노동자협동조합도 하나의 기업조직이며 조합원들도 자신들의 직장이기 때문에 현재의 과다한 소득보다는 장기적인 생존을 중요시할 수 있다. 따라서 신고전학파의 가정 자체가 잘못되었다면 그들의 결론은 오류에 빠질 수밖에 없다.

지금까지 노동자협동조합들이 현재 소득의 극대화를 추구했다는 어떠한 근거도 발견되지 않았다. 즉, 비교할 만한 자본주의 기업에 비해서 노동자협동조합에서 생산성 대비 임금수준이 지나치게 높다거나 투자율이 낮았다는 증거는 없었다. 오히려 국가적 수준에서 자주관리체제를 도입했던 유고슬라비아에서 시장경제가 전면적으로 도입되기 이전인 1970년대까지 경제성장률이 자본주의 국가들이나 다른 사회주의 국가들에 비해 높은 편이었고, 투자율이 미국보다 훨씬 높았으며 급격한 경제성장률을 기록했던 일본과 유사했다는 점 등으로 살펴보았을 때 이러한 가정은 잘못된 것이라 할 수 있다. Mygind(1987)가 덴마크의 자본주의 기업과 노동자협동조합을 비교한 결과에 따르면, 노동자협동조합의 투자율(투자액/매출액)이 자본주의 기업보다 지속적으로 높았다. 몬드라곤 협동조합복합체에서도 연구·개발(R&D)에 투자한 비율이 2005년 5.5%에서 2010년 8.1%로 증가했다(김성오, 2012b). 따라

〈표 10-1〉 프랑스의 협동조합 생존율(2012년, %)

	모든 프랑스 기업	CG-SCOP에 가입한 협동조합	견실한 기업에서 전환된 협동조합	경영곤란 때문에 전환된 협동조합
3년 생존율	66.0	82.5	90.5	80.2
5년 생존율	50.0	66.1	82.1	61.0

출처: CECOP(2013), Business transfers to employees under the form of a cooperative in Europe.

서 신고전학파의 가정과 결론은 설득력이 떨어진다.

실제로 최근에 노동자협동조합과 주식회사의 생존율을 비교한 결과들이 이를 뒷받침한다. 2012년을 기준으로 모든 프랑스 기업의 5년 생존율이 50%인 데 비해서 프랑스 노동자협동조합연합회(CG-SCOP)에 가입되어 있는 노동자협동조합의 생존율은 66%였으며, 재정곤란 때문에 노동자들이 인수하여 전환한 협동조합도 61%의 생존율을 보여주었다(<표 10-1> 참조). CECOP(2013)에 따르면, 이탈리아 주식회사의 파산율이 1999년부터 2009년까지 6%대를 오르내렸으나 이탈리아 노동자협동조합의 파산율은 4% 내외를 꾸준하게 유지하였다. 10년 동안 어느 해에도 노동자협동조합의 파산율이 주식회사를 넘은 적이 없었다. 또한 Burdin(2012)이 1997년부터 2009년까지 우루과이의 전체 노동자자주관리기업들을 연구한 바에 따르면, 노동자자주관리기업들의 퇴출률(hazard of exit)이 자본주의 기업보다 24~38% 낮게 유지되었다.

노동자협동조합의 조직성과를 부정적으로 보았던 또 다른 이유는 의사결정 과정이 비효율적이라는 것이다. 노동자협동조합에서는 집단적으로 의사결정이 이루어지기 때문에 많은 시간이 소요되고 의사결정을 하지 못하는 경우도 발생할 수 있다는 것이다. 그러나 노동자참여와 노동자협동조합을 실증적으로 연구한 많은 문헌들은 다른 이야기를 하고 있다. 즉, 노동자협동조합이 물적자원 측면에서 불리한 위치에 있음에도 불구하고, 기존 연구들은 노동자협동조합의 조직적 성과가 자본주의 기업에 비해서 낮지 않다는 증거들을 제시하고 있다. 스페인의 몬드라곤 협동조합복합체가 60년 이상 성장・발전해 왔고, 현재 스페인의 7대 그룹이 되었다. 그 외에도 민주적인 기업(참여적 기업)과 노동자협동조합의 경제적 성과가 일반적인 자본주의 기업보다 우수하다는 연구결과들이 있다. Cable and Fitzroy(1980)는 독일의 700개 기업을 장기간 비교한 결과, 참여 정도가 높은 기업일수록 1인당 부가가치가 더 빠르게 증가하고 있음을 제시하였다. Doucouliagos(1995)가 기존에 출판된 43개의 논문을 메타분석한 결과에 따르면, 노동자협동조합의 생산성이 참여적 자본주의 기업보다도 높았다. Winther and Marens(1997) 또한 노동자소유기업에서 참여 정도가 높은 기업일수록 매출증가율과 고용증가율이 높았음을 밝히고 있다. Bernstein(1974)이 미국 서부에 존재했던 합판산업에서 노동자협동조합과 주식회사를 비교한 결과에 따르면, 협동조합들의 생산성이 주식회사 합판기업들보다 25~60% 정도 높았다. Bartlett et al.(1992)은 이탈리아 북부 에밀리아-로마그나 지역(주 수도는 볼로냐) 연구에서 노동자협동조합의 생산성이 자본주의 기업의 생산성보다 높다는 것을 발견하였다. Fakhfakh et al.(2012)이 프랑스 노동자협동조합을 자본주의 기업들과 비교한 결과를 보면, 노동자협동조합의 생산성이 자본주의 기업과 유사하거나 높았다는 것을 알 수 있다.

이러한 결과들은 노동자협동조합에서 집단적 의사결정이 이루어진다고 해서 효율성과 생산성이 떨어지지 않는다는 점을 보여주고 있다. 오히려 조직 구성원들의 광범위한 의사결정 참여로 보다 정확한 의사결정이 이루어지고 필요한 정보가 자유롭게 교환되며 일에 대한 동기가 부여될 수 있다(Perotin, 2012). 반대로 자본주의 기업에서는 CEO나 소수의 경영진에게 의사결정 권한이 집중됨으로써 잘못된 의사결정이 이루어질 수도 있고, 부하직원들이 결정된 내용을 이해하지 못하거나 제대로 수용하지 못해 조직성과가 낮아질 수도 있다. 노동자협동조합에서 긴급한 의사결정을 내려야 하는 경우에는 소수의 경영진이 결정하고 사후에 평가받는 등의 '운영의 묘'를 살릴 수도 있다.

노동자협동조합을 부정적으로 바라보는 또 다른 이유는 노동자들의 위험회피성이다. 자본주의 기업에서 근무하고 있는 노동자들의 경우 노동만을 투자하는 데 반해, 노동자협동조합의 조합원들은 노동뿐만 아니라 자본도 투자한다. 조합원으로 가입하기 위해서는 수백만 원에서 수천만 원까지 조합비로 납부해야 하는데, 조합이 파산할 경우 노동자들에 비해서 더 많은 위험을 떠맡게 되므로 사람들이 노동자협동조합에 입사하는 것을 꺼려할 수 있다. 물론 이러한 위험성 회피라는 측면에서는 노동자협동조합이 불리한 위치에 있을 수 있고, 보다 많은 노동자협동조합이 출현하지 못하게 하는 요인일 수 있다. 그러나 다른 측면에서 보면, 이것은 노동자협동조합의 장점이 될 수도 있다. 이러한 자본 투자로 인해서 조합원들은 소유의식을 갖게 되며, 노동자협동조합의 성과를 자신의 이해와 동일시하게 된다. 또한 이러한 투자가 이루어졌기 때문에 정당하게 의사결정에 참여할 수 있는 권리를 주장할 수 있는 것이다.

앞에서 소개한 설문조사 결과에서, 조합원들이 노동자들에 비해서 보다 바람직한 태도와 행동을 보여주는 것도 이러한 소유의식과 조직과의 동일시, 의사결정에 대한 참여로 인한 만족감 등에서 비롯되었을 것이다. 또한 많은 자본을 투자할 필요가 없는 노동집약적인 또는 지식집약적인 협동조합의 경우 조합비는 좀 더 저렴한 수십만 원에서 수백만 원일 수도 있다. 즉, 노동자들의 위험회피성이 노동자협동조합의 출현을 지체시킬 수는 있지만 조직성과를 낮추는 원인은 아니라고 할 수 있다.

토론해 봅시다

1. 신고전학파 경제학자들은 노동자소유기업과 노동자협동조합은 과소투자로 인해 장기간 생존할 수 없다고 주장하고 있습니다. 그 근거와 타당성을 논의해 봅시다.

2. 노동자협동조합이 지속적으로 성장하고 생존하기 위한 조건들을 토론해 봅시다.

3. 노동자협동조합이 주식회사보다 소속 구성원들의 직무만족과 조직성과를 향상시킬 수 있는 잠재력을 갖추고 있음에도 불구하고 그 숫자가 극히 적은 수준에 머물러 있는 이유에 대해서 토론해 봅시다.

제 11 장

Organizational Democracy

노동자협동조합 사례: 기업편

<사례 1> 해피브릿지[1)]– 한국

해피브릿지는 주식회사로 설립되었다가 2012년 「협동조합기본법」이 제정된 이후에 노동자협동조합으로 전환한 사례이다. 해피브릿지는 프랜차이즈, 식자재 생산 및 유통, 전자상거래, 외식컨설팅 등을 주업무로 하는 한국의 대표적인 노동자협동조합이다. 2017년 말 기준으로 조합원 83명, 예비조합원 12명, 일반직원 18명 등 113명이 근무하고 있다. 연매출 485억 원 규모의 대형 프랜차이즈 기업으로, 가맹점이 570여 개에 이르는 견실한 중견기업으로 성장하였다.

해피브릿지는 수도권에서 양곡유통사업을 하던 창업자들과 대전에서 식자재유통사업을 하던 창업자들이 모여 1999년 '사람 중심 기업'을 모토로 하는 외식 컨설팅 법인을 설립하였다. 2004년에 시작된 <화평동왕냉면>과 2006년 시작된 <국수나무>를 2007년 <푸드코아>로 합병하여 외식프랜차이즈 사업을 본격적으로 추진하였다. 2010년에는 <㈜해피브릿지>로 이름을 변경하였다. 가맹점과 직원, 사람과 사람을 잇는 행복 메신저의 의미를 담고 있다. 「협동조합기본법」이 제정된 이후인 2013년 2월 창립총회를 통해 노동자협동조합으로 전환하였다. 해피브릿지는 <표 8-1>의 분류에 따르면 유형 3에 해당한다. 즉, 설립자들의 경영철학에 의해서 주식을 노동자들에게 매도하여 협동조합으로 전환한 케이스이다.

협동조합으로 전환한 이후에 협동조합 정신을 실천하면서 사업적으로도 성장을 지속하고 있다. 우수기업, 강소기업, 가족친화기업 인증을 받았고, 매출액도 계속 증가하여 2010년 188억 원에서 2017년 485억

---

1) 해피브릿지 홈페이지(www.happybridgecoop.com)와 신문기사에서 참고.

원으로 신장되었다. 조합원도 지속적으로 증가하여 2012년 15명에서 2017년 83명으로 증가하였고, 여러 차례 한국프랜차이즈 대상을 수상하기도 하였다. 대표 브랜드인 <국수나무>의 경우 중국에 2호점을 오픈한 상태이며 일본 진출도 추진하고 있다. 해피브릿지는 사업적인 성공뿐만 아니라 기부나 후원을 통해 공동체에 대한 기여를 지속하고 있다.

해피브릿지가 이렇게 성장·발전할 수 있었던 것은 창업자들의 철학과 의지가 크게 작용하였다. 협동조합으로 전환되기 이전부터 해피브릿지는 '사람 중심의 기업'이라는 모토 하에 행복, 사람, 협동, 상생을 핵심가치로 설정하고 있었다. 이러한 미션을 달성하기 위하여 창업자들은 자신들의 기득권을 포기하고 협동조합으로 전환하게 되었다. 2013년 한 토론회에서 송인창 당시 이사장은 해피브릿지의 성공요인을 다음의 3가지로 요약하였다. 첫째, 사람 중심의 기업이라는 미션이 조직 내에 자리 잡아 직원들의 창의성과 업무 몰입도를 높였다. 둘째, 기업 간의 M&A를 통해 사업을 확장하고 위기를 극복하여 왔다. 셋째, 집단지도체제를 구축하고 집단적 리더십의 장점을 활용하였기 때문이다.

<사례 2> 존 루이스 파트너십(John Lewis Partnership)[2)] — 영국

존 루이스 파트너십(이하 '파트너십')은 91,000명이 근무하고 있는 영국의 노동자협동조합이다. 파트너십은 소매업이 주업종으로 전국적으로 50개의 백화점과 348개의 슈퍼마켓(Waitrose)을 갖고 있으며 총매출액은 120억 파운드(약 17조 원)이다. 영업이익도 최근 3년간 3억 파운드(약 4,400억 원) 수준을 유지하고 있다.

파트너십의 전신인 <존 루이스 백화점>은 1864년 존 루이스(John Spedan Lewis)의 부친에 의해 설립되었다. 존 루이스는 파트너십 설립 이전부터 사업적으로 성공한 사업가였다. 그가 29세 때 8,000파운드 적자상태였던 지점(Peter Jones)을 인계받아 5년 만에 20,000파운드 흑자로 전환시켰다. 그는 성공한 사업가였지만, 자본주의 하에서 권력과 소득이 매우 불평등하게 분배되고 있다는 사실에 문제의식을 갖기 시작하였다. 이러한 문제의식은 그의 가족이 벌어들이는 소득이 당시 존 루이스 백화점의 300명 노동자들이 받는 급여보다 더 많았다는 것을 깨닫기 시작하면서 비롯되었다. 그가 직원들의 복지와 민주적 운영, 기업의 사회적 책임을 경영철학으로서 갖게 되면서 Peter Jones에서 이윤분배제와 직원대표위원회를 도입하였고 노동시간을 단축하였다. 이 이윤분배제도에서는 순이익이 발생하면 파트너(직원)들에게 현금으로 분배하지만, 회사가 현금이 필요할 경우엔 주식의 형태로 지급하여 파트너들이 나중에 주식시장이나 파트너십에 판매할 수 있도록 하였다. 그는 자신의 이러한 실험을 "오랜 문제를 해결하기 위한 신선한 시도"라

---

2) Cathcart(2009)와 존 루이스 파트너십 홈페이지(www.johnlewispartnership.co.uk)에서 참고.

고 묘사하였다. 그는 협동조합의 선구자였던 오웬에 대해 알고 있었으며, 노동자협동조합을 위한 더 많은 실험이 필요했다고 회고했다.

존 루이스가 43세가 되던 해에 이 회사를 물려받았고, 이듬해인 1929년 노동자협동조합인 <존 루이스 파트너십>으로 이름을 바꾸었다. 동시에 신탁(trust)을 설립하여 자신의 상당한 지분을 파트너들을 대표하는 신탁에 팔았다. 그가 65세가 되던 1950년 두 번째 신탁을 설립하여 모든 지분을 양도함으로써 파트너십은 완전히 파트너들의 소유가 되었다. 이 과정에서 존 루이스는 한 푼도 받지 않았으며 이제 신탁의 주식은 시장에서 거래되지 않고 파트너들의 소유가 된 것이다. 존 루이스 파트너십의 사례는 <표 8-1>의 유형 3에 해당한다. 즉, 설립자의 경영철학에 의해서 주식을 노동자들에게 양도하여 협동조합으로 전환한 케이스이다.

파트너십에서 외부자금이 필요할 경우엔 사채나 우선주를 발행함으로써 투표권은 파트너들만이 행사할 수 있다. 파트너십의 가장 중요한 목표는 민주주의와 평등이었다. 사내 규정집(constitution)에는 조직운영과 관련하여 모든 파트너들이 발언권과 투표권을 갖고 있다고 명시되어 있다. 파트너들이 경영진과 이사들을 선출하며, 각 지역마다 위원회(council)가 설치되어 주요한 의사결정을 하고 있다.

파트너십은 사업적으로도 계속 성장하고 있다. 파트너십은 2012년 22.4%의 시장점유율로 영국 2위 업체였으나, 2017년 25% 시장점유율을 차지함으로써 23.3%의 Marks and Spencer를 제치고 업계 1위로 올라섰다. 전쟁이나 경기침체기를 제외하고 파트너들은 대체로 급여의 15%를 배당수익으로 받아 왔다.

<사례 3> 가정돌봄협동조합(Cooperative Home Care Associates)[3] – 미국

가정돌봄협동조합(이하 ‘CHCA’)은 1985년 미국 뉴욕에서 사회사업가 릭 서핀(Rick Surpin)에 의해서 설립되었다. CHCA에는 2,300여 명의 직원들이 근무하고 있으며 미국에서 가장 규모가 큰 노동자협동조합이다. CHCA는 주로 실업상태에 있거나 소득수준이 낮은 유색인종 여성들에게 좋은 일자리를 제공하기 위해 노력하고 있다. CHCA에서 일하고 있는 조합원들은 여기에 입사하기 전에는 연간 평균소득이 5,000달러(약 550만 원)도 되지 않았다.

서핀은 돌봄 서비스 종사자들이 열악한 근로조건에서 일하는 것을 보고 근로조건을 향상시키고 돌봄 서비스의 질을 높이기 위해서는 노동자소유가 필요하다고 판단하였다. 별도의 훈련기관을 두어 4주 동안 무료로 훈련을 시킨 후 이 과정을 수료하면 CHCA에 입사하게 된다. 가정돌봄 분야는 임금이 낮아서 최소한의 노동시간이 보장되어야 생계를 유지할 수 있는데, CHCA는 주당 35～40시간을 보장하고 있으며 시간당 임금은 16.5달러(약 18,000원)이다. 이 시급은 돌봄 서비스 업계의 평균인 10달러 수준을 크게 상회하고 있다.

조합원이 되기 위해서는 1,000달러(약 110만 원)의 조합비를 내야 한다. 이 중에서 우선 50달러만 내고 나머지 950달러는 5년에 걸쳐서 무이자로 갚아 나가게 된다. 조합원이 되면 1인 1표에 의해서 13명의 이사 중 8명을 선출할 수 있다. 분기별로 조합원총회를 열어 조합의 재무상태를 공개하고 가정돌봄 서비스 시장의 상황 등을 알려준다.

3) Kennelly and Odekon(2016)과 업체 홈페이지(www.chcany.org)에서 참고.

CHCA는 사업적인 측면에서도 성공적인 기업이다. 설립 초기에 재정적 손실을 겪기도 하였으나, 2년 후인 1987년에 서핀이 대표로 취임하면서 이윤을 남기기 시작하였다. 서비스 질이 높아지면서 고객들로부터의 불평도 확연히 줄어들었다. 설립 당시에 12명으로 시작한 CHCA는 현재 2,300여 명으로 성장하였고, 그 중 70%(약 1,600명)가 조합원들이다. 연간 매출은 6,000만 달러(약 660억 원)이다. 조합원들에게 배당을 지급하지 못하는 경우도 있었지만, 손실을 본 적은 없었다. 배당은 대체로 연간 200~400달러 정도였다. 돌봄 서비스 분야에서 이직률이 평균 40%인 데 비해서 CHCA에서는 15% 정도로 상당히 낮다. 여러 번에 걸친 설문조사 결과, CHCA 조합원들의 직무만족 수준이 주식회사 노동자들보다 높았고 이것이 이직률을 낮춘 것으로 보인다.

CHCA 사례는 노동자협동조합이 자본주의 기업에 비해서 더욱 생산적일 수 있으며 직원들에게도 만족감을 줄 수 있다는 사실을 보여주고 있다. 돌봄 서비스 산업이 낮은 임금을 지급하고 이윤을 거의 창출하지 못하는 분야이지만 어떻게 조직화하고 관리하느냐에 따라서 임금과 이윤이 높아질 수 있다는 것을 보여주었다. CHCA의 성공사례에 자극을 받아, 뉴욕시에서는 노동자협동조합을 지원하기 위해서 120만 달러(약 13억 원)의 기금을 조성하기도 하였다.

<사례 4> New Central Jute Mills[4)]— 인도

New Central Jute Mills(이하 'NCJM')는 인도 콜카타(Kolkata)에서 삼베를 생산하는 약 7,000명 규모의 노동자협동조합이다. NCJM의 전신은 1900년대 초 영국 사업가에 의해 설립되었고, 1950년대 초 인도 사업가에게 판매되어 New Central Jute Mills로 회사명이 변경되었다. NCJM은 생산 기술과 품질로 명성을 얻고 있었으나 1980년대 화학과 비료 부문에서의 적자로 인해서 잦은 직장폐쇄를 경험하였다. 더구나 1980년대 중반 삼베산업이 어려운 상황에 직면하여 NCJM은 공장을 폐쇄하였고, 이를 노동자들이 고용을 유지하기 위하여 인수한 사례이다. 따라서 NCJM의 사례는 <표 8-1>의 유형 2에 해당한다. 즉, 파산한 기업을 노동자들이 인수하여 협동조합으로 전환한 케이스이다.

1986년 당시 경기가 좋지 않은 상황에서, 소유주들이 공장을 폐쇄하기로 결정하였다. 이에 당시 상무이사가 주도하여 지방정부, 정치지도자들, 노동조합과 함께 노동자인수 방안을 논의하기 시작하였다. 오랜 논의 끝에 노동조합이 남아 있는 2,500여 명의 노동자들과 결의하여 노동자협동조합을 설립하기로 하였다. 먼저 지방정부가 노동자들의 재정부담을 줄여주기 위해서 NCJM 주식의 41.17%를 사들였고, 노동자들은 임금의 13%(주급 약 600원)를 1년 반 동안 투자하여 회사 주식을 사들이기로 하였다. 직장폐쇄 1년 후에 노동자들이 그 기업을 인수하여 가동을 재개하였다. 2009년 당시에 조합원들을 대표하는 기구가 52.52%, 주 정부가 41.17%, 나머지 기관들이 6.31%를 소유하고 있었다.

---

4) Kandthil and Varman(2007)과 홈페이지(www.newcentraljute.com)에서 참고.

재가동 초기에 상무이사가 노동조합과 함께 여러 가지 법적 문제를 해결하기 위해서 노력하였다. 그러나 상당수 노동자들은 협동조합에 대해서 회의적이었고, 노동조합이 경영진과 합세하여 자신들의 돈을 가로채기 위한 술책을 사용하고 있다고 의심하였다. 직장폐쇄 당시에 노동자들은 이 회사를 국유화하거나 지방정부가 인수하는 것을 원했기 때문에 이러한 분란은 커져갔다. 상무이사는 이러한 문제를 해소하기 위해서 1989년 자문위원회를 설치하여 노동자들에게 기업 수준의 의사결정에 참여할 수 있는 기회를 주었고, 경영진에게 불만을 제기할 수 있는 통로를 제공하였다. 당시에 다른 기업들에서는 잦은 직장폐쇄와 노사분규로 인해 파업이 자주 발생하였으나, NCJM에서는 경영진의 일련의 노력을 통해 대부분의 노동자들이 전국파업에 참여하지 않고 생산활동에 전념하였다.

그러나 NCJM은 2018년 현재 기업회생 절차를 밟고 있다. 회생보고서에 따르면, NCJM은 혁신적이지 않고 전통적인 저부가가치 부문에 한정되어 있었다. 생산과정을 향상시키려는 연구와 투자가 없었다. 생산성이 낮은 것은 퇴직연령이 지난 노동자들도 남아 있고, 기계들이 낡고 잘 유지·보수되지 않아서 효율성이 떨어졌기 때문이라고 보고하고 있다. 또한 운영자금이 부족하고 원료공급이 원활하지 않으며 전기공급이 자주 끊기는 상황에 처해 있었다. NCJM의 사례는 노동자협동조합으로 전환되어 상당한 기간(약 30년) 유지된다 하더라도 내부 혁신이 지속적으로 이루어지지 않는다면 사업적으로 성공하기 어렵다는 사실을 보여준다.

<사례 5> 몬드라곤 협동조합복합체[5] – 스페인

스페인 바스크 지방에 위치하고 있는 몬드라곤 협동조합복합체는 1956년 호세 마리아 신부의 주도하에 설립되어 지금까지 번영하고 있다. 현재 몬드라곤은 금융, 제조업, 판매, 지식 부문의 260여 개 기업으로 구성되어 있으며 스페인 기업들 중에서 7대 그룹이 되었다. 2017년 기준으로 총매출은 113억 유로, 총 직원 수는 81,000여 명에 달한다. 글로벌화에 대응하기 위하여 1990년부터 해외공장을 설립하기 시작하여, 2013년까지 멕시코, 미국, 중국 등 해외에도 122개의 지사를 갖게 되었다.

1941년에 몬드라곤에 정착한 호세 마리아 신부는 1943년 기술대학을 세워 기술 훈련 및 교육을 시작하였다. 1955년 이 기술대학에서 5명의 학생과 함께 전자회사인 울고르(Ulgor)를 설립하였고, 이것이 파고르(Fagor) 전자의 전신이었다. 1959년에 신용조합인 카자 라보랄(Caja Laboral), 1966년에 사회보험인 라군 아로(Lagun Aro)가 설립되었다. 1969년에는 소규모 소비자협동조합을 통합하여 에로스키(Eroski)를 설립하게 된다. 이에 그치지 않고 1974년에는 기술연구소인 이켈란(Ikerlan) 연구센터를 설립하였고, 1986년에는 사내훈련과 협동조합 전파를 담당할 오타로라(Otalora)가 출범하였다.

이러한 노력은 사업적 성과로 이어졌고, 2008년 세계적 금융위기 시기를 제외하고는 지속적인 성장을 달성하였다. 카자 라보랄의 자산이 1989년 17억 유로에서 2009년 140억 유로로 급격히 증가하였고, 제조업의 총매출도 같은 기간 12억 유로에서 53억 유로로 성장하였다. 판

5) 김성오(2012a; 2012b), 웹사이트(www.mondragon-corporation.com/en)를 참고.

매 부문에서도 총매출액이 20년 만에 4억 유로에서 85억 유로로 급증세를 보여주었다. 지식 · 기술 분야에서는 이켈란 연구센터와 몬드라곤대학교가 주도하고 있다. 연구소의 규모와 실적은 예산으로 가늠할 수 있는데, 1990년 500만 유로에서 2010년에는 2,000만 유로로 4배 정도 증가하였다. 이켈란 외에도 각 분야별로 수많은 연구소가 설립되어 2010년 총예산은 5,900만 유로, 연구원들은 780여 명으로 증가하였다. 1990년 멕시코 현지 공장을 세우면서 시작된 국제화로 인해 2012년 제조업 부문 해외매출만 40억 유로를 달성했고 해외 노동자들도 14,000여 명이나 된다. 이러한 사업적 성장만이 아니라 사회적 공헌활동에도 2017년 2,500만 유로를 지원하였다.

그러나 이러한 눈부신 성장에도 불구하고 몬드라곤 협동조합복합체의 주춧돌이었던 파고르 전자가 2009년 말부터 시작된 유로화 위기로 인해 많은 손실을 입었고, 2013년 1,920명을 고용하고 있던 파고르 프랑스 자회사가 파산을 신청했다. 결국 2014년 파고르 전자는 카타(CATA)에 4,250만 유로에 매각되었다. 이러한 어려움에도 불구하고 전체적인 몬드라곤 협동조합복합체의 사업적 성장은 현재까지 이어지고 있다. 파고르 전자의 매각 이듬해인 2015년에 1,200명의 새로운 일자리가 창출되기도 하였다.

<사례 6> 라 파브릭 뒤 쉬드(La Fabrique du Sud)[6)]– 프랑스

라 파브릭 뒤 쉬드(La Fabrique du Sud, 이하 '라 파브릭')는 프랑스 오드 지방의 카르카손에 있는 아이스크림 공장을 노동자들이 인수하여 노동자협동조합으로 전환한 사례이다. 라 파브릭의 전신이었던 필파 아이스크림 공장은 1971년 설립되었으며, 이전에 3A라는 농업협동조합의 자회사였다. 주로 유제품과 계란, 기름 등의 도매업을 하고 있었다. 2011년 9월 R&R이라는 다국적 아이스크림 회사에 2,700만 유로에 매각되었다. R&R은 2013년 4월에 PAI Partners에 다시 매각되었고, 몇 개월 후에 123명 전 직원을 해고하고 공장을 폐쇄하였다.

노동자들은 공장폐쇄를 막아 일자리를 보존하기 위한 투쟁을 시작하였고, 이 회사가 지속가능하다고 판단하여 노동자협동조합 설립을 추진하였다. 이에 카르카손 시는 170만 유로로 공장부지를 매입하여 일부를 저렴하게 임대를 해주었다. PAI Partners는 기계와 장비 명목으로 81만 유로, 교육훈련비 명목으로 20만 유로를 받고 생산라인을 노동자들에게 매각하였다. 21명이 노동자협동조합 설립에 참여하였고, 각각 5천 유로를 출자하였다. 실제로는 실업자의 창업 및 인수 지원제도를 활용하여 실업급여를 자본금으로 지원받아 각각 2만 유로(출자금의 3배와 합쳐)를 출자한 셈이다. 이 사례는 <표 8-1>의 유형 2에 해당한다. 즉, 파산한 기업을 노동자들이 인수하여 협동조합으로 전환한 케이스이다.

라 파브릭의 전략적 의사결정에는 모든 조합원들이 참여하고 있다. 노동자조합원들은 모두 생산직이었기 때문에, 마케팅과 판매 분야에

---

6) 웹사이트 http://www.managerlenchanteur.org/ressources/la-fabrique-du-sud-scop/ 참고.

대한 교육과 훈련을 받고 있으며, 협동조합 운영원리 등을 학습하고 있다. 사업이 본 궤도에 진입하기 전까지는 급여를 삭감하기로 했으며, 사업개발을 위해 영업이사를 채용하기도 하였다.

옛 필파 직원들과 지역주민들로 구성된 협회에는 10만 명의 투자조합원이 있으며, 이들은 지역경제와 대안적 유통 네트워크를 지원하고 있다. 2014년 약 75만 유로의 매출을 달성하여 인수 당시에 설정했던 목표 64만 유로를 초과달성하였다. 2016년에는 250만 유로의 매출을 올려 사업적으로도 견실한 성장을 지속하고 있다.

토론해 봅시다

1. 국내외 노동자협동조합 사례를 찾아서 정리해 봅시다.

2. 산업이나 규모, 지역, 문화 등의 측면에서 노동자협동조합에 적합한 조건들을 토론해 봅시다.

3. 유사한 산업과 비슷한 규모였던 노동자협동조합의 성공사례와 실패사례를 찾아서 그러한 차이를 가져오게 된 이유들을 분석해 봅시다.

제12장

Organizational Democracy

노동자협동조합 사례: 국가편

노동자자주관리를 국가적 차원에서 실시했거나 시도한 국가들은 1990년대 초까지 유지되었던 유고슬라비아와 2000년을 전후로 좌파정권들이 집권하기 시작한 중남미 국가들이 있다. 이러한 국가들은 자본주의적 사적 소유도, 구 사회주의 국가들의 국가 소유도 아닌 사회적 소유 또는 공공 소유라는 제3의 길을 선택하였다.

이러한 국가들은 정치영역에서의 민주화뿐만 아니라 경제영역에서도 민주화되어야 한다는 아나코-생디칼리즘(anarcho-syndicalism)과 궤를 같이하고 있다. 노동자자주관리를 국가적 차원에서 실시하기 위해서는 노동자협동조합이 상당한 역할을 담당해야 한다. 이 장에서는 유고슬라비아와 중남미 핑크 타이드(pink tide) 사례를 중심으로 살펴본다.

1. 유고슬라비아

1) 유고슬라비아의 역사

유고슬라비아는 1945년 군주제를 폐지하고 크로아티아, 슬로베니아, 보스니아, 마케도니아, 몬테네그로, 세르비아 등 6개 공화국을 통합한 연방공화국으로 설립되었다. 당시 대통령이었던 티토(Tito)는 소련으로부터 실질적으로 독립된 국가를 유지하는 노선을 채택하였다. 티토는 1948년 여러 가지 이슈들로 인해 스탈린과 불화를 겪게 되었고, 이후에 노동자자주관리를 도입하게 되었다. 결국 유고슬라비아는 비동맹 중립주의와 자주적인 정치 노선을 선택하였다. 다른 사회주의 국가들과는 달리 기업의 영리와 이윤제도 등 시장경제를 받아들였으며 자본주의 국가들과 좋은 관계를 유지하려고 노력하였다. 유고슬라비아는 사회주의 국가들의 바르샤바조약기구나 자본주의 국가들의 북대서양 조약기구(NATO)에도 가입하지 않고 비동맹 운동 노선을 채택하였다. 유고슬라비아의 정치지도자들은 소련식의 국가 사회주의는 정치적·경제적 권력의 독점을 낳을 수 있다고 보았으며, 이러한 문제점을 극복하기 위한 방안으로 정치영역에서의 분권화와 경제영역에서의 사회적 소유와 노동자자주관리를 대안으로 제시하였다(Benson, 2001).

유고슬라비아에서 사회적 소유, 즉 노동자들에 의한 생산수단의 소유를 주장했지만, 기업의 법적인 소유는 여전히 국가(지방정부)에 있었다. 가족을 제외하고 5인 이상을 고용하는 기업은 모든 노동자들이 주인인 노동자자주관리기업이 되어야 했다. 이러한 자주관리기업에서 주요한 의사결정은 노동자 대표들의 회의를 통해 이루어졌다. 모든 노동자들은 임금을 받는 것이 아니라 회사의 수익을 나눠 갖는 형식을 취하였다(김창근, 2016; Ramet, 2006).

1961년 이후에는 기업 내 노동자평의회가 이윤을 개인소득과 투자기금으로 어떻게 분배할 것인지를 결정하였다. 또한 1965년 이후에는 기업 이윤에 대한 세금이 폐지되었고, 사회보장 기여율도 축소되었으며, 생산수단의 사용에 대해 지불하는 이자도 크게 감소하였다(김창근, 2016).

유고슬라비아는 1970년대 상당한 경제적 발전을 이루어 동구권에서 가장 부유한 국가가 되었다. 경제성장률이 10%를 오르내리며 한국과 더불어 고성장 국가로서 알려지게 되었다.

그러나 1980년 유고슬라비아의 정신적 지주였던 티토가 사망하면서 분열의 조짐을 보이기 시작했다. 연방 간부회의를 통한 집단지도체제로 전환되었으나, 1987년 공산당 서기장에 오른 밀로셰비치가 세르비아 민족주의를 주창하면서 민족 간 갈등이 격화되었다. 결국 1991년부터 내전을 겪으면서 슬로베니아, 크로아티아, 마케도니아, 보스니아가 분리・독립하였다. 1992년 세르비아와 몬테네그로가 새로운 연방공화국(신유고연방)을 결성했지만, 2006년 몬테네그로가 분리되면서 유고슬라비아 연방은 완전히 해체되기에 이르렀다.

2) 유고슬라비아 해체의 원인

유고슬라비아가 상당한 경제적 성공을 거두면서 동유럽 최대 부국이 되기도 하였지만 여러 가지 약점을 동시에 가짐으로써 구 사회주의 국가들과 마찬가지로 사회주의를 포기하게 되었다. 유고슬라비아 해체의 가장 직접적인 원인은 유고슬라비아 개별 공화국들이 서로 다른 역사와 민족성, 종교를 가진 민족들로 구성되어 있었고, 티토의 사망과 함께 민족주의가 대두되었다는 데에서 찾을 수 있다.

그러나 단순히 이러한 민족성의 차이만이 아니라 공화국 사이의 경제적 격차가 민족주의를 불러온 또 다른 이유가 될 수 있다. 예로서, 1965년에서 1975년 사이에 공화국들 사이의 소득 격차는 소련의 1.27～1.39배보다 높은 1.40～1.58배였다. 또한 1975년 슬로베니아와 크로아티아의 실업률은 1.5% 정도로 낮았으나 세르비아와 보스니아 등에서는 13～28%까지 실업률이 매우 높게 유지되었다(김창근, 2016; Gapinski, 1993). 이러한 경제적 생활의 차이가 민족 간 대립과 갈등을 부추겼음을 알 수 있다.

사회구조적인 측면에서도 유고슬라비아가 해체된 원인을 찾을 수 있다. 유고슬라비아에서는 국가 소유의 문제점을 극복하고자 사회적 소유를 제시했지만 법적으로는 국가 소유였다. 더구나 기업 이윤에 대한 세금이 폐지되고, 사회보장 기여율도 축소되었으며, 생산수단 사용에 대한 이자도 크게 감소함으로써, 노동자들은 “현재소득의 극대화”를 추구하게 되었다. 생산수단의 사회적 소유, 실제로는 국가 소유로 인해 흑자 기업들은 이윤의 많은 비중을 소득으로 전환하였고, 적자 기업들은 적자를 사회적 부채화하면서 개인 소득의 삭감은 거부함으로써 성장을 위한 투자가 이루어지지 않은 것이다. 국가 소유로 인해 파산의 가능성이 거의 없어지고 그에 따라 모든 기업들이 소득 극대화를 추구하게 된 것이다.

이윤을 투자하더라도 고용을 늘리는 방향보다는 자본집약적인 투자를 선호함으로써 미래소득을 늘리려고 하였다. 이러한 결과들로 인하여 실업률은 계속 증가하고, 서유럽으로 이주하는 노동자들이 크게 증가하였다. 실제로 명목임금상승률이 1952~1964년까지 연평균 10%였는데, 1965~1973년에는 19%로 급증하였고, 이에 따라 물가상승률도 동 기간에 6.3%에서 15.5%로 급등하였다(김창근, 2016).

한편으로는 새로운 특권층이 등장하여 실질적인 노동자자주관리를 어렵게 함으로써 유고슬라비아의 실험이 실패하게 되었다고 볼 수도 있다. 1950년대 초부터 기업의 주요한 의사결정 권한은 노동자들이 선출한 노동자평의회(workers' council)에 주어졌다. 노동자평의회가 관리위원회를 선출하고 생산계획과 재무보고서를 승인했으며, 기업 내규와 규율들을 심의하였다. 1965년 이후에는 노동자들의 직접적인 참여를 강화하기 위해 최고 의사결정 권한이 노동자평의회 대신에 노동자총회에 주어졌다. 그러나 실제로는 기업 대표와 전문가들이 새로운 특권층을 형성하여 기업의 주요한 의사결정을 좌지우지하게 되었다.

노동자들의 소득은 기업 이윤에 의존하는데, 다시 기업의 이윤은 투자자금 조달과 원자재 가격과 같은 외적 요인에 크게 영향을 받음에 따라, 노동자들의 관심은 외적 요인에 집중되었고 노동자평의회에 대한 관심이 적었기 때문에 노동자 참여가 제대로 이루어지지 않았던 것이다. 또한 노동자들의 교육수준과 정보, 전문성이 부족하여 경영진의 제안을 대부분 그대로 수용하는 경우가 자주 발생하였다(김창근, 2016).

노동자들은 소득분배와 노동조건에 대한 결정에만 관심을 갖고 참여하게 되었으며, 그 외의 주요한 경영상의 결정은 경영진과 전문가 집단에게 맡겨졌다. 결국 새로운 관료집단과 엘리트 집단이 권력과 전문지식을 독점하였고, 민주적 의사결정을 저해하는 특권층이 형성된 것이다.

2. 핑크 타이드(pink tide)

1) 핑크 타이드의 의미

핑크 타이드는 21세기를 전후로 중남미에서 우파 독재정권이 무너지고 민주화가 이루어지면서 새로운 유형의 좌파정권이 탄생하게 된 현상을 표현하는 용어이다. 핑크는 기존의 자본주의(화이트)도 아닌, 사회주의(레드)도 아닌 시장 사회주의 또는 온건 사회주의를 표현하기 위해서 사용된 것으로 보인다. 핑크 타이드는 1999년 베네수엘라에서 차베스 대통령, 2003년 브라질에서 룰라 대통령, 2006년 볼리비아에서 모랄레스 대통령이 집권하면서 시작되었다.

중남미에서 좌파정권이 등장하게 된 것은 1990년대 신자유주의에 대한 국민들의 불만이 가장 큰 요인일 수 있다. 신자유주의적 개방과 민영화, 긴축정책은 경제적 안정과 경기회복을 가져오는 듯했으나 동시에 불평등과 빈곤을 확대하는 결과를 낳았다(김기현, 2006; 원영수, 2006). 실제로 당시에 라틴아메리카의 지니계수는 아프리카 몇몇 국가를 제외하면 가장 높았을 정도로 경제적 불평등도가 심각한 상태였다.

그러나 중남미에서 좌파가 대두하기 시작한 것은 1960년대로 거슬러 올라간다. 1960~70년대 카스트로와 체 게바라의 영향으로 민족해방운동이 중남미에 막대한 영향을 미쳤고, 1970년부터 1973년까지 칠레의 인민연합과 1979년부터 1990년까지 니카라과의 산디니스타 혁명을 통해 사회주의를 실험할 수 있었다. 하지만 미국의 지속적인 정치·군사적 개입으로 민중운동에 대한 탄압과 군부 쿠데타로 인해 이러한 실험들은 실패로 끝나고 만다. 하지만 1990년대 반미와 반신자유주의를 기치로 내세운 좌파세력들이 국민들의 지지를 받기 시작했으며 선거를 통해서 집권하게 되었다.

그러나 중남미 좌파정권의 정치적·이데올로기적 성격은 획일적이지 않으며 다양한 스펙트럼을 형성하고 있다. 원영수(2006)의 분류에 따르면, 중남미 좌파정권 중에서 신자유주의를 가장 적극적으로 받아들인 칠레의 바첼레트, 중도·실용주의 노선을 채택한 브라질의 룰라, 그리고 신자유주의에 저항하면서 새로운 사회주의를 추구한 베네수엘라의 차베스까지 다양한 스펙트럼이 존재한다.

2) 베네수엘라 사례

핑크 타이드를 처음 조성한 차베스는 석유산업을 국유화하고 사회복지정책을 대대적으로 확대하여 빈곤과 불평등을 해소하는 성과를 이루었다. 당시 중국과 인도의 급속한 산업화는 유가 상승을 가져왔고 그것이 차베스 복지정책의 재원이 되었다. 대외적으로는 반신자유주의를 주창하고 미국 주도의 자유무역협정(FTA)에 대항하여 다양한 남미국가들의 연합기구들의 설립을 주도하였다.

차베스 정부의 정책적 특징은 참여민주주의라고 할 수 있다(이상현 · 박윤주, 2016; 허석열, 2014). 차베스 정부의 "경제 · 사회 발전계획 2001~2007년"에서 제시된 모형은 사회적 경제(social economy)였다. 여기서 사회적 경제는 협동조합, 소규모 가족기업, 자주관리 소기업들로 구성되어 있었다. 2001년 「협동조합법」에서 협동조합들의 "사회적 책임"과 "공동체에 대한 약속"을 주요한 가치로 장려하였고, 대출을 받는 조건으로 수익의 10%를 공동체에 기부하도록 하였다.

차베스는 2005년 직장폐쇄 상태에서 노동자들이 국유화를 주장했던 두 회사를 인수하여 정부와 노동자협동조합 간의 공동경영을 실험하게 되었다. 종이회사를 인수하여 인베팔(Invepal)로, 밸브회사는 인베발(Invebal)로 출범시켰다. 지분은 정부가 51%, 노동자협동조합이 49%를 소유하였다. 그러나 인베팔은 출범 초기부터 정부 측 이사들이 주요 의사결정을 독점하였고, 노동자들은 기업 경영에서 배제되었다. 반면에 인베발에서는 정부 측 개입이 거의 없었으며 노동자들과 그들의 대표에 의해 의사결정이 이루어졌고 노동자총회와 공장평의회가 주도적 역할을 하였다. 결국 두 회사는 정부와 노동자협동조합의 공동경영을 위해 출범했지만 인베팔은 실패한 사례로, 인베발은 성공한 사례로 인정되고 있다. 이러한 차이를 불러온 것은 무엇보다도 정부의 역할이다. 공동경영은 국유기업들에 도입되고 있으며, 그 도입 여부는 51%를 소유하고 있는 정부가 결정하고 있다. 또한 인베팔의 경우 정부가 직접 경영하였지만 인베발의 경우 정부가 노동자 대표와 공장평의회에게 경영권을 위임하였다(조돈문, 2012).

2010년대 들어 차베스의 좌파정책들이 여러 가지 요인들로 인해 위기를 맞이하게 되었다. 베네수엘라가 성장할 수 있었던 요인 중의 하나는 중국과의 활발한 교역이었으나, 2010년대 중국의 투자가 감소하였고 국제유가가 하락하면서 경제위기에 직면한 것이다. 더구나 수출액의 98%가 석유자원에 의존하는 산업구조, 배분경제와 관료주의, 새로운 특권층의 등장, 또한 2013년 차베스의 사망 등으로 베네수엘라에서 시작된 핑크 타이드는 위기에 처하게 되었다. 특히 차베스의 사망은 차베스 정책에 타격이 클 수밖에 없었는데, 그 이유는 베네수엘라 좌파정권에서 공동경영과 노동자 통제에 적극적이었던 사람은 차베스 대통령이 거의 유일했기 때문이다(조돈문, 2012). 그럼에도 불구하고 차베스 이후에 마두로(Maduro)가 대통령으로 선출되어 좌파정권이 명맥을 유지하고 있다.

3) 핑크 타이드의 정책

핑크 타이드의 등장으로 중남미의 빈부격차와 빈곤율이 크게 줄어들었다. 핑크 타이드가 시작된 1990년대 말까지 중남미의 빈부격차와 빈곤율은 아프리카 일부 국가들을 제외하곤 가장 심각한 상태였다. 그러나 국제통화기금(IMF)이 2014년에 발표한 보고서에 따르면, 2000년 전후보다 중남미의 지니계수가 3~4% 감소하였다. 다른 지역에서는 일반적으로 지니계수가 상승하였으나 중남미에서는 감소했다는 것은 핑크 타이드의 주목할 만한 성과라고 할 수 있다(이상현 · 박윤주, 2016).

2000년대, 2010년대 초반까지 핑크 타이드가 중남미를 휩쓸었으나 2010년대 중반부터 핑크 타이드 세력들이 점차 약화되었다. 가장 중요한 이유는 국제유가와 원자재 가격의 하락으로 인한 경제 불안이었다. 특히 중국의 경제성장세가 둔화됨으로써 중남미 수출품의 가격이 하락하여 경기침체를 가져온 것이다. 호황일 때 지속적 성장을 위한 투자보다는 복지에 너무 많은 투입을 하다 보니 원자재 가격 하락에 대처할 수가 없었다. 이러한 경기침체로 좌파정권들이 추진해 왔던 복지정책들이 타격을 입음으로써 국민들의 불만을 가져왔다. 더구나 2010년대 중반 이후 브라질 대통령 룰라, 에콰도르 부통령 글라스 등이 부패혐의로 물러나면서 핑크 타이드가 위기에 처한 것이다.

그러나 핑크 타이드의 이러한 위기가 좌파정책의 쇠퇴를 의미하지는 않는다. 실제로 많은 중남미 국가들에서 우파 정치인들이 좌파정책의 많은 부분을 수용하였다. 그들은 좌파정책들을 좌파정권을 대신해서 청렴하고 효율적으로 추진해 나가겠다는 약속을 함으로써 국민들의 지지를 이끌어냈다(이상현 · 박윤주, 2016).

한편, 이러한 위기에도 불구하고 2018년 멕시코에서 압브라도르(Obrador), 2019년 아르헨티나의 페르난데스(Fernandez), 파나마의 코르티조(Cortizo) 등 좌파정권이 새로이 승리하고 2019년 볼리비아에서 모랄레스가 재집권함으로써 핑크 타이드가 다시 부활하였다. 2019년 말 현재, 15개 중남미 국가들 중에서 8개국에서 좌파정권이 유지되고 있다.

3. 노동자자주관리의 경험

이상으로 국가적 차원에서 노동자자주관리와 노동자협동조합을 실천하고자 했던 유고슬라비아와, 그리고 지금도 실천하고 있는 남미 핑크 타이드 국가들을 살펴보았다. 정치적 혁명에 의해 국가 사회주의를 지향했던 구 사회주의 국가들이 스스로의 한계에 부딪혀 자본주의에 항복을 선언한 상황에서 이러한 국가들의 실험은 우리에게 시사하는 바가 크다. 결국 이들이 추구하고자 했던 것은 자본주의에서 나타나고 있는 다양한 모순들을 극복하고 좀 더 공정하고 민주적인 사회를 만들고자 했을 것이다. 그러나 유고슬라비아의 경우 처음부터 민족 간 갈등의 문제를 안고 있긴 했지만, 결국 구 사회주의 국가들의 한계를 극복하지 못하였고, 남미 좌파정권 또한 정권 창출과 실각을 반복하는 등 불안정한 상황에 있다.

이러한 역사 속에서 우리가 얻을 수 있는 교훈은 명백해 보인다. 유고슬라비아와 남미 국가들에게 공통적으로 나타난 문제점은 국가 소유이다. 이러한 국가들에서는 국가 소유 대신 사회적 소유를 주창했기 때문에 국가 소유의 문제가 아니라고 생각하기 쉽다. 그러나 유고슬라비아에서 사회적 소유를 내세웠지만 실제로는 지방정부의 소유였고 국가 소유와 별다른 차이가 없었다. 베네수엘라의 경우에도 공동경영 기업 지분의 반 이상을 정부가 소유하고 있었다. 정부가 소유하고 있으므로 기업 구성원들은 미래를 걱정할 필요가 없고, 현재소득의 극대화를 추구하는 것이 합리적인 선택이다. 그래서 수익이 증가하면 투자보다는 노동자들의 소득에 많은 비중을 두고, 수익이 감소하면 차입을 해서라도 자신들의 소득은 유지하려 했던 것이다. 자신들의 기업이 파산할 위험성이 거의 없으므로 구성원들은 자신들의 현재의 몫을 최대로 하면 그만이다.

이러한 문제점을 극복하기 위해서는 국가 소유 지분을 가능한 한 줄여야 한다. 지방정부 공무원이 해당 기업의 의사결정에 참여할 수 있을 정도만 유지하고 해당 기업이 파산할 가능성을 남겨두어야 한다. 그래야만 그 조직 구성원들은 장기적인 안목을 가지고 현재소득과 투자를 적절하게 배분할 것이며 보다 효율적인 생산·운영방식을 도입하기 위해서 노력할 것이다. 또한 그 기업의 주변 이해관계자들도 의사결정에 참여할 수 있어야 한다. 그 기업 제품의 공급업체나 수요업체, 투자자들 또한 그 기업의 이해관계자들이며, 적은 지분을 갖고서 최소한의 감시기능은 할 수 있어야 한다.

유고슬라비아와 남미 국가들에서 나타났던 또 다른 문제점은 집단 이기주의 문제이다. 이러한 국가들에서 조직 외부인들은 해당 조직의 의사결정에 참여할 수 없기 때문에 자신의 조직의 이익만을 위한 의사 결정이 이루어졌던 것이다. 외부인들이 구조적으로 참여할 수 없는 상황에서는 자신들과 자신들 조직의 이익을 위해서 의사결정하는 것은 어쩌면 당연한 행동이다. 이러한 문제점을 해결하거나 완화하기 위해서도 외부 이해관계자들이 의사결정에 참여할 수 있는 구조를 만들어야 한다. 지방정부 공무원과 관계 기업들에게 발언권과 투표권이 주어져야 한다. 물론 이들에게 너무 많은 지분이 주어지면 감시를 넘어 자율권을 침해할 수 있기 때문에 최소한의 지분만 주어져야 한다.

또한 유고슬라비아와 남미 좌파정권에서 공통적으로 나타났던 문제점은 경영에 대한 일반 노동자들의 무관심과 특권층의 대두였다. 유고슬라비아와 핑크 타이드 국가들의 일반 노동자들은 기업의 전략적 의사결정보다는 자신들의 소득에 더 많은 관심을 가졌다. 그러다 보니 경영진과 정부 관료들이 주요한 사안에 대한 의사결정을 독점하게 되었고, 주식회사의 경영진과 같은 특권층이 형성된 것이다. 이러한 국가들에서 일반 노동자들이 기업 경영에 무관심해지게 된 이유가 단순히 그들의 의식수준이 낮았기 때문만으로 돌리기도 어려워 보인다. 보다 근본적인 이유는 국가 소유와 그로 인해 자신들의 기업은 쉽게 파산하지 않을 거라는 확신이 있었기 때문은 아니었을까? 파산의 가능성이 있어야 일반 노동자들도 기업 경영에 관심을 갖고 좀 더 효율적이고 생산적인 방법들에 대해서 고민해볼 터인데 결코 망하지 않을 거라는 확신이 있기 때문에 효율적이고 생산적인 경영보다는 자신들의 소득에 더욱 관심을 가지게 되었던 것으로 추측해볼 수 있다.

토론해 봅시다

1. 유고슬라비아에서 자주관리가 성공할 수 있었던 요인과 실패하게 된 요인들을 정리해 봅시다.

2. 핑크 타이드(pink tide)가 조성된 배경과 성공하기 위한 조건들을 토론해 봅시다.

3. 국가 차원에서 자주관리가 지속되기 위해서 정부가 채택할 수 있는 법률적·정책적 지원은 어떠한 것들이 있을까요?

제 13 장

Organizational Democracy

노동자협동조합 활성화를 위하여

1. 조직 민주주의를 위하여

그동안 자본주의 기업들은 다양한 형태의 노동자 참여제도들을 도입하여 왔다. 자율관리팀과 품질분임조와 같은 팀 수준의 의사결정 참여제도를 도입하고, 개별 근로자들에게 자율성을 부여함으로써 그들의 지식과 기술을 활용하고 동기를 부여하고자 하였다. 사회민주주의 전통이 강한 유럽 국가들에서는 권력이 과도하게 자본에 집중되는 것을 방지하기 위하여 노동자들이 조직 수준의 의사결정에 참여할 수 있는 길을 열어주기도 하였다.

한편으로는 다양한 성과급 제도를 도입하여 조직과 자신의 이해가 다르지 않다는 점을 부각시켜 동기를 부여하고자 하였다. 또한 우리사주제도나 스톡옵션제도와 같은 자사 주식 소유제도들을 통해서 노동자들에게 주인의식을 심어주고자 시도해왔다.

이에 발맞추어 경제학과 경영학, 특히 인사·조직 분야에서도 이러한 참여제도들이 조직구성원들의 인식과 태도, 행동, 조직성과에 미치는 영향을 연구해왔다. 대체적인 결론은 이러한 제도들이 무조건적이지는 않지만, 일반적으로 개별 구성원들이나 조직에 바람직한 영향을 미친다는 것이다. 그렇지 않다면 이윤극대화를 추구하는 자본주의 기업에서 그러한 제도들을 도입할 이유가 없을 것이다. 전반적인 추세 또한 이러한 참여제도들을 확대하는 방향으로 가고 있다.

글로벌화로 인해서 기업 간 경쟁이 격화되고 있어서 기업들은 변화와 혁신으로 대처해 나가야 한다. 이러한 변화와 혁신에는 특정 분야 전문가(specialist)들뿐만 아니라 현직자(incumbent)들의 아이디어와 지식도 중요하다. 조직구성원들의 지식과 아이디어를 사용하기 위해서는 의사결정 참여를 적극적으로 권장해야 하며, 그러기 위해서는 물질적 보상인 성과급도 동반되어야 한다. 또한 소유 참여제도를 통해서 주인의식이 고양된다면 조직구성원들은 이러한 변화와 혁신에 더욱 헌신할 것이다. 또한 변화와 혁신으로 나아가기 위해서는 조직구조가 수평적이어야 한다. 과거의 수직적인 조직구조 하에서는 원활한 의사소통과 참여 문화가 형성될 수 없다.

그러나 자본주의 기업에서 이러한 다양한 참여제도들을 동시에, 그리고 전면적으로 도입하는 경우는 없다. 이것이 자본주의 기업에서 조직 민주주의가 한계에 부딪힐 수밖에 없는 지점이다. 즉, 자본주의 기업들이 일정 정도 참여제도들을 도입한다고 하더라도 1인 1표로 대표되는 형식적인 민주주의조차 받아들여지지 않기 때문에 민주주의 조직이라 하기에는 부족한 점이 많다. 이러한 제도들을 동시에 전면적으로 도입하게 되면 경영진과 주주들의 권리마저 위협받을 수 있기 때문이다. 하위 관리자들과 노동자들이 의사결정제도에 실질적으로 참여하게 되면 경영진과 주주들의 경영전권이 침해를 받게 되고, 조직구성원들이 보다 많은 성과급을 받게 되면 주주들의 배당수익이 줄어든다. 조직구성원들이 보다 많이 소유하게 되면 주주들의 소유지분이 떨어지며 경영권도 위협받게 된다.

그에 비해서 노동자협동조합은 이러한 참여제도들이 동시에, 그리고 전면적으로 도입되어 있는 조직 유형이다. 따라서 다른 조건들이 동일할 경우, 조직구성원들의 태도와 행동, 그리고 조직성과 측면에서 노동자협동조합이 자본주의 기업보다 우월할 가능성이 충분히 있다. 모든 조합원들이 소유주이기 때문에 노동자협동조합이 더 수평적인 조직구조를 갖고 있으며, 이러한 조직구조는 노동자협동조합이 혁신적일 수 있는 가능성을 증가시킨다. 앞서 살펴본 것처럼, 조직성과를 다룬 이전의 실증연구들도 노동자협동조합의 생산성과 생존력이 자본주의 기업보다 더 높을 수 있음을 보여주고 있다. 하지만 노동자협동조합이 초보 단계인 한국에서 노동자협동조합을 좀 더 활성화시키기 위해서는 노동자협동조합들이 물적 자원들을 보다 쉽게 확보할 수 있어야 하며 노동자협동조합에 대한 지식과 정보가 널리 보급되어야 한다.

한편, 노동자협동조합은 단지 직장에서 형식 민주주의를 실천할 수 있는 조직 형태이며 그 자체가 실질 민주주의를 보장하지는 않는다는 점이 강조되어야 한다. 즉, 노동자협동조합에서는 1인 1표가 당연하게 받아들여지고 주요한 의사결정에 모든 조합원들이 참여할 수 있지만 그 자체로 실질적으로 민주주의가 실천되고 있다고 보기는 어렵다. 예를 들면, 노동자협동조합에서 CEO를 비롯한 경영진이 중요한 사안에 대한 의견을 주로 제시하고 일반 직원들은 의사결정에 별 관심이 없거나 결정된 사항을 받아들여야 한다면 실질적인 민주주의 시스템이라고 할 수 없다. 이러한 방식이 자본주의 국가의 정치영역에서 나타나고 있는 현상이며, 유고슬라비아와 중남미 좌파정권 국가들에서도 나타난 현상이다. 노동자협동조합은 실질 민주주의를 위한 출발점이지 결코 목적지가 아님이 강조되어야 한다.

다양한 유형의 협동조합들이 있고, 이러한 모든 협동조합들이 좀 더 바람직한 사회로 나아가는 데 기여할 수 있음에도 불구하고, 우리가 노동자협동조합에 주목해야 하는 이유는 다양하다. 다른 유형의 협동조합들에 비하여 노동자협동조합의 조합원들은 직장생활을 협동조합에서 하기 때문에 협동조합적 생활을 해야 하고 그만큼 협동조합 원칙을 이해하고 실천해야 한다. 노동자협동조합 조합원들은 협동조합을 치열하게 고민하고 적극적으로 동참해야 한다.

한편으로 정치영역에서 실질적인 민주주의를 달성하기 위해서도 노동자협동조합의 역할은 중요해 보인다. 정치영역에서 실질적인 민주주의가 달성되지 못하는 주요한 이유는 정치 엘리트들이나 언론 등이 일방적으로 영향력을 행사하여 여론과 사회적 분위기를 이끌어가고 있으며, 권력과 자원이 부족한 일반 대중은 그러한 분위기에 휩쓸려 가고 있기 때문이다. 그러나 노동자협동조합처럼 보다 많은 직장들이 민주적으로 운영됨으로써 국민들이 민주주의와 관련된 체험을 하고 훈련을 받게 됨으로써 정치 엘리트들과 언론의 일방적인 영향력이 줄어들게 될 것이다.

또한 노동자협동조합은 자본주의 사회의 근간인 주식회사를 대체할 잠재력을 갖고 있다. 노동자협동조합은 자본주의 사회에서 사적 소유로 인해 나타나고 있는 문제점들을 해소할 수 있는 가장 유력한 대안이다.

더불어 노동자협동조합은 우리가 현재 직면하고 있는 4차 산업혁명에서 나타날 수 있는 여러 가지 문제점들을 보다 완화시킬 수 있는 대안이 될 수 있다. 4차 산업혁명 결과, 수많은 기업들이 사양산업화되어 실업자가 양산될 것이다. 이러한 실업자들을 노동자협동조합이 흡수하여 양적으로 팽창될 수도 있지만, 보다 근본적으로는 노동자협동조합을 근간으로 하여 다양한 이해관계자들이 노동자협동조합에 참여함으로써 노동시간 단축과 공정한 분배를 위해 협력해 나갈 수 있다. 이러한 과정에서 4차 산업혁명의 과실이 실제로 모든 인류에게 혜택으로 돌아갈 수 있다.

이러한 이유들 때문만이 아니라 하더라도 노동자협동조합은 그 자체로서 의미있는 조직 형태이다. 9장 설문조사 결과에서도 나타났듯이, 조직구성원들은 주식회사보다는 노동자협동조합에서 더 많은 만족을 느끼고 있으며 서로 도우며 열심히 일하고 있다. 이러한 사실들 자체만으로도 노동자협동조합이 많이 설립되고 많은 사람들이 조합원으로 가입할 만한 충분한 가치는 있어 보인다.

다행스럽게도 2020년대는 노동자인수를 통해서 노동자협동조합이 증가할 수 있는 기회가 열릴 수 있다. 베이비부머 사업자들의 나이가 60~70대가 되면서 그들의 은퇴시기가 시작되었다. 베이비부머들은 한두 명의 자식만 둠으로써 가업승계 가능성이 과거에 비해 상당히 낮아졌다. 실제로도 가업승계지원센터가 조사한 바에 따르면, 대주주가 퇴임을 앞둔 기업의 43% 정도에서 후계자가 없는 것으로 나타났다. 사업성은 있으나 단순히 후계자가 없어서 폐업되거나 3자 매각이 이루어지게 되면 노동자들의 고용이 불안해질 수 있고, 국가 경제적으로도 낭비가 될 수 있다. 이러한 기업들에 대해 노동자인수의 가능성을 알려주고 세제혜택과 금융지원이 이루어진다면 노동자협동조합의 양적 팽창도 충분히 예상해볼 수 있다. 베이비부머 사업자들의 은퇴는 세계적인 현상이며 많은 국가들이 이 문제에 대처하기 위해서 노동자인수를 촉진하기 위한 제도들을 도입하고 있다.

한편으로는 글로벌 경쟁으로 인해 재정적 곤경에 처한 기업들이 속출할 것이며, 4차 산업혁명으로 인해 도태한 수많은 기업들이 파산위기에 처할 것이다. 이러한 부도나 파산위기에 처해 있거나 실제로 부도나 파산한 업체들을 노동자들이 인수한다면 노동자소유기업과 노동자협동조합이 양적으로 팽창할 것이다. 이것이 노동자협동조합이 늘어날 수 있는 기회가 될 수도 있지만 여기에서 머물러서는 안 된다. 이러한 기업들이 지속적인 변화와 혁신을 추진하지 않는다면 장기간 생존할 수 없기 때문이다.

어쨌든 2020년대는 노동자협동조합이 양적으로나 질적으로 성장할 수 있는 기회가 될 수 있다. 이러한 기회를 포착하여 제대로 활용하지 못한다면 협동조합은 지난 200여 년 동안 등락을 반복한 역사를 다시 한 번 반복하는 데 지나지 않을 것이다.

2. 노동자협동조합과 관련된 장애물

노동자협동조합이 민주적인 조직이고, 조합원들에게 보다 높은 수준의 직무만족을 가져다주며, 조합원들이 조합에 바람직한 행동들을 자발적으로 보여줌으로써 경제적 성과를 높일 수 있음에도 불구하고, 노동자협동조합이 확대되고 유지되는 데는 여러 가지 장애물들이 산적해 있다. 이러한 문제점들과 장애물들을 해결할 수 있을 때, 노동자협동조합은 주식회사의 대안으로서 확장해 나갈 수 있으며, 보다 많은 사람들이 협동조합적 삶을 살아갈 수 있을 것이다. 노동자협동조합의 출현과 관련된 문제점들과 설립 이후에 부딪힐 수 있는 문제점들을 살펴보자.[1)]

첫째, 대부분의 사람들에게 협동조합, 좀 더 구체적으로는 노동자협동조합에 대한 정보와 지식이 부족하다. 앞에서 살펴본 것처럼 다양한 유형의 협동조합들이 있는데, 협동조합에 관심이 많지 않은 사람들은 어떠한 유형의 협동조합들이 있으며 그러한 협동조합들이 서로 어떻게 다른지에 대해서도 잘 모르고 있다. 이러한 정보와 지식이 부족함으로써 노동자협동조합을 설립하거나 가입하려는 시도 자체를 하지 못하거나 주저하게 만든다. 이러한 정보와 지식의 부족은 노동자인수라는 대안이 있음에도 불구하고 대안으로 검토하지도 못하게 되는 결과를 낳을 수 있다. 「협동조합기본법」이 제정되었고 협동조합과 관련된 컨설팅 협동조합들이 설립되어 있으나, 아직도 노동자협동조합은 한국 사회에서 생소한 기업형태이며 노동자협동조합의 장점이 널리 전파되지

---

1) 박노근(1997), 「경제민주주의가 경제적 성과에 미치는 영향 분석: 노동자협동조합을 중심으로」를 참고하였음.

않았기 때문에 노동자협동조합을 설립하려는 시도가 많지 않았다. 본서가 노동자협동조합에 대한 정보와 지식을 전파하는 데 조금이나마 도움이 될 수 있기를 기대해 본다.

둘째, 재정 문제도 노동자협동조합이 해결해야 할 중요한 장애물이다. 노동자협동조합의 자본은 조합원들의 출자금으로 주로 충당되기 때문에 많은 자본을 조성하기 어렵고, 따라서 많은 자본을 필요치 않는 산업에 한정될 수 있다. 제조업을 하는 노동자협동조합들이 있긴 하지만, 수공업이나 간단한 장비나 기계만 사용하는 분야로 제한될 수 있다. 사업을 확장하여 규모의 경제를 활용하기 위해서는 투자가 필요한데, 한국에서는 노동자협동조합이 생소한 기업형태이기 때문에 금융기관들이 노동자협동조합에 대출하거나 투자하기를 꺼린다. 실제로 한 조합원과의 인터뷰에서 이러한 사실을 확인하였다. 금융기관으로부터 대출을 받을 경우에 법인 명의보다는 대표이사의 개인대출을 이용한다는 것이다. 노동자협동조합은 대표이사의 개인회사가 아니기 때문에 대표이사가 자신의 책임하에 대출을 받는 것은 불합리하며 많은 경우 대표이사가 꺼릴 것이다. 노동자협동조합에서 재정 문제를 해결하기 위해서는 정부나 다른 협동조합으로부터의 대출을 고려해볼 수 있다. 중소기업진흥공단에서 노동자협동조합에 특화된 융자 프로그램을 실시할 필요가 있다. 또한 신용협동조합이나 협동조합은행들로부터 용이하게 대출을 받을 수 있는 방법을 마련할 필요가 있다. 이것은 ICA의 원칙 중의 하나인 협동조합 사이의 협조 측면에서도 적극적으로 시도할 필요가 있다.

다음으로는 노동자협동조합을 설립한 이후에 나타날 수 있는 문제점들을 살펴보자. 첫째, 노동자협동조합은 '성장으로 인한 퇴화의 딜레마'에 빠질 수 있다. 이 딜레마는 노동자협동조합이 사업적으로 성공한 이후에 비싼 가격에 팔아 자본주의 기업으로 전환되는 경우를 말한다. 대표적인 예로서 미국 합판협동조합들을 들 수 있다. 1970년대 합판협동조합들이 주식회사 합판기업들보다 높은 생산성을 유지하고 있었는데, 7개 협동조합에서 조합원들의 동의하에 자본주의 대기업에 인수된 사례가 있었다(Bernstein, 1974). 또한 부도나 폐업 위기의 자본주의 기업을 노동자들이 인수해서 자주관리회사로 운영하다가 다른 자본가에게 매각하는 사례들도 있었다. 그러나 이러한 사례들은 협동조합에 대한 법적·행정적 규정이나 지원이 없는 상태였고 협동조합 기업들이 고립된 섬(island)으로 존재하던 시기였다. 이제 협동조합에 대한 규정이 마련되었고, 협동조합이 하나의 대안으로 여겨지면서 이러한 딜레마를 겪는 사례들은 줄어들 것으로 예상된다.

둘째, 다른 일반 조직에서 나타날 수 있는 것처럼 노동자협동조합에서도 장기적으로 허니문-후유증 효과가 나타날 수 있다. 설립된 지 오래된 기업들, 입사한 지 오래된 직원들은 매너리즘에 빠져 현상유지에 안주하는 모습을 보일 수 있다. 노동자협동조합은 의사결정 참여와 재무·소유 참여로 인해 지속적인 자극이 있기 때문에 그러한 후유증을 겪을 가능성이 적지만, 여전히 이러한 가능성에서 자유롭지는 않다. 예로서, 경영진이 주도하면서 일반 조합원들의 의견이 제대로 반영되지 않는다면, 일반 조합원들의 참여는 형식적인 수준에 그칠 수 있다. 또한 조합원들에게 분배할 이윤이 지속적으로 발생하지 않는다면 조합원들이 재무와 소유에 참여하고 있다는 의식이 희미해질 것이다. 반대로 협동조합이 지속적으로 이윤을 내면서 동일한 액수의 성과급과 배당금을 계속해서 받게 된다면 이것을 당연한 것으로 인식하여 재무와 소유에 참여하고 있다는 의식이 희미해질 수도 있다. 노동자협동조합은 조합원들이 이러한 매너리즘에 빠지지 않도록 지속적으로 혁신하고 개발을 게을리해서는 안 된다. 더불어 조합원들이 실질적으로 의사결정에 참여하고 재무와 소유에 참여하고 있다는 것을 각성시킬 수 있는 방법들을 고안해 나가야 한다.

3. 노동자협동조합을 위한 과제

위에서 노동자협동조합이 직면할 수 있는 장애물들을 살펴보았는데, 노동자협동조합이 발전하고 사회적으로 확대되기 위해서는 이러한 장애물들을 극복해 나가야 한다. 이러한 과제들을 해결해 나가기 위해서 노동자협동조합연합회와 정부가 취해야 할 몇 가지 방법들을 제안해본다.

1) 노동자협동조합연합회의 역할

현 시점에서 무엇보다도 중요한 것은 보다 강력한 노동자협동조합연합체를 구성하여 개별 노동자협동조합들을 실질적으로 지원해야 한다는 점이다. 현재 "일하는사람들의협동조합연합회"가 유일하게 활동하고 있지만, 2020년 5월 현재 21개 업체들만이 가입해 있다. 회원 조합을 확대하기 위해서는 회원 조합들에게 보다 적극적이고 다양한 서비스를 제공해야 한다. 노동자협동조합을 '운동'이 아닌 '사업'의 관점에서 접근해야 하고 개별 조합들이 필요로 하는 서비스를 제공해야 연합체에 가입하려 할 것이다. 회원 조합들을 협동조합 운동을 지원하는 하나의 수단으로 인식해서는 기존의 회원들도 유지하기 어렵고 새로이 확대하는 것은 더욱 어려울 것이다.

먼저, 개별 노동자협동조합들이 직면하고 있는 자금 문제를 해결하기 위하여 기금을 조성해야 한다. 기존 회원 조합들의 기금을 종자돈(seed money)으로 해서 정부와 타 협동조합으로부터 대출을 받기 위한 노력을 해야 한다. 정부가 경기침체와 실업률 증가에 대응하여 일자리 창출을 위해서 노력하고 있고 협동조합을 하나의 대안으로 여기고 있기 때문에, 특히 지방정부를 설득하여 시중보다 높지 않은 이자율로 대출을 받을 수 있도록 시도할 수 있다. 또한 ICA의 협동조합 간 협조 원칙을 근거로 해서 다른 협동조합, 특히 신용협동조합과 협동조합은행으로부터 대출을 받기 위한 노력을 해야 한다.

둘째, 노동자협동조합을 확대하기 위해서는 자금 문제 외에도 판로를 개척해야 한다. 노동자협동조합연합체는 노동자협동조합들 사이에 직접 거래를 할 수 있도록 긴밀한 네트워크를 형성해 줄 수 있다. 회원 조합들 사이에는 할인된 가격으로 거래를 할 수 있다면, 그리고 협동조합 사이에는 좀 더 신뢰관계가 형성될 수 있기 때문에 거래가 활성화될 수 있다. 또한 노동자협동조합들이 공동마케팅을 할 수도 있다. 비슷한 제품을 생산하는 업체들끼리 공동으로 광고를 하는 것이다. 많은 돈을 들이지 않더라도 버스나 택시, 입간판 등에 광고를 할 수 있다. 또한 공동으로 애플리케이션(앱)을 개발하여 활용하는 것도 시대에 맞는 대응방식이다. 노동자협동조합 문구는 하나의 자산이 될 수 있다. 물론 이러한 사업들이 가능하기 위해서는 동시에 회원 조합을 늘려나가는 노력도 동반되어야 한다.

셋째, 생활협동조합과의 연계를 통해서 노동자협동조합을 확대해나갈 수 있다. 생활협동조합에 진열되어 있는 제품들을 보면 농민들이 생산한 농산물들과 이러한 농산물을 가공한 공산품들이 있다. 그런데 공산품을 가공하는 업체들은 대부분 주식회사들이다. '협동조합 사이의 협조'를 위해서라도 생활협동조합에 납품하는 업체들을 노동자협동조합으로 유도해나가는 것도 노동자협동조합을 확대해나갈 수 있는 방안이 될 수 있다. 예로서, 기존 납품업체들을 노동자협동조합으로의 전환을 제안하거나, 노동자협동조합들이 새로운 제품을 개발하여 생활협동조합에 납품하도록 하는 것이다.

넷째, 조합원들에 대한 교육을 강화해야 한다. 조합원들이 협동조합의 원리를 잘 이해하지 못한 상태에서 직장생활을 하다 보면 조합원들 사이에, 또는 경영진과 많은 갈등이 발생할 수 있다. 그들은 자본주의적 사고와 습관에 익숙해져 있어서 협동조합 기업에 적응하기가 어려울 수 있다. 상명하복적인 문화에 익숙한 조합원들에게는 협동조합의 수평적 문화가 어색하고 적응하기 힘들 수 있다. 또한 부도나 폐업에 직면하여 노동자들이 인수한 자주관리기업들의 직원들도 협동조합은 낯설 수밖에 없다. 이러한 기업들이 회생한 이후에 자본주의 기업으로 돌아가는 것을 방지하기 위해서라도 협동조합에 대한 교육이 강화되어야 한다. 그러나 조합원들에 대한 교육은 협동조합 원리에만 한정되어서는 안 된다. 조합원들은 여러 가지 중요한 의사결정에 참여해야 하기 때문에 기업 경영에 대한 교육과 집단적 의사결정기법, 갈등관리기법 등도 교육해야 한다.

다섯째, 노동자협동조합들이 고부가가치 산업과 혁신적인 기업들에서 설립될 필요가 있다. 지금까지는 노동자협동조합들이 사양산업이나 자본이 적게 드는 노동집약적인 산업들에 집중되어 있었던 것이 사실이다. 그동안 일자리를 만들고 유지하기 위해서 노동자협동조합들이 설립되어 왔고, 개별 조합원들의 자금 사정이 좋지 않기 때문에 초래된 당연한 결과일 것이다. 그러나 우리가 앞에서 살펴보았듯이, 의사결정 참여와 재무 참여는 인적자본 수준이 높고 혁신적인 기업에서 더욱 효과적일 수 있다. 더구나 어느 한 가지 종류의 참여보다는 노동자협동조합에서처럼 모든 종류의 참여가 동시에 가능할 때 시너지 효과가 발생한다. 따라서 높은 수준의 지식과 기술을 필요로 하고 변화와 혁신이 필요한 분야에서 노동자협동조합이 설립된다면 조합원들의 태도와 행동이 더욱 바람직하게 나타날 것이고, 더욱 높은 성과를 달성할 수 있을 것이다. 자본조달에 있어서 이것이 쉽지만은 않지만 몬드라곤 협동조합복합체나 미국과 이탈리아의 노동자협동조합 사례들을 보았을 때 불가능한 것은 아니다. 노동자협동조합연합체는 기존의 노동자협동조합만이 아니라 이러한 유형의 노동자협동조합들이 설립될 수 있도록 금전적으로나 행정적으로 지원을 할 수 있어야 한다.

여섯째, 연합회는 개별 노동자협동조합들이 자신들의 이익만이 아니라 사회적 관점, 세계적 관점을 갖도록 유도해야 한다. 유고슬라비아와 핑크 타이드 경험에서 우리가 배워야 할 것은 현재소득의 극대화 문제와 집단 이기주의 문제를 예방해야 민주적인 조직과 사회가 보다 장기적으로 유지될 수 있다는 것이다. 국가가 소유와 경영에 지나치게 참여하게 되면 그 조합원들은 국가에 의존적이게 되고 현실에 안주하며 자신들의 현재적 이익만 추구하게 된다. 노동자협동조합이 주식회사와의 경쟁에서 승리하기 위해서도 변화와 혁신을 꾸준히 추진해야 하며, 이것은 기업의 생존이 보장되어서는 결코 달성될 수 없다. 또한 연합회는 사회적 공공의 이익에 반하여 자신들의 이익만을 추구하는 집단 이기주의도 사전에 예방해야 한다. 조합마다 자신의 이익만을 추구하다 보면 조합들끼리 분쟁이 일어날 수 있으며 사회로부터 비난을 받게 마련이다.

노동자협동조합이라고 해서 윤리적으로 완전무결해야 하는 것은 아니지만 사회적 이해관계와 공동체의 이익에 반하면서 조합만의 이익을 추구한다면 비난의 대상이 될 수 있다. 또한 협동조합 사이의 협조보다는 다른 협동조합을 이용해서 자신 조합만의 이익을 챙기려 한다면 협동조합 진영에 신뢰보다는 반목과 질시만이 있을 것이다.

노동자협동조합에서 일어날 수 있는 이러한 문제점들을 해결하기 위해서는 연합회와 더불어서 지방정부, 외부 이해관계자들이 최소한의 지분을 갖고서 발언권과 투표권을 행사해야 한다. 즉, 외부인들이 협력과 더불어서 감시자의 역할을 함으로써 개별 조합들이 근시안적이고 이기적인 의사결정을 하지 못하도록 연합회가 리더의 역할을 해야 한다. 물론 이러한 역할은 지금 당장의 일은 아니다. 현재는 노동자협동조합이 한국 경제에서 차지하는 비중이 아주 낮으며 그러한 문제점들이 나타나고 있지도 않다. 현재는 조합의 전부나 대부분을 국가가 소유하고 있지도 않으며, 자본주의 기업들과 경쟁하면서 살아남아야 하기 때문에 현재소득을 극대화하기도 어렵고 집단이기주의가 표면화되지도 않았다. 그러나 노동자협동조합이 양적으로 팽창될 경우 이러한 문제들이 나타날 수 있음을 인지하고 있어야 한다.

2) 정부의 역할

노동자협동조합이 성장·발전해 나가기 위해서 정부가 해야 할 역할은 크게 보면 정부지원금과 세제혜택, 노동자협동조합에 적합한 법규정 마련, 기타 행정적 지원 등이 있다. 앞서 언급한 것처럼 노동자협동조합은 자본주의 사회에도, 한국 사회에도 낯선 조직형태이므로, 또한 대부분이 소규모 기업들이기 때문에 금융기관으로부터 대출을 받기가 쉽지 않다. 정부가 실업을 줄이고 고용을 안정시키기 위해서 협동조합을 활성화시키기로 결정을 한 것이기 때문에, 노동자협동조합이 그 사회적 역할을 다하기 위해서라도 좀 더 쉽게 대출을 받을 수 있는 기금을 조성해야 한다. 이러한 제도들은 노동자협동조합들이 번영하고 있는 국가들에서 쉽게 찾아볼 수 있다. 1985년 이탈리아 정부는 협동조합기금을 설치하여 노동자협동조합 설립을 지원해 오고 있다. 기존 자본주의 기업이 파산이나 해외 이전, 소유주의 퇴직 등으로 노동자협동조합으로 전환할 경우, 이 기금으로 조합원 투자분의 3배까지 보조금으로 지원하고 있다. 프랑스에서도 협동조합 은행과 정부의 매칭펀드로 노동자협동조합에 대출을 해주고 있다.

또한 정부는 세금을 통해서도 노동자협동조합을 지원할 수 있다. 예로서, 스페인 정부는 일반 기업들에는 이윤의 28%를 세금으로 부과하는 반면, 협동조합에 대해서는 10%만을 부과하고 있다. 프랑스에서는 노동자협동조합 수익에 대해서 세제혜택을 제공하고 있으며, 조합원들의 배당에 대해서는 소득세를 면제해 주고 있다. 이탈리아에서는 조합 적립금에 대해 세금을 면제해 주고 있기 때문에 적립금으로 재투자를 할 수 있다.

2012년 한국 정부에서 「협동조합기본법」을 제정했지만 노동자협동조합에만 해당되는 법 규정이 없다. 노동자협동조합은 다른 협동조합들과 매우 다른 형태이며 따라서 법 규정도 달라야 한다. 예로서 소비자협동조합이나 사업자협동조합에 비해서 노동자협동조합 조합원들은 훨씬 많은 조합비를 부담해야 하고 조합을 운영하는 데 많은 비용이 소요된다. 그럼에도 불구하고 노동자협동조합에 특화된 법률이 없다는 것은 노동자협동조합 지원에 별 의지가 없다는 것을 보여주고 있는 것이다. 사회적 목적을 실현한다는 목표를 가진 사회적협동조합의 경우, 별도의 법 조항들을 갖고 있으며 여러 가지 혜택이 부여되고 있다. 노동자협동조합도 다른 협동조합과 뚜렷한 차별성을 갖고 있기 때문에 그에 적합한 법 규정이 마련되는 것이 당연하다.

정부는 기타 행정적 지원을 통해서도 노동자협동조합을 지원할 수 있다. 이탈리아에서 협동조합이 번성할 수 있었던 이유 중의 하나는 지방정부가 연구와 개발, 교육 및 훈련, 기술이전, 마케팅과 수출 등의 영역을 지원했기 때문이었다. 이탈리아 정부는 협동조합들이 클러스터를 형성하여 시너지와 규모의 경제를 활용하여 대형 계약에 입찰하게끔 지원해주기도 하였다(Corcoran & Wilson, 2010).

물론, 이러한 정부의 지원은 지원에 그쳐야 한다. 정부가 협동조합 운영에 과도하게 개입하게 되면, 자치조직으로서의 협동조합은 사라지게 된다. 재정을 지원하고 세제혜택을 부여하게 되면서 그에 따라 노동자협동조합 운영을 감시할 수는 있어도 과도하게 개입하게 되면 협동조합이 준 정부기관으로 될 수도 있고, 민주적인 운영이 불가능해질 수도 있다. 협동조합 진영에서도 필요 이상으로 정부의 지원을 요구하거나 기대해서는 안 된다. 지원이 많다는 것은 그만큼 개입의 가능성도 커진다는 것을 항상 염두에 두어야 한다.

토론해 봅시다

1. 형식적인 수준에서 조직 민주주의를 달성할 수 있는 방법들을 정리해 봅시다.

2. 실질적인 의미에서 조직 민주주의를 달성할 수 있는 방법들을 정리해 봅시다.

3. 앞으로 조직 민주주의가 발전할 수도 있고, 퇴보할 수도 있고, 현재 수준을 유지할 수도 있습니다. 이에 대한 여러분들의 예상을 논의해 봅시다.

▨ 참고문헌

1. 국내문헌

가상준 · 노규형(2010). 「지지율로 본 노무현 대통령의 임기 5년」. ≪한국정당학회보≫, 9(2), 61-86.

기획재정부(2012). 『협동조합 설립운영 안내서』. 기획재정부.

김기현(2006). 「라틴아메리카 좌파정권의 등장과 전망」. ≪중남미연구≫, 25(1), 136-152.

김성오(2012a). 『몬드라곤에서 배우자: 해고 없는 기업이 만든 세상』. 역사비평사.

김성오(2012b). 『몬드라곤의 기적: 행복한 고용을 위한 성장』. 역사비평사.

김성오 · 김장전 · 김희제 · 김혁 · 이성수 · 문천오(2013). 『우리, 협동조합 만들자: 협동조합 창업과 경영의 길잡이』. 겨울나무.

김진하(2017). 「제4차 산업혁명 시대, 미래사회 변화에 대한 전략적 대응방안 모색」. ≪KISTEP Inl≫, 15호, 45-58.

김창근(2006). 「유고슬라비아의 노동자 자주관리에 대한 이론들」. ≪진보평론≫, 30(겨울), 256-281.

김창근(2016). 「베네수엘라 노동자 통제와 공동체 운동의 성과와 과제: 유고슬라비아의 경험으로부터의 교훈」. ≪이베로아메리카연구≫, 27(1), 37-72.

박노근(1997). 「경제민주주의가 경제적 성과에 미치는 영향 분석: 노동자 협동조합을 중심으로」. 고려대학교 석사학위 논문.

박노근(2000). 『미국의 종업원소유 기업들』. 사람생각.

박노근(2010). 「조직몰입과 조직시민행동의 선행자로서의 직무자율성: 기업 혁신성의 조절적 영향」. ≪인사조직연구≫, 18(2), 67-96.

박노근(2014). 「개별 근로자 직무성과의 예측자로서의 직무헌신행동: 직무몰입과 직무성과 사이의 관계에서 직무헌신행동의 매개적 역할」. ≪대한경영학회지≫, 27(5), 801-816.

박노근(2017).「노동가치관과 직무만족, 직무헌신행동: 직원협동조합의 조절적 역할」. ≪인사조직연구≫, 25(1), 109-128.

박노근 · 김활신 · 최영미 · 신재민 · 최동철(2019). 『노동자 기업인수 · 협동조합 전환모델 제도화 방안 연구』. 기획재정부.

박성수 · 황호영 · 김공수 · 이경근(2010). 『디지로그시대의 인적자원관리』. 박영사.

엄형식(2008). 『한국의 사회적 경제와 사회적 기업: 유럽 경험과의 비교와 시사점』. 실업극복국민재단 함께 일하는 사회.

원영수(2006).「라틴 아메리카의 좌파바람(?), 그 실체와 전망」. ≪진보평론≫, 28, 99-114.

이상현 · 박윤주(2016).「라틴아메리카 좌파 정치의 부상과 퇴조의 원인」. ≪경제와사회≫, 112, 75-105.

이은선 · 이현지(2017).「사회적경제의 개념과 발전, 제도화: 폴라니의 이중적 운동을 중심으로」. ≪한국사회와 행정연구≫, 28(1), 109-138.

조돈문(2012).「베네수엘라 공동경영의 실천: 인베팔(Invepal)과 인베발(Inveval) 실업의 비교 연구」. ≪경제와사회≫, 95, 333-364.

최수정 · 정기주(2016).「콜센터에서 상담사의 지각된 고객언어폭력이 감정노동과 감정소진에 미치는 영향」. ≪경영학연구≫, 45(1), 295-328.

허석열(2014).「노동자 통제 운동의 두 경로: 아르헨티나와 베네수엘라」. 주례토론회.

2. 외국문헌

Ahearne, M., Mathieu, J. & Rapp, A.(2005). “To empower or not to empower your sales force? An empirical examination of the influence of leadership empowerment behavior on customer satisfaction and performance.” *Journal of Applied Psychology*, 90, 945-955.

Aiken, L. S. & West, S. G.(1991). *Multiple Regression: Testing and Interpreting Interactions*. Thousand Oaks, CA: Sage.

Allen, D. G., Shore, L. M. & Grifeth, R. W.(2003). “The role of perceived organizational support and supportive human resource practices in the turnover process.” *Journal of Management*, 29(1), 99-118.

Allen, N. J. & Meyer, J. P.(1996). “Affective, continuance, and normative commitment to the organization: An examination of construct validity." *Journal of Vocational Behavior*, 49, 252-276.

Bandura, A.(1977). *Social Learning Theory*. Alexandria, VA: Prentice Hall.

Bartlett, W., Cable, J., Estrin, S., Jones, D. C. & Smith, S. C.(1992). "Labor-managed cooperatives and private firms in North Central Italy: An empirical comparison." *Industrial and Labor Relations Review*, 46(1), 103-118.

Benson, L.(2001). *Yugoslavia: A Concise History*. Palgrave Macmillan.

Bernstein, P.(1974). America's worker-owned plywood firms. Working Paper.

Blasi, J., Freeman, R. & Kruse, D.(2016). "Do broad-based employee ownership, profit sharing and stock options help the best firms do even better?" *British Journal of Industrial Relations*, 54(1), 55-82.

Boswell, W. R., Boudreau, J. W. & Tichy, J.(2005). "The relationship between employee job change and job satisfaction: The honeymoon-hangover effect." *Journal of Applied Psychology*, 90(5), 882-892.

Braam, G. & Poutsma, E.(2015). "Broad-based financial participation plans and their impact on financial performance: Evidence from a Dutch longitudinal panel." *De Economist*, 163(2), 177-202.

Bradley, K. & Gelb, A.(1981). "Motivation and control in the Mondragon experiment." *British Journal of Industrial Relations*, 19(2), 211-231.

Burdin, G.(2012). "Does workers' control affect firm survival? Evidence from Uruguay." working paper, Instituto de Economia.

Cable, J. & Fitzroy, F.(1980). "Cooperation and productivity: Some evidence from West German experience." *Economic Analysis and Workers' Management*, 14, 163-180.

Capital Impact Partners and the ICA Group(2018). *Co-op conversions at scale: A market assessment for expanding worker co-op conversions in key regions & sectors*. City Community Development.

Cathcart, A.(2009). *Directing democracy: The case of the John Lewis Partnership*. University of Leicester.

CECOP(2013). Business transfers to employees under the form of a cooperative in Europe: Opportunities and challenges.

Chen, G., Kirkman, B. L., Kanfer, R., Allen, D. & Rosen, B.(2007). "A multilevel study of leadership, empowerment, and performance in teams." *Journal of Applied Psychology*, 92, 331-346.

Chi, N. & Han, T.(2008). "Exploring the linkages between formal ownership and psychological ownership for the organization: The mediating role of organizational justice." *Journal of Occupational and Organizational Psychology*, 81(4), 691-711.

Colquitt, J. A., Conlon, D. E., Wesson, M. J., Porter, C. O. & Ng, K. Y.(2001). "Justice at the millennium: A meta-analytic review of 25 years of organizational justice research." *Journal of Applied Psychology*, 86(3), 425-445.

Combs, J., Liu, Y., Hall, A. & Ketchen, D.(2006). "How much do high-performance work practices matter? A meta-analysis of their effects on organizational performance." *Personnel Psychology*, 59, 501-528.

ComPsych Corporation(2012). *Presenteeism on the Rise as Employees Show Fatigue from a Slow- to No-hire Economy*. PR Newswire.

Corcoran, H. & Wilson, D.(2010). *The Worker Co-operative Movements in Italy, Mondragon and France: Context, Success Factors and Lessons*. Canadian Worker Co-operative Federation.

Cropanzano, R., Rupp, D. E. & Byrne, Z. S.(2003). "The relationship of emotional exhaustion to work attitudes, job performance, and organizational citizenship behaviors." *Journal of Applied Psychology*, 160-169.

Deci, E. L., Connell, J. P. & Ryan, R. M.(1989). "Self-determination in a work organization." *Journal of Applied Psychology*, 74, 580-590.

Deci, E. L. & Ryan, R. M.(2000). "The "what" and "why" of goal pursuits: Human needs and the self-determination of behavior." *Psychological Inquiry*, 11(4), 227-268.

Dose, J. J.(1997). "Work values: An integrative framework and illustrative application to organizational socialization." *Journal of Occupational and Organizational Psychology*, 70, 219-240.

Doucouliagos, C.(1995). "Worker partcipation and productivity in labor-managed and participatory capitalist firms: A meta-analysis." *Industrial and Labor Relations Review*, 49(1), 58-77.

Eisenberger, R., Rhoades, L. & Cameron, J.(1999). "Does pay for performance increase or decrease perceived self-determination and intrinsic motivation?" *Journal of Personality and Social Psychology*, 77(5), 1026-1040.

Ellerman, D. P. The Democratic Corporation. Washington, DC: The World Bank.

Eum, H.(2017). *Cooperatives and Employment: Second Global Report- Contribution of Cooperatives to Decent Work in the Changing World of Work.* Brussels, Belgium: CICOPA.

Fakhfakh, F., Perotin, V. & Gago, M.(2012). "Productivity, capital, and labor in labor-managed and conventional firms: An investigation on French data." *Industrial and Labor Relations Review*, 65(4), 847-879.

Gapinski, J.(1993). *The Economic Structure and Failure of Yugoslavia.* Praeger.

Garbers, Y. & Konradt, U.(2014). "The effect of financial incentives on performance: A quantitative review of individual and team-based financial incentives." *Journal of Occupational and Organizational Psychology*, 87(1), 102-137.

Greenberg, E. S.(1986). *Workplace Democracy: The Political Effects of Participation.* Ithaca, NY: Cornell University Press.

Hackman, J. R. & Lawler, E. E.(1971). "Employee reactions to job characteristics." *Journal of Applied Psychology Monograph*, 55(3), 259-286.

Hackman, J. R. & Oldham, G. R.(1976). "Motivation through the design of work: Test of a theory." *Organizational Behavior and Human Performance*, 16(2), 250-279.

Hancock, M.(2005). *Local Development in Emilia-Romagna: Alternatives in Action.* RIPESS Conference.

Harden, E. E., Kruse, D. L. & Blasi, J. R.(2010). "Who has a better idea? Innovation, shared capitalism, and human resources policies." in D. Kruse, R. Freeman & J. Blasi(eds.). *Shared Capitalism at Work: Employee Ownership, Profit and Gain Sharing, and Broad-based Stock Options.* Chicago: The University of Chicago Press.

House, J. S.(1981). *Work Stress and Social Support.* Mass.: Addison-Wesley.

Humphrey, S. E., Nahrgang, J. D. & Morgeson, F. P.(2007). "Integrating motivational, social, and contextual work design features: A meta-analytic summary and theoretical extension of the work design literature." *Journal of Applied Psychology*, 92(5), 1332-1356.

Huselid, M. A.(1995). "The impact of human resource management practices on turnover, productivity, and corporate financial performance." *Academy of Management Journal*, 38, 635-672.

Ilies, R., Dimotakis, N. & DePater, I. E.(2010). "Psychological and physiological reactions to high workloads: Implications for well-being." *Personnel Psychology*, 63(2), 407-463.

Jackall, R. & Levin, H. M.(1984). "The prospects for worker cooperatives in the United States." in R. Jackall & H. M. Levin(eds.). *Worker Cooperatives in America.* University of California Press.

Kandthil, G. M. & Varman, R.(2007). "Contradictions of employee involvement, information sharing and expectations: A case study of an Indian worker cooperative." *Economic and Industrial Democracy*, 28(1), 140-174.

Kaufman, R. T.(1992). "The effects of Improshare on productivity." *Industrial and Labor Relations Review*, 45(2), 311-322.

Kennelly, J. J. & Odekon, M.(2016). "Worker cooperatives in the United States, Redux." *Working USA: The Journal of Labor & Society*, 19(2), 163-185.

Kidwell, R. E. & Bennett, N.(2001). "Perceived work context and employee job neglect." *American Business Review*, 19(2), 64-74.

Kirkman, B. L. & Rosen, B.(1997). "A model of work team empowerment." *Research in Organizational and Development*, 10, 131-167.

Krause, D. E.(2004). "Influence-based leadership as a determinant of the inclination to innovate and of innovation-related behaviors: An empirical investigation." *The Leadership Quarterly*, 15, 79-102.

Langfred, C. W.(2004). "Too much of a good thing? Negative effects of high trust and individual autonomy in self-managing teams." *Academy of Management Journal*, 47(3), 385-399.

Langfred, C. W.(2007). "The downside of self-management: A longitudinal study of the effects of conflict on trust, autonomy, and task interdependence in self-managing teams." *Academy of Management Journal*, 50(4), 885-900.

Lee, G. & Xia, W.(2010). "Toward agile: An integrated analysis of quantitative and qualitative field data on software development agility." *MIS Quarterly*, 34(1), 87-114.

Levine, D. I. & Tyson, L. D.(1990). "Participation, productivity, and the firms' environment." in Blinder, A. S.(ed.). *Paying for Productivity: A Look at the Evidence*, pp.183-237. The Brookings Institution.

Liu, D., Chen, X. & Yao, X.(2011). "From autonomy to creativity: A multilevel investigation of the mediating role of harmonious passion." *Journal of Applied Psychology*, 96(2), 294-309.

Long, R. J.(1978). "The effects of employee ownership on organizational identification, employee job attitudes, and organizational performance: A tentative framework and empirical findings." *Human Relations*, 31(1), 29-48.

Maslach, C., Schaufeli, W. B. & Leiter, M. P.(2001). "Job burnout." *Annual Review of Psychology*, 52, 397-422.

Mathieu, J. E., Gilson, L. L. & Ruddy, T. M.(2006). "Empowerment and team effectiveness: An empirical test of an integrated model." *Journal of Applied Psychology*, 91(1), 97-108.

Mathis, A.(2017). *Business Transfer into Worker Cooperatives in Europe*. TransfertoCOOPS conference. Brussels.

Mauno, S., Kinnunen, U. & Ruokolainen, M.(2006). "Exploring work- and organization-based resources as moderators between work-family conflict, well-being, and job attitudes." *Work & Stress*, 20(3), 210-233.

Meglino, B. M., Ravlin, E. C. & Adkins, C. L.(1989). "A work values approach to corporate culture: A field test of the value congruence process and its relationship to individual outcomes." *Journal of Applied Psychology*, 74,

424-432.

Meyer, J. P. & Allen, N. J.(1991). "A three-component conceptualization of organizational commitment." *Human Resource Management Review*, 1(1), 61-89.

Meyers, J. S. & Vallas, S. P.(2016). "Diversity regimes in worker cooperatives: Workplace inequality under conditions of worker control." *The Sociological Quarterly*, 57, 98-128.

Mind(2013). *Work Is Biggest Cause of Stress in People's Lives*. Mind

Mowday, R., Steers, R. & Porter, L.(1979). "The measurement of organizational commitment." *Journal of Vocational Behavior*, 14, 224-247.

Mueller, J. E.(1970). "President popularity from Truman to Johnson." *American Political Science Review*, 64(1), 18-34.

Mygind, N.(1987). "Are self-managed firms efficient? The experience of Danish fully and partly self-managed firms." in Jones, D. K. and Svejnar, J.(eds.). *Advances in the Economic Analysis of Participatory and Labor-Managed Firms*, 2, 243-323. Greenwich: JAI Press.

Nyberg, A. J., Maltarich, M. A., Abdulsalam, D., Essman, S. M. & Cragun(2018). "Collective pay for performance: A cross-disciplinary review and meta-analysis." *Journal of Management*, 44(6), 2433-2472.

O'Boyle, E. H., Patel, P. C. & Gonzalez-Mule, E.(2016). "Employee ownership and firm performance: A meta-analysis." *Human Resource Management Journal*, 26(4), 425-448.

OECD(1999). *Social enterprises*. OECD, Paris.

Okland, G. M. & Kvitastein, O. A.(2015). "Employee ownership and organizational identification: The role of types of employee ownership." *Beta*, 29(2), 184-205.

Oliver, N.(1984). "An examination of organizational commitment in six workers' cooperatives in Scotland." *Human Relations*, 37(1), 29-45.

Organ, D. W.(1988). *Organizational Citizenship Behavior: The Good Soldier Syndrome*. Lexington, MA: Lexington.

Park, R., Kruse, D. & Sesil, J.(2004). "Does employee ownership enhance firm survival?" *Advances in the Economic Analysis of Participatory and Labor-*

Managed Firms, 8, 3-33. Greenwich: JAI Press.

Park, R.(2012). "Cognitive and affective approaches to employee participation: Integration of the two approaches." *Journal of World Business*, 47, 450-458.

Park, R. & Kruse, D.(2014). "Group incentives and financial performance: The moderating role of innovation." *Human Resource Management Journal*, 24(1), 77-94.

Park, R.(2015). "Employee participation and outcomes: Organizational strategy does matter." *Employee Relations*, 37(5), 604-622.

Park, R.(2017). "Exploring the link between top-down information sharing and organizational performance: The moderating role of flexible manufacturing strategy." *Human Resource Management Journal*, 27(4), 598-613.

Park, R. & Jang, S.(2017). "Mediating role of perceived supervisor support in the relationship between job autonomy and mental health: Moderating role of value-means fit." *The International Journal of Human Resource Management*, 28(5), 703-723.

Park, R.(2018). "The roles of OCB and automation in the relationship between job autonomy and organizational performance: A moderated mediation model." *The International Journal of Human Resource Management*, 29(6), 1139-1156.

Pencavel, J. & Craig, B.(1994). "The empirical performance of orthodox models of the firm: conventional firms and worker cooperatives." *Journal of Political Economy*, 102(4), 718-744.

Perotin, V.(2012). "The performance of workers' cooperatives." in P. Battilani and H. Schroeter(eds.). *The Cooperative Business Movement, 1950 to the Present*. (pp.195-221). New York: Cambridge University Press.

Pezzini, E.(2018). "Experiences of worker buy-out in Italy and its institutional environment." 협동조합주간 기념 국제컨퍼런스. 일하는사람들의협동조합연합회.

Pierce, J. L., Rubenfeld, S. A. & Morgan, S.(1991). "Employee ownership: A conceptual model of process and effects." *Academy of Management Review*,

16(1), 121-144.

Pierce, J. L., Kostova, T. & Dirks, K. T.(2001). “Toward a theory of psychological ownership in organizations.” *Academy of Management Review*, 26(2), 298-310.

Posthuma, R. A., Campion, M. C., Masimova, M. & Campion, M. A.(2013). “A high performance work practices taxonomy: Integrating the literature and directing future research.” *Journal of Management*, 39(5), 1184-1220.

Ramet, S. P.(2006). *The Three Yugoslavias: State-Building and Legitimation, 1918-2005*. Indiana University Press.

Rinolfi, V.(2019). A brief overview of the situation in Italy. CISL.

Robbins, S. P. & Judge, T. A.(2015). *Organizational Behavior*. Boston: Pearson Education Limited.

Ryan, R. M. & Deci, E. L.(2000). “Self-determination theory and the facilitation of intrinsic motivation, social development, and well-being.” *American Psychologist*, 55(1), 68-78.

Saleh, S. D. & Hyde, J.(1969). “Intrinsic vs extrinsic orientation and job satisfaction.” *Occupational Psychology*, 43(1), 47-53.

Schaubroeck, J., Jones, J. R. & Xie, J. L.(2001). “Individual differences in utilizing control to cope with job demands: Effects on susceptibility to infectious disease.” *Journal of Applied Psychology*, 265-278.

Schneider, B., Goldstein, H. W. & Smith, D. B.(1995). “The ASA framework: An update.” *Personnel Psychology*, 48(4), 747-773.

Seibert, S. E., Wang, G. & Courtright, S. H.(2011). “Antecedents and consequences of psychological and team empowerment in organizations: A meta-analytic review.” *Journal of Applied Psychology*, 96(5), 981-1003.

Skaalvik, E. M. & Skaalvik, S.(2014). “Teacher self-efficacy and perceived autonomy: Relations with teacher engagement, job satisfaction, and emotional exhaustion.” *Psychological Reports: Employment Psychology & Marketing*, 114(1), 68-77.

Smith, A., Choi, N., Fuqua, D. & Newman, J.(2011). “Role ambiguity as a moderator of occupational self-efficacy and job satisfaction.” *Psychological Reports*,

109(1), 243-251.

Sobering, K.(2016). “Producing and reducing gender inequality in a worker-recovered cooperative.” *The Sociological Quarterly*, 57, 129-151.

Terrasi, E. & Eum, H.(2017). *Industrial and service cooperatives: Global report 2015-2016*. CICOPA.

Trist, E. L. & Bamforth, K. W.(1951). “Some social and psychological consequences of the longwall method of coal getting.” *Human Relations*, 4, 3-38.

Van den Broeck, A., Ferris, D. L. & Chang, C.(2016). “A review of self-determination theory’s basic psychological needs at work.” *Journal of Management*, 42(5), 1195-1229.

Van Hooft, E. A., Born, M. Ph., Taris, T. W., Van Der Flier, H. & Blonk, R. W.(2004). “Predictors of job search behavior among employed and unemployed people.” *Personnel Psychology*, 57(1), 25-59.

Vansteenkiste, M., Neyrinck, B., Niemiec, C. P., Soenens, B., Witte, H. D. & Van den Broeck, A.(2007). “On the relations among work value orientations, psychological need satisfaction and job outcomes: A self-determination theory approach.” *Journal of Occupational and Organizational Psychology*, 80, 251-277.

Vroom, V. H.(1964). *Work and Motivation*. New York: Wiley.

Wagner, J. A.(1994). “Participation’s effects on performance and satisfaction: A reconsideration of research evidence.” *Academy of Management Review*, 19(2), 312-330.

Welbourne, T. M. & Gomez-Mejia, L. R.(1995). “Gainsharing: A critical review and a future research agenda.” *Journal of Management*, 21, 559-609.

Winther, G. & Marens, R.(1997). “Participatory democracy may go a long way: Comparative growth performance of employee ownership firms in New York and Washington States.” *Economic and Industrial Democracy*, 18(3), 393-422.

Zhu, J., Liao, Z., Yam, K. C. & Johnson, R. E.(2018). “Shared leadership: A state-of-the art review and futre research agenda.” *Journal of Organizational Behavior*, 39(7), 834-852.

3. 웹사이트(Websites)

해피브릿지: www.happybridgecoop.com

CICOPA: http://www.cicopa.coop

Cooperative Home Care Associates: www.chcany.org

International Cooperative Alliance: https://ica.coop

John Lewis Partnership: www.johnlewispartnership.co.uk

Mondragon Corporation: www.mondragon-corporation.com/en

New Central Jute Mills: www.newcentraljute.com

La Fabrique du Sud: www.managerlenchanteur.org/ressources/la-fabrique-du-sud-scop

찾아보기

저자 소개

박노근

고려대학교 화학과에서 학사, 경제학과에서 석사 학위를 받았다. 미국 Rutgers University에서 Industrial Relations & Human Resources 전공으로 박사 학위를 받았다. IMF 구제금융 직후 약 3년 동안 [노동자기업인수지원센터]에서 노동자인수를 지원하는 역할에 참여하였다. 주요 연구 분야는 자율성, 의사결정 참여, 성과급, 소유 참여, 조직 민주주의, 노동자협동조합이다.

번역서로는 『미국의 종업원 소유 기업들』(2000, 원저자: 로버트 오크샷)이 있으며, 조직 민주주의와 노동자협동조합과 관련된 연구논문들을 발표하였다. 「노동가치관과 직무만족, 직무헌신행동: 직원협동조합의 조절적 역할」(인사조직연구, 2017), "Responses to job demands: Moderating role of worker cooperatives"(Employee Relations, 2018), "Responses to emotional exhaustion: Do worker cooperatives matter?"(Personnel Review, 2019) 등이 있다.

조직 민주주의: 참여와 노동자협동조합

초판인쇄| 2020년 8월 3일
초판발행| 2020년 8월 7일

지 은 이| 박노근
펴 낸 이| 김광범
펴 낸 곳| 도서출판 **시대가치**
출판등록| 2017년 3월 23일 제2018-000088호
주 소| 서울특별시 마포구 토정로 222, 422-1호(한국출판콘텐츠센터)
전 화| 02)3152-2620 / 팩스 02)6442-2621

ISBN 979-11-89607-32-6 93320

* 이 도서의 국립중앙도서관 출판예정도서목록(CIP)은 서지정보유통지원시스템 홈페이지(http://seoji.nl.go.kr)와 국가자료종합목록 구축시스템(http://kolis-net.nl.go.kr)에서 이용하실 수 있습니다. (CIP제어번호 : CIP2020031273)

가격 20,000원